孙冶方文集

第2卷
（1936—1937年）

孙冶方 ◎ 著

知识产权出版社
全国百佳图书出版单位

图书在版编目（CIP）数据

孙冶方文集．第2卷/孙冶方著．—北京：知识产权出版社，2018.1
ISBN 978-7-5130-5210-8

Ⅰ．①孙… Ⅱ．①孙… Ⅲ．①经济学—文集 Ⅳ．①F0-53

中国版本图书馆 CIP 数据核字（2017）第 257212 号

内容提要

《孙冶方文集》（10卷本）收集孙冶方1925年至1983年间的各类作品356篇（部）。他的作品有着鲜明的时代特点，真实地反映了作者尊重规律、追求真理的研究轨迹，也真实地反映了他一以贯之的执着精神和宁折不弯的人格魅力。

读者可以从《孙冶方文集》中看到我国经济学界一代宗师孙冶方屡经磨难的艰苦历程，了解孙冶方的学术观点和理论勇气，了解我国社会主义政治经济学各个历史阶段的发展印迹，并从中受到启迪。

项目负责：蔡 虹　　　　　　　　　　本卷责编：石红华
套书责编：石红华 蔡 虹　　　　　　责任出版：刘译文

孙冶方文集（第2卷）

孙冶方 著

出版发行：知识产权出版社 有限责任公司		网　　址：http://www.ipph.cn	
社　　址：北京市海淀区气象路50号院		邮　　编：100081	
责编电话：010-82000860 转 8324		责编邮箱：caihongbj@163.com	
发行电话：010-82000860 转 8101/8102		发行传真：010-82000893/82005070/82000270	
印　　刷：三河市国英印务有限公司		经　　销：各大网上书店、新华书店及相关专业书店	
开　　本：720mm×1000mm　1/16		印　　张：24.5	
版　　次：2018年1月第1版		印　　次：2018年1月第1次印刷	
字　　数：307千字		总 定 价：1680.00元（全套共10卷）	
ISBN 978-7-5130-5210-8			

出版权专有　侵权必究
如有印装质量问题，本社负责调换。

《孙冶方文集》 编辑委员会名单

主　　任：张卓元

成　　员：(以姓氏笔画为序)

王迎新　吕民生　李　昭　旷建伟

沈国弟　张建清　武克钢　范世涛

周　济　冒天启　薛小和

孙冶方(1908—1983)

20 世纪 30 年代孙冶方在上海

1937 年 9 月孙冶方在上海

(以上照片由孙冶方亲属提供)

目錄

開場白 .... 編者（三）

專論

中國農村的出路在那裏
私有？村有？國有？ .... 孫冶方（一五）

經濟動向

新幣制的透視 .... 錢俊瑞（九）

都市和農村
不堪回首 中日經濟提攜
「租安園」和「遠祭園」 英美術法不同
國民勞動服務
秋風落葉的民族工業
棉花減少二百餘萬担 .... 西 超（三九）

農村經濟常識

中國鄉村工作討論會的印象 .... 薛暮橋（四九）

農村通訊

全國鄉村工作討論會的印象
到盧碑發的生產教育 .... 婁益圖（五七）

私有？村有？國有？

——「土地村有制」批評底批評

孫冶方

「土地村有制」的辦法。他認爲「土地問題解決能將共產黨造亂的空隙彌補將摧毀現社會的爆炸彈消除」了「土地村有公有」的態度如何（贊成或反對，不管他們底社會地位如何（黨國要人或學者名流）他們疑乎異口同聲地認此土地問題是今日「中國社會問題之癥結」而我們從「舉國上下」對於這問題之熱烈注意這一點看來亦足以證明土地問題確是今日中國的重要問題之一這是我們從此次土地問題討論中所可得到的第一個結論

現在太原綏靖主任閻錫山爲「防共」起見也並爲避免農民們「自下而上」來解決土地問題起見提出了「土地村公有」的辦法。他認爲「土地問題解決能將共產黨造亂的空隙彌補將摧毀現社會的爆炸彈消除」。社會學術團體的會議上把這問題提出來作爲研究底對象。不管批評者對於「土地村有制」的態度如何（贊成或反對）不管他們底社會地位如何（黨國要人或學者名流）他們疑乎異口同聲地認此土地問題是今日「中國社會問題之癥結」而我們從「舉國上下」對於這問題之熱烈注意這一點看來亦足以證明土地問題確是今日中國的重要問題之一這是我們從此次土地問題討論中所可得到的第一個結論

俄帝亞歷山大二世在一八六一年解放農奴的時候曾對地主們說：「與其等到農民們自下而上來推翻農奴制度倒不如讓我們自上而下來廢除這制度吧」。

1936 年孫冶方在《中国农村》第 2 卷第 1 期发表《私有？村有？国有？》

中國農村

中國農村經濟研究會主編

ZHUNGGUO NUNGCUN

三月号 第二卷第三期

新知書店發行

目錄

專論

從物產證劵談到一般的貨幣理論 .... 孫冶方（一一）

「貿易出超」和十八萬萬公債 .... 辛·農·喬（一）

瓜分呢？還是獨占？

林商活躍中的中國饑荒 .... 禁驚奧救國

都市和農村

東北農民的生活和奮鬥 .... 徐雪寒（二五）

宜判死刑的美國農業調整法 .... 姜君辰（三三）

中國社會教育社第四屆年會

中國農村經濟常識 .... 作 民（四七）

農村經濟中的土地問題 .... 薛暮橋（五三）

農村通訊

「防共自治」下的玉田農村 .... 志 朋（六三）

專論

從"物產證劵"談到一般的貨幣理論

孫冶方

在中國農村第一二兩期上接連登載了兩篇關於理論底內容介紹一下註⋯

1936年 孫冶方在《中國農村》第2卷第3期发表《從"物产证券"谈到一般的货币理论》

（以上资料照片由浙江财经大学孙冶方经济科学奖文献馆提供）

编者说明

孙冶方是我国著名经济学家，15岁起就从事革命活动，在长达60年的革命生涯中，为宣传马克思主义政治经济学呕心沥血、奋斗终生，在经济学界和社会大众中享有崇高声誉。

2018年是孙冶方诞辰110周年。为缅怀先贤足迹，激励后人理论创新，2016年年初，孙冶方经济科学基金会与知识产权出版社相约，共同编辑出版《孙冶方文集》（以下简称《文集》），是为纪念。

孙冶方一生勤于思考，治学严谨。纵观现存的各类作品，字里行间无不充满了理论探索与实践创新。1979年人民出版社出版《社会主义经济的若干理论问题》；1982年出版《社会主义经济的若干理论问题》续集；1984年山西人民出版社出版《孙冶方选集》，中国展望出版社出版《孙冶方社会主义流通论》；1985年人民出版社出版《社会主义经济论稿》，中国社会科学出版社出版《关于中国社会及其革命性质的若干理论问题》。1998年为了纪念孙冶方诞辰90周年，孙冶方经济科学基金会委托山西经济出版社在上述作品基础上，出版了5卷本《孙冶方全集》（以下简称《全集》）。2008年，孙冶方经济科学基金会与无锡市玉祁镇孙冶方纪念馆合作，将在整理孙冶方文献资料时新发现的多篇文章、译著合并，内部出版了《全集（补遗）》。

如今呈现在读者面前的《文集》（10卷本），是在《全集》和《全集（补遗）》基础上再次整理编辑而成，是两年来紧张工作的成果，也是改革开放以来孙冶方作品收集整理工作的继续。

《文集》能够顺利出版，得益于多方面的共同努力。一是浙江财经大学孙冶方经济科学奖文献馆利用文献数据库及全国的图书馆网络检索文献（特别是1949年以前公开发表或出版的作品）获得资料。二是孙冶方亲属较为全面地整理了20世纪80年代保存至今的孙冶方文稿原件、打印件、书信及手稿等。三是《文集》编辑委员会在孙冶方曾经生活并工作过的上海、江苏、浙江和无锡等地，以及国家统计局、中国科学院哲学社会科学部（现中国社会科学院）、中国社会科学院经济研究所等单位寻访时获得了十分宝贵的文献、书信和报告若干。四是《文集》编辑委员会成员个人提供报告、书信等重要资料。

有关《文集》编辑整理时遵循的原则以及不同情况的处理作如下说明。

一、《全集》和《全集（补遗）》收录作品分别为111篇（部）和24篇。《文集》增加新近收集到作者1925年至1983年间的作品221篇，计有理论文章59篇、译作11篇、报告65篇、书信86封，其中148篇是首次公开出版。

二、《文集》编辑过程中，发现《全集》和《全集（补遗）》存在一些差错，主要是有的作品标题中的个别用字以及发表的时间、刊登的期刊、卷次和脚注等有误或不完善，一并予以修改和补充。

三、《文集》每卷卷首增加了该卷相应时间段作者的照片及作品影印件。《社会主义经济论稿》《社会主义经济论大纲》及《孙冶方大事记》（补充修订后）仍置于《文集》最后两卷。

四、孙冶方（薛萼果）因为工作和生活的需要，有过多个曾用名和笔名。经考证确认的就有孙勉之、孙一洲、孙宝山、孙宜（毅）刚、叶非木、勉之、叶舟、亨利、宋亮、席矩、倪江、方青等。新出现的笔名"席矩"是根据冯和法的回忆文章，及在不同刊物发表文章的考证确认；"倪江"则根据作者相关记录和文章内容确定。文献检索发现，个别笔名可能和他人同名，为避免误收同名作者作品，需要经过编委会集体讨论、仔细甄别、慎重确认后方予收入。其他笔名文章参照《全集》和《全集（补遗）》所用笔名，由编委会认真讨论后收入。

20世纪30年代发表于《中国农村》《中国农村经济研究会会报》上的少数文章，虽无作者署名，经反复考证后确认系孙冶方执笔，在注释中已予以说明，有关考证将另文发表，不在此赘述。

五、《文集》作品以发表、出版或写作的时间为序。对于没有标明详细时间的作品，如缺少月份，则按照通行的做法，置于全年的最后。这样编排，目的是客观地反映孙冶方在各个年代工作和生活时的原貌。

六、对于新收录的作品，尽可能保持原有作品的风貌，仅对个别之处进行了删减或修订；一些书信、报告，原件中没有标题，编辑时增加了现在的标题；个别文献原件页码不全；有的字迹缺失或无法辨认时以空格表示，这些情况在注释中都分别进行了说明。

七、一些早年作品经不同出版社再次出版时，由作者重新审阅并增加了当时新版本的参考文献，因此出现30年代写的文章，参考了70年代出版的文献的情况，现统一注释为"参见……"。

八、根据作者的日记和工作笔记等线索查找，许多文章、书信、报告、谈话等至今仍没有收集到；一些笔名文章虽已找到，但由于可参考查证的资料十分有限，目前无法确认作者而暂不能收入。

综上所述，新出版的《文集》中仍然可能有某些不足甚或错误之处，敬请读者批评指正。

最后，我们要特别感谢在《文集》编辑出版过程中，提供了支持与帮助的单位和个人。可以说，没有这些单位和个人的无私支持和鼎力相助，《文集》以全新的面貌如期出版也就没有可能。

这些单位是：中国社会科学院办公厅档案处、中国社会科学院经济研究所及经济史研究室、图书馆，国家统计局资料中心编研处，无锡市档案馆、无锡市博物院、无锡市史志办公室、无锡市玉祁镇孙冶方纪念馆，上海市档案馆、中共上海市委党史研究室，江苏省档案馆、中共江苏省委党史研究室，浙江省档案馆，浙江财经大学孙冶方经济科学奖文献馆，等等。个人有：中国社会科学院副院长蔡昉、中国社会科学院经济研究所所长高培勇、国家统计局办公室主任曾玉平、上海市现代管理研究中心主任陈加英、南京大学商学院院长沈坤荣，以及沙尚之、汪静、沈树正、马骏、崔建华、李晶、刘胜文、王大庆、郑泽清、谢黎萍、陈晓明、吴斌、徐洁、江剑萍、周建军、陈彤光、吴佳佳、殷语、朱昱鹏、谈菁、杜松等。此外，知识产权出版社的蔡虹、石红华及各位编辑，孙冶方经济科学基金会办公室的周小和、王昊、李建、王莉4位同志，为《文集》的最终出版付出了辛勤的劳动和大量的心血，在此一并致以感谢！

《孙冶方文集》编辑委员会

2017 年 10 月 30 日

序

张卓元

孙冶方是我国当代卓越的马克思主义经济学家。他一生论述甚丰，20世纪五六十年代因提出把计划和统计放在价值规律基础上、千规律万规律价值规律第一条等，在经济学界起到振聋发聩的作用，产生了很大的社会影响。1998年，应山西经济出版社之约，我们编辑出版了《孙冶方全集》5卷本，主要收集中华人民共和国成立后孙冶方撰写的文章、研究报告、调查报告、政策建议等。此后，通过孙冶方亲属阅读整理他的日记、手稿、旧作等，发现有相当数量的文稿没有收入全集。为纪念我们敬仰的孙冶方诞辰110周年，我们又对孙冶方一生的作品，主要是经济学作品，进行查找和核实，以《孙冶方全集》为基础，把大量新发现的孙冶方遗作补充进去，按时序排列，形成现在的《孙冶方文集》10卷本，由知识产权出版社2018年年初出版。

重新出版《孙冶方文集》10卷本，不只是为了纪念孙冶方诞辰110周年，对于更好地了解孙冶方对马克思主义经济学的贡献，对于深入研究当代中国经济学思想史，对于认真吸收中国老一辈经济学家的理论精华，更好地构建中国特色社会主义政治经济学，都是很有意义的。

在《孙冶方文集》出版之际，我作为孙冶方经济理论的追随者和学生，作为文集编委会成员之一，在编辑过程中看到不少过去没有看到的文章、资料，学习到许多东西。下面拟就以下三个问题，简要谈谈个人的看法。

一、孙冶方是怎样治所的

孙冶方1957年年末到中国科学院经济研究所任所长，1964年年底接受批判被剥夺领导职务。他一到所，特别重视和强调经济理论研究要很好地联系实际，要从实际出发寻找研究课题，深入实际调查研究。他专门写报告要求对经济所实行双重领导，即由中国科学院和国家计委领导。后经周恩来总理和李富春副总理批准实行双重领导，他本人列席国家计委党组会议，接受国家计委分派的任务。为了便于研究人员到经济部门做调查研究，他把经济所从海淀区中关村搬到财经部门集中的西城区三里河。他接受李先念等领导同志交办的任务，亲自率领一批研究人员到上海第一机床厂等企业进行调查。他关于固定资产管理体制改革（反对复制古董）和加强经济核算包括资金核算的研究报告，就是深入调查研究后写出的。他在调查过程中，还同李立三、李人俊、汪道涵、马天水、顾树桢等中央经济部门和地方工作的同志多次深谈，征求他们的意见。在孙冶方的带动下，在经济所逐渐形成了调查研究的风气。还有，从上个世纪50年代末到60年代初，孙冶方和薛暮桥、于光远一块发起，针对农村"一平二调"和"大跃进"带来的国民经济断崖式下滑和比例失调等问题，组织经济理论工作者和实际工作者，讨论了社会主义商品生产、价值规律、按劳分配、社会主义再生产、经济核算、经济效果等问题，对全国的经济理论研究工作起到了引航的作用。

其次，大力倡导标新立异，向传统的经济理论挑战，扭转从书本到书本、从概念到概念、搞规律排队和只限于解释当前政策的教条主义学风。他自己带头创新理论（后面有专门论述），给经济所带来一股清新的研究风气。他还邀请当时苏联的统计局综合平衡司司长索包里作报告，他对传统的社会主义经济理论和体制持批评态度，主张生产价格论、强调资金核算的重要性等，使我们这些听众大开眼界。与此同时，他对当时广为流行的苏联科学院院士斯特鲁米林关于没有价格与价值的背离就没有价格政策的观点（上个世纪五六十年代国内有从事实际工作的同志很欣赏这一观点），不以为然，认为正确的价格政策恰恰是力求使价格与价值一致，只有这样，才是真正尊重价值规律。

再次，以任务带学科带队伍。孙冶方于1960年年初起，接受中宣部布置的写社会主义政治经济学的任务（薛暮桥、于光远也各负责写一本），于是组织全所研究现实经济问题的骨干力量，写《社会主义经济论》，他本人提出与众不同的按马克思《资本论》过程法（即资本的生产过程、资本的流通过程、资本主义生产的总过程，把资本和资本主义改为社会主义即可）展开，以最小的劳动消耗取得最大的有用效果为红线进行写作。在这个过程中，带出了一批年轻的经济学家，他们在中国改革开放后分别成为一些科研单位的骨干。

二、孙冶方治学是如何标新立异的

孙冶方提倡标新立异，他是以身作则的。他发表在《经济研究》1956年第6期的《把计划和统计放在价值规律基础上》一文，就是真正的标新立异，在经济学界引起轰动。他到经济研究所后，提出了一系列崭新的观点和主张，包括：恩格斯1844年在《德法年鉴》上提出的"价值是生产费用对效用的关系"并不是错误的、后来被恩格斯本人抛弃的观点，而是正确的、对准确理解马克思劳动价值论有重要意义的观点；主张以生产价格作为社会主义国家定价的基础；流通部门是很敏感的，国民经济中许多问题，都会在流通过程中首先表现出来，批判部分学界鼓吹的"无流通论"；财经体制的核心问题是作为独立核算单位的企业的权力、责任和它们同国家的关系问题，而不是有人常说的中央和地方的关系问题；凡是在原有资金价值量范围内的生产，是简单再生产，是属于企业（指国有企业）可以自主决定的权利，因此折旧基金应留给企业支配使用，而现实中要求折旧基金上缴的固定资产管理体制会导致出现复制古董的怪异现象；利润是反映企业技术水平高低、经营管理好坏的综合指标，高于社会平均资金利润率的是先进企业，低于社会平均资金利润率的是落后企业；用最小的劳动消耗取得最大的有用效果应作为社会主义政治经济学的红线贯穿始终；千规律，万规律，价值规律第一条；等等。

孙冶方在经济理论上标新立异，不是偶而突发的奇思异想，而是经过长时期调查研究深思熟虑后得出的。关于固定资产管理体制和重视利润的主张，就是经过大量实地调查研究和总结国内外经验教训后提出的。关于价值理论则除了调查研究、实际工作体会外，还大量引经据典，与不同观点商榷。他在1959年第9期《经济研究》发表的《论价值》一文，长达三万多字，系统地表达了他对价值和价值规律的独特观点。还有，我们常常看到孙冶方特别喜欢引用马克思在《资本论》第三卷中的一段话，马克思说，"在资本主义生产方式消灭以后，但社会生产依然存在的情况下，价值决定仍会在下述意义上起支配作用：劳动时间的调节和社会劳动在各类不同生产之间的分配，最后，与此有关的簿记，将比以前任何时候都更重要。"（《马克思恩格斯全集》第25卷，北京，人民出版社，1974年，第963页）据我体会，马克思这段话说的价值决定，正是价值规律的核心，也是孙冶方反复强调的价值规律的内涵。因此他坚信价值规律在资本主义生产方式消灭以后，在社会主义社会经济活动中，仍然起支配作用。

三、孙冶方经济理论的现实意义

孙冶方经济理论的核心,如果用一句话来概括,就是千规律,万规律,价值规律第一条。这是在一次批判他的座谈会上,当批判他的人质问他国民经济综合平衡依据的是什么规律时他脱口而出的,他在1978年10月还专门以此为题写了一篇文章,发表在《光明日报》上。孙冶方在文中写道,"我这句话虽然是在激动中脱口而出的,然而这是符合我多少年来长期坚持的思想的。"我认为,这就是孙冶方的主要经济理论观点。孙冶方一辈子强调价值规律,并不是有人想象的那样现在已经过时了,恰恰相反,在我们努力发展社会主义市场经济的今天,仍然具有重要现实意义。

第一,马克思主义经济学原理历来认为,价值规律是商品经济和市场经济的基本规律,是支配市场经济活动的最根本的法则。现在我们正在社会主义条件下发展市场经济,就要按市场经济规律办事,就是要按价值规律办事。如果我们在经济活动中违背价值规律,必然会受到这样那样的惩罚,如效率低下、竞争力下降甚至亏损破产等。相反,如果我们在经济活动中尊重价值规律,按价值规律办事,努力降低个别社会劳动消耗,提高产品技术含量和品质,就能在市场竞争中处于强势,不断发展壮大自己。当然,我们也要看到,孙冶方对价值规律如何调节社会生产和流通,它的机理是什么,并没有作出有说服力的说明,而这是在中国改革开放中,通过市场机制即放开市场和价格才实现这种调节的。

第二,在孙冶方的论述中,价值由社会必要劳动时间决定的规律,其含义是比较广泛的,既包括个别商品的价值由社会必要劳动时间决定,也包括在社会总劳动时间中,要把必要的比例量用在不同各类的商品上,也就是我们今天常说的,在资源配置中起决定性作用。孙冶方常常引述马克思关于价值决定在未来社会对社会劳动在不同各类生产之间的分配仍起支配作用,也是这个意思。当前我国深化经济体制改革,就是要紧紧围绕使市场在资源配置中起决定性作用来进行,实质上正是要更好地让价值规律调节资源的配置。

第三,价格政策应很好地尊重价值规律。孙冶方一贯反对实行价格与价值背离的政策,要求不断缩小工农产品价格剪刀差,国家定价应以价值和价值的转化形态生产价格为基础,否则难以正确评价经济活动的效果,难以评价企业的真实业绩。这点至今仍有现实意义。现在占全社会商品和服务97%的价格已放开由市场调节,也就是价值规律调节,在公平竞争的市场环境不断完善的条件下,价格将越来越贴近价值而波动。剩下的3%由政府定价,主要限定在重要公用事业、公益性服务、网络型自然垄断环节,也要尊重价值规律,但不是由价值规律自发调节。这说明,孙冶方当年的设想,在社会主义市场经济条件下正在逐步成为现实。

第四,从政治经济学发展史来看,改革开放前,经济学家们在创建社会主义政治经济学体系时,总离不开规律排队,而且总是把社会主义基本经济规律、有计划发展规律放在首位,贬低和排斥价值规律的作用。1982年,还有一些经济学家拿社会主义基本经济规律和有计划发展规律起主要作用来反对社会主义经济也是一种商品经济。可是,在半个多世纪前,孙冶方就已经提出,无论在国民经济中,还是在社会主义政治经济学中,价值规律是首要规律。他关于撰写《社会主义经济论》要以最小的劳动消耗取得最大的有用效果作为红线,也是他关于千规律万规律价值规律第一条在构建社会主义政治经济学中的具体应用。因为在孙冶方看来,价值由社会必要劳动时间决定的规律,体现的正是生产费用对效用的关系，如果生产没有社会使用价值的东西，其劳动消耗是白费的，不是社会必要的，不能形成价值，所以他一直认为恩格斯关于价值是生产费用对效用的关系是完全正确的命题。因此我认为，孙冶方经济理论的核心——价值理论，对于今天构建中国特色社会主义政治经济学，是值得大家重视的。这也是孙冶方经济理论重要现实意义之所在。

2017年10月

孙冶方：以自己的生命敲击改革开放大门的先驱

——《孙冶方文集》序

冒天启

孙冶方（1908—1983），江苏无锡人，是中国经济学界几代人都敬仰的一位颇具盛名的马克思主义经济学家。在他长达半个多世纪的经济学理论研究活动中，始终坚持立足中国国情，独立思考，按照价值规律内因论和商品生产外因论的经济学思想，是中国经济学界对自然经济论进行批判的先行者，是对传统经济体制实行改革的最早倡导者，是创建社会主义经济学新体系的积极探索者。

孙冶方在上个世纪20年代初，去莫斯科中山大学学习，毕业后在莫斯科东方劳动者共产主义大学担任政治经济学讲课翻译，在那里学习、工作了四年零九个月；回国后长期从事经济理论研究、宣传和教学，并担任实际经济工作的领导。生前曾任中国社会科学院顾问，经济研究所所长、名誉所长，国务院经济研究中心顾问，国务院学位评议组成员，政协第五届全国委员会委员，中共中央顾问委员会委员等职。孙冶方病逝前，为表彰他对马克思主义经济学的重大贡献，中国社会科学院党委授予他为模范共产党员；学界老一辈经济学家也在1983年6月13日联合发起成立了孙冶方经济科学奖励基金委员会，以纪念这位经济学界的泰斗。媒体公认，孙冶方经济学思想，对中国的改革开放具有"破茧"的功能，他以自己的生命在敲击着改革开放的大门，2008年12月7日，被媒体评选为中国"30年最具贡献的十位经济学家"。

孙冶方一生治学严谨、惜字如金，在同辈的经济学家中，其著述不算最多，甚至没有过专著，但他的文章却篇篇都针砭时弊，影响深远。1984年，山西人民出版社根据他在病逝前亲自审定的篇目，出版过一部《孙冶方选集》；1998年，为了纪念他诞辰90周年，孙冶方经济科学基金会委托山西经济出版社出版了5卷本《孙冶方全集》；2008年，孙冶方经济科学基金会与无锡市玉祁孙冶方纪念馆在整理孙冶方文献资料时，发现《孙冶方全集》漏选了孙冶方的不少文章、译著，因此，内部出版了《孙冶方全集（补遗）》。2016年，应知识产权出版社邀约，经多方反复彻查文献、严格审定，以一部全新的10卷本《孙冶方文集》典籍问世。

孙冶方是老一辈的马克思主义经济学家，社会在变迁、知识在更新，为让新一代学子对孙冶方的经济学思想有个初步的了解，我们在这里简述他的成长经历、理论贡献以作为《孙冶方文集》新版之序。

一、成长经历

孙冶方，1908年10月24日出生在江苏省无锡县玉祁镇。原名薛萼果，字勉之，党内用名宋亮。从小家境贫穷，父亲背债做过纱厂的小职员。1921年秋，13岁的孙冶方才进无锡县立第一高小做寄宿生。孙冶方在校时，接受进步思想，1923年年初加入社会主义青年团，1924年经中共上海区委批准正式转为中共党员。不久，无锡地下党组织成立，孙冶方被选举为第一任中共无锡党支部书记，同年加入国民党。1925年11月，按照上级组织的安排,他去莫斯科中山大学学习,同去的有60多人,其中有张闻天、杨尚昆、乌兰夫,还有王明、蒋经国等。在那里经过两年比较系统的马克思列宁主义学习,1927年夏毕业,分配到莫斯科东方劳动者共产主义大学担任政治经济学讲课翻译。1927年11月,东大中国留学生合并到中大,孙冶方也随之返回中大继续担任讲课翻译。这一时期,有两件事对他影响较大,一是王明的宗派斗争。20年代赴苏的中国留学生中,既有后来成为党和国家卓越领导人的邓小平、叶剑英、杨尚昆等同志;也有后来堕落叛逃的王明、张国焘等人。当时,王明在共产国际的支持下,把持了对中国留学生的领导权,大肆进行宗派主义活动,对不赞成他们意见的同志搞残酷斗争,捏造各种罪名进行打击。1927年夏,在一次讨论中大学期工作总结报告并对报告的决议案投票表决时,支持王明的共有28人,1人弃权,绝大多数同志都表示反对,其中有孙冶方的入党介绍人董亦湘。孙冶方没有参加这次会议,但平时与董亦湘及投反对票的同志来往较多。那时,由于孙冶方已担任了讲课翻译,经济收入较高,大家让他掏钱请客聚餐,王明根据这次"聚餐",凭空捏造了"江浙同乡会"的案件,把他们作为反革命分子进行斗争。1928年,尽管经过由周恩来参加的中央专案组的重新审查,宣布"江浙同乡会"是莫须有的罪名,但王明却又利用联共清党,给反对他的同志扣上"托派"的罪名继续加以迫害,他们断定孙冶方也有"托派"嫌疑,无端地给了他"严重警告"处分。这件冤假错案,给孙冶方后来的党内生活带来不小影响。二是布哈林对列宁新经济政策的理论解释,给孙冶方后来从事社会主义经济理论研究,认识不发达国家社会主义建设道路,产生了潜移默化的影响。

1930年9月,孙冶方回国。在上海从事党的地下工作,先任上海人力车夫罢工委员会主席,后又任人力车夫总工会筹委会主席,年底,调任沪东区工商联筹委会主席。1931年年初,孙冶方在英租界被捕，但敌人没有任何证据断定他是共产党员，以为是"乡下佬"，因此在捕房里关了七天就释放了。出狱后，孙冶方向党中央递交书面报告，希望恢复组织关系，同时还积极参加抗日救亡活动。但王明宗派集团把持着中央领导权，对孙冶方的"书面报告"置之不理，孙冶方被排斥在党外7年之久。这期间，孙冶方在逆境中一直坚持斗争，以他对马克思主义理论和党的土地革命路线的透彻理解，与陈翰笙、薛暮桥、钱俊瑞等发起成立中国农村经济研究会，开设新知书店、中国经济资料室，发行《中国农村》月刊，深入工厂、农村，以大量的调查材料，论证中国社会的半封建半殖民地性质，批判王明和"托派"夸大中国社会资本主义性质，反对党的土地革命路线的"左"倾观点。1934年6月，面对国民党反动派的迫害，孙冶方不得不绕道香港去了日本，在东京替商务印书馆翻译卢森贝的《政治经济学思想史》。1935年9月回国，继续从事《中国农村》的编辑工作。

1937年5月，孙冶方恢复了党籍，调任中共江苏省文化工作委员会书记。1940年9月，孙冶方根据组织决定去延安，途经重庆时，向周恩来汇报了工作，周恩来根据当时形势，指示他去苏北新四军或华中局工作。1941年6月，孙冶方到了苏北根据地，先在华中局宣传部任宣教科科长，后又去华中局党校教学并兼任教育科科长。临去党校前，刘少奇找他谈话指出：党校教学要理论联系实际。7月13日，孙冶方以"宋亮"为笔名给刘少奇写信，请教如何看待党内存在的轻视理论的倾向。当天，刘少奇回信，就党内轻视理论的倾向作了分析，这就是"文化大革命"中曾一度成为"众矢之的"的《答宋亮同志》的信。1942年华中局党校成立校委会，孙冶方为校委员会委员，仍兼教育科长。1943年4月，新四军军部转移到淮南以后，孙冶方即被派到淮南路西地委任宣传部长。1947年5、6月间，孙冶方奉命到胶东向华东财办领导汇报工作，时值国民党军队正向滨海地区进攻，因此上级决定"驻鲁办事处"撤销,干部撤退到胶东,孙冶方被留在华东财办工作,11月任华东财办秘书长兼山东省政府实业厅副厅长,直到解放战争胜利结束。

1949年江南解放后,孙冶方随三野进上海,任上海市军管会重工业处处长,并负责接管了国民党政府的资源委员会,后任华东工业部副部长兼任上海财经学院院长。1955年年初,孙冶方调北京任国家统计局副局长,主要负责国民经济平衡统计表的编制,还有关于国民收入计算、计划统计指标体系、方法等工作。1956年7、8月间,他去苏联统计局考察,联系中国经济建设中已经出现的问题,深感我国经济管理体制和一些经济政策存在着严重的弊病,1956年11月,他写了著名的论文《把计划和统计放在价值规律的基础上》,批评斯大林把价值规律和国民经济计划管理对立起来的观点,指出:国民经济有计划按比例发展必须建立在价值规律的基础上才能实现。同期,他还写了另一篇有名的文章——《从总产值谈起》,批判总产值指标妨碍对企业进行科学管理,指出:利润指标是考核企业经营管理好坏的综合指标。

孙冶方于1957年底被调至中国科学院经济研究所任代所长。1958年6月21日,中央工业部电话通知孙冶方:中央监委已经批准了中央工业部对他有关历史问题的审查结论,同时恢复了1931年到1937年这一段党龄。这令孙冶方极为振奋。孙冶方虽然弃官从文,但在新的岗位上,仍以高度的敬业精神,花很大的力气疏通经济理论研究和实际工作结合的渠道,力主由国家实际经济部门主管经济研究所的研究工作。孙冶方大力组织研究人员认真读书,并引导人们把实践中存在的、有待于解决的问题提高到理论上加以研究。他身体力行,多次深入农村、工厂,写了大量的研究报告和文章,探讨社会主义经济理论,并逐步形成了以自然经济论为批判对象,以价值规律内因论和商品生产外因论为基础的理论体系，积极倡导经济体制改革。1959年7、8月，他在青岛撰写了《论价值》一文，发表在《经济研究》1959年第9期，系统陈述了自己的理论和改革主张。从1960年年底开始，他组织经济研究所的一些同志，着手编写《社会主义经济论》，系统清算阻碍社会主义经济理论发展的各种有害倾向。由于众所周知的原因，1964年开始，他在经济学界受到了围攻。1966年6月，《红旗》杂志公开点名在全国范围内开展了对孙冶方的大批判。从1968年4月5日被捕入狱，直到1975年4月10日出狱，孙冶方在特殊的环境中，用默记的方法，对《社会主义经济论》22章183节在脑海中过了85遍，坚持每月一次。1972年2月，他以给"外调"人员写材料为名，写了长篇文章《我与经济学界一些人的争论》，驳斥了康生、陈伯达一伙反马克思主义的谬论。1975年4月10日踏出狱门对工宣队的第一句话就是：我是一不改志、二不改行、三不改变自己的观点！回家后即着手《社会主义经济论》的写作。打倒"四人帮"后，孙冶方极为昂奋地参加了揭批"四人帮"的理论斗争以及考察出国访问。那时，国内各个部门都组团去东欧国家学习，曾有团组去匈牙利，接待方坦然地说，我们是按照你们国家孙冶方的经济学思想改革的！1979年8月，孙冶方肝癌已到晚期。在这种情况下，经济研究所加强了写作组的力量，为抢救学术遗产，由孙冶方在病床上口授录音，然后由写作组整理，前后约一年时间，完成了《社会主义经济论》大纲20余章。从这以后，孙冶方更拼命工作，3年时间，先后写出了22篇论文，对经济建设和改革中的紧迫问题，系统发表了自己的观点，同时还参加文艺、历史等方面的社会活动。1982年9月，孙冶方参加了党的十二大，并当选为中共中央顾问委员会委员。1983年2月22日下午5时，这位拼搏了一生的老布尔什维克，带着铮铮铁骨，离开了我们，时年75岁。

孙冶方：以自己的生命敲击改革开放大门的先驱

二、理论贡献

在中华人民共和国成立前的30至40年代,孙冶方发表过的论文,主要是联系中国实际,以大量第一手调查材料,论证中国社会的半封建半殖民地性质,但他的经济思想最有历史学术价值的部分是在共和国成立后的50年代中期到70年代末80年代初期形成的。在左的路线统治全党和社会的环境下,孙冶方大胆探索符合中国国情的社会主义经济理论新体系,勇敢倡导改革集权的计划经济模式。他的经济学思想可以归纳为一句话:价值规律内因论和商品生产外因论,在这个大题目下,他经常论述的经济思想主要是:

(1) 用最小的劳动消耗取得最大的有用效果即"最小最大"。孙冶方自50年代中期以来,联系社会主义经济建设中的弊端,反复论述"最小最大",并由此付出了血的代价。但"最小最大"的发明者,从经济思想发展史上看,实际上并不是孙冶方。早在1817年,李嘉图的《政治经济学及赋税原理》出版,1821年,这部书的第三版广为流行,书中写道:国家财富的增加可以通过两种方式:一种是用更多的投入来维持生产性的劳动……;另一种是不增加任何劳动量,而使等量劳动的生产效率增大……这两种增加财富的方法中,第二种方法自然是更可取的。当时,有一位匿名作者按照李嘉图的这个思想写了《国民困难的原因及其解决办法》的小册子,其中说道:一个国家只有在劳动6小时而不是劳动12小时的时候,才是真正富裕的,财富就是可以自由支配的时间。马克思对这个思想极为赞赏,说:"这不失为一个精彩的命题。"同时还把李嘉图的上述说法概括为:在尽量少的劳动时间里创造出尽量丰富的物质财富。同时还强调:这在一切社会形态中都是适用的。但时间过了100多年,孙冶方把这个朴素的思想用中国化了的经济学语言，作了广泛宣传。他在多篇文章中都讲：要用最小的劳动消耗去取得最大的有用效果，这是一切经济问题的秘密，人类生活的好坏，从根本上说取决于劳动效率的高低，要以更少的劳动投入获得更多的有用产品；或者说，要减少生产每一单位产品所需要的劳动量。研究一定的劳动时间内生产了多少产品，是劳动生产率范畴问题；研究单位产品中包含有多少劳动时间即劳动耗费，是价值范畴问题。用最小的劳动耗费取得最大的有用效果，就是一个把个别的、局部的劳动还原为大多数的、社会平均必要的劳动耗费的复杂经济运行过程。孙冶方指出：在社会主义条件下，商品的内在矛盾即商品二重性和生产商品劳动二重性仍然存在，经济学要以"最小最大"为红线，去研究解决这些矛盾的途径，提高劳动生产率，发展社会主义经济。

孙冶方：以自己的生命敲击改革开放大门的先驱

孙冶方用"最小最大"总结社会主义建设的教训，批评在"政治挂帅"下高消耗、低效益的顽症；用"最小最大"判断社会主义公有制，批评自然经济论和"大锅饭"的体制；用"最小最大"批评"权力经济学"，重新编写中国的理论经济学，因而使这个古老而朴素的经济学常识在新的历史条件下放出了新的理论光彩。实践证明，孙冶方的"最小最大"理论中所包含的一切思想都是正确的，因此，经济学界公认："最小最大"是孙冶方公式。

（2）价值理论。孙冶方在这个重大理论问题上与众不同，他坦诚地承认：我的价值论源自恩格斯，但有自己独立的"逻辑上的一贯性和系统性"。1843年，恩格斯在《政治经济学批判大纲》中说："价值是生产费用对效用的关系。价值首先是用来解决某种物品是否应该生产的问题，即这种物品的效用是否能抵偿生产费用的问题。只有这个问题解决之后才谈得上运用价值来交换的问题。如果两种物品的生产费用相等，那么效用就是确定它们的比较价值的决定因素。"恩格斯接着还说：在未来社会中，"价值这个概念实际上就会愈来愈只用于解决生产的问题，而这也是它真正的活动范围"。马克思对恩格斯的这个理论十分赞赏。1868年1月8日，他给恩格斯的信中说：由于我采取了抽象的研究方法，直接的价值规定，在现实社会中，实际作用是很小的，甚至是找不到的。（价值）"通过价格的变动来实现，那么事情就始终像你在《德法年鉴》中已经十分正确地说过的那样。"所谓"十分正确地说过"，就是指恩格斯发表在《德法年鉴》上的《政治经济学批判大纲》中"价值是生产费用对效用的关系"的说法。恩格斯在1895年逝世前半年再版《反杜林论》时，将这一观点与《资本论》一、二、三卷联系起来，重申（价值是生产费用对效用的关系）观点，"我在1844年已经说过了。但是，可以看到，这一见解的科学论证，只是由于马克思的《资本论》方才成为可能。"恩格斯在病逝前重申自己对价值概念的论述，足见这一思想的极端重要性。后来，恩格斯的这一理论，在欧洲工人运动中得到了广泛传播！孙冶方联系中国经济建设的实践，对恩格斯的价值理论做了充分的发挥，坚持认为：价值是生产费用对效用的关系，并由此形成了自己一套严密的价值理论体系，他曾对批判者戏言说：你们如果击破了我的要害——价值论，那么我的这个理论体系就摧枯拉朽了！他认为，价值规律是任何社会化大生产都不能取消的自然规律。他一再强调，价值并不仅仅是商品经济所特有的范畴，它是社会化大生产的产物，反映着社会化生产过程中的各种社会经济关系，就这一点来说，它对资本主义和共产主义都是共同的。但是在资本主义条件下，价值是通过交换价值表现出来的；而在共产主义条件下（包括社会主义全民所有制内部），价值却可以通过统计、会计具体地捉摸到。因而在量的意义上，价值就是物化在产品中的社会必要劳动。价值和交换价值是完全不同的两个范畴。价值由包含在商品或产品中的劳动量决定。但是，在商品经济特别是资本主义商品经济条件下，供求却始终是不平衡的。尽管每一物品或每一定量某种商品中包含着生产它所必需的社会劳动，但如果它的产量供应超过了当时的社会需要，那么一部分社会劳动还是会浪费掉的。因此，效用通过社会必要劳动的形成来最终影响价值的变化，离开了一定使用价值的质和量，就无从谈论"必要"还是"不必要"。社会主义建设效益差、浪费大，就是因为我们缺乏价值观念，不对生产费用和效用进行比较造成的。孙冶方认为，价值规律是价值存在和运动的规律，它是任何社会化大生产都不能取消的自然规律，社会主义经济作为社会化生产，它同样也存在着价值规律发生作用的机制。因此，孙冶方是价值规律内因论者，它反对斯大林的价值规律外因论，对斯大林的自然经济论和"大锅饭"体制，进行了尖锐而辛辣的批评。

孙冶方：以自己的生命敲击改革开放大门的先驱

（3）企业扩权理论。孙冶方强调，企业是独立的经济核算单位，要正确处理国家集中领导和企业独立经营的关系。孙冶方在我国最早提出了在全民所有制条件下，国家所有权和企业经营权分离的理论，他认为，在私有制条件下，谁具有生产资料的占有、使用和支配的权力，谁就是事实上的所有者。然而"在全民所有制之下，占有、使用和支配是一个主体，而所有权是另一个主体。国营企业，只是根据它们的活动目的和财产的用途对固定给他们的国家财产行使占有、使用和支配之权。而这些财产的所有者是国家。社会主义国家和企业的关系，并不像自然经济论所认为的那样，是上层建筑、法律关系，而是一种非常重要的经济关系。孙冶方在特定历史条件下针对集权计划经济，独创地提出了划分国家和企业权限的"杠杠"，他认为，经营管理体制中"大权"和"小权""死"和"活"的界限是简单再生产和扩大再生产的界限，属于简单再生产范围以内的事是企业应该自己管的"小权"，国家多加干涉，就会管死，束缚企业从事生产经营的积极性和主动性；属于扩大再生产范围以内的事是国家应该抓的"大权"，国家必须严格行使权力，不管或管而不严，就会大乱。而区分简单再生产和扩大再生产的唯一界限是企业资金价值量，凡是不要求国家追加投资的，在原有资金价值量范围以内的生产，都是简单再生产；而要求追加新投资，这超出了企业原有资金价值量范围，因而是扩大再生产。孙冶方按照上述"杠杠"，激烈地批评了固定资产管理体制，要求把折旧基金原则上全部交给企业，由企业自主去搞挖潜、革新和改造。

（4）利润理论。孙冶方认为，利润是考核企业经营好坏的综合指标。利润是物质生产部门职工为社会扩大再生产和社会公共需要而创造的一部分物质财富，无论是社会总产品，还是个别企业总产品，$c+v$ 即成本越低越好，与此相应，m 即剩余劳动就会增多。在价格合理的条件下，降低成本和增加利润完全是同义语，它们都是企业技术水平高低、经营管理好坏的综合指标，抓住了利润指标，就如同抓住了"牛鼻子"一样，许多问题就会迎刃而解。孙冶方认为，价格不合理，就会扭曲利润的作用，比如工农产品的"剪刀差"，如果国家对农产品收购价格压得过低，按价格计算的国民收入实际上就把农民所创造的价值，算在了工业品价格上。孙冶方尖锐批评了斯大林通过"剪刀差"、向农民筹集国家工业化资金的超经济剥夺。不合理的价格，成了价值的"哈哈镜"，使得计划、投资和分配，失去了判断尺度，因此，他极力主张按资金利润率调整不合理的价格。

（5）流通理论。孙冶方认为，流通是社会再生产的物质代谢过程，社会分工使生产实现了专业化，但要使各个生产部门的再生产能正常进行下去，他们必须以产品交换为媒介发生经济联系，实现生产的物质补偿和替换。因此，流通是社会化大生产不可缺少的环节。孙冶方还认为，在社会主义条件下，由于全民所有制外部还存在着商品生产和交换，因此，全民所有制企业之间的产品流通和不同所有制性质企业之间的商品流通同时并存。要使社会主义流通（产品、商品）成为有计划的经济过程，孙冶方认为，我们必须研究流通中的各种具体问题，包括：流通渠道、购销形式、网点设置等。孙冶方一再强调，马克思《资本论》第二卷中所论述的许多问题，比如加速资金周转等，只要剔除资本主义的特殊属性，作为社会化生产的规定，对社会主义经济依然适用，因此，他在提出生产中的"最小最大"的同时，亦主张流通中也要研究以最少的垫支资金取得最大的有用效果的问题，因为等量资金的周转速度不同，获得的有用效果也是不等的。

（6）70年代末，孙冶方把批判的矛头直接指向了斯大林和《苏联社会主义经济问题》。

他批判斯大林对生产关系的定义，认为在生产关系之外去孤立地研究所有制是有害的。所有制是一种财产关系亦即法律用语，经济学在研究特定社会进行生产和交换并相应进行产品分配的条件和形式时，应该讲清楚：第一，用哪个阶级所有的生产资料来进行生产，生产出来的产品又归哪个阶级占有；第二，交换的产品是哪个阶级生产的，又为哪个阶级占有；第三，被分配的产品是哪个阶级生产，又归哪个阶级所占有，从而用什么形式按什么比例分配。我们在所有制上曾经搞"穷过渡"的做法，其理论根源就是斯大林把所有制形式从生产关系中独立出来简单地看作是一种"归属"关系，用政治运动来不断调整财产归属，结果把基于经济的所有制，变成了基于权利的所有制。实践证明，实现了国家"占有"，未必就是实现了社会主义的公有制，腐败官员在这个所谓的"公有制"经济中攫取"公款"和"公物"，可能比资本家在自己开设的商号里支取款项还随便。这样的公有制，"实质上是一种挂着社会主义公有制招牌的封建主义的特权所有制"。所以，所有制只能从财产的现实形态即生产关系的总和上来把握，从生产、交换、分配的各个环节来进行具体分析，而不能将它看作是一种简单的、孤立的财产归属!

他批判斯大林对生产力的定义,认为把劳动对象从生产力因素中排除掉也是有害的。

孙冶方是我国经济学界对自然经济论的最早批判者。自然经济论渊源甚深,毒害甚广,它依附在马克思主义的名义下,把社会主义和商品货币关系对立起来,把计划经济和实物经济混同起来,使社会主义制度的优越性难以发挥出来。孙冶方几十年来,以反自然经济论为大旗,揭露了自然经济论对实际工作的影响,他指出:自然经济论没有经济效益观点,借口政治账掩盖经济建设中的高消耗;没有生产经营观点,企业按上级定下来的指标进行生产,造成产销脱节;没有等价交换观点,把价值看作是使用价值的计量单位,用"剪刀差"向农民征收"贡税";没有流通观点,不准生产资料进入流通,用调拨代替了交换;没有资金核算观点,实行资金供给制,培植了败家子作风;没有固定资产的磨损观点,人为压低折旧率,迫使企业搞"古董复制",冻结了技术进步。孙冶方指出:按照自然经济论办事,就像原始公社首脑指挥生产一样,企业的一切活动都由集中的计划统一支配,生产什么,生产多少,生产者和消费者相互供应什么,都统一按实物计划规定。在我国经济理论界,就一个、两个或者更多一些的观点,就个别的、局部的观点去批判自然经济论,并不乏其人;但是,还没有哪位经济学家能像孙冶方这样全面、深入、系统地对自然经济论进行批判。

孙冶方是我国经济学界对传统经济体制实行改革的最早倡导者。我国从苏联移植过来的斯大林模式,实际上是以自然经济论为基础,由国家对社会的全部经济活动实行高度的集权管理,物资被统调统拨、资金被统收统支、人力被统包统配、产品被统购统销、计划被层层下达、干部被层层任免。60年代后,一些社会主义国家开始对集权计划经济体制进行"改革",就连苏联也进行了所谓的"完善"工作。但在我国，却在反对修正主义的口号下把斯大林以自然经济论为基础的集权模式看作是唯一的社会主义固定模式，对改革观点进行批判。孙冶方从50年代中期开始，逆潮流而进，以价值规律内因论为基础，以扩大企业经营管理权为突破口，要求正确处理国家和企业的经济关系，改革计划管理体制，改革物资流通体制，改革企业固定资产管理体制以及对价格、利润、统计等各方面进行改革。孙冶方为倡导体制改革而付出的努力，将永远激励着后继者。

孙冶方是我国经济学界创建社会主义经济学新体系的积极探索者。50年代中期，孙冶方就认为：从苏联舶来的经济理论不符合中国国情，它充满着唯意志论和形而上学。他在50年代末着手编写的《社会主义经济论》，就是为着取代那些陈腐的老框框。当然，社会主义还在实践，还不能产生出成熟的经济学体系，但是，孙冶方坚持联系生产力来研究社会主义生产关系，运用马克思主义的抽象法，以社会主义全民所有制的产品为出发点，把以最少的社会劳动消耗有计划地生产最多的满足社会需要的产品为贯穿整个体系的红线，把对价值范畴的分析贯穿于各章，分析生产过程、流通过程、社会再生产过程，从而揭示社会主义经济发展的内在规律，对这种旨在把社会主义经济学从唯意志论的毒害下解救出来的新体系，不能不看作是社会主义政治经济学发展中的一次大胆尝试和探索。同时，孙冶方在撰写《社会主义经济论》时，既坚持独立思考，又提倡集思广益，为我国经济学界培养出了一支具有深厚经济学理论功底的经济学家队伍，成为改革开放中的一支生力军！

孙冶方是我国学术思想界坚持理论联系实际，为真理而勇于献身的光辉典范。在他从事理论工作的60个春秋里，非常重视实践，经常深入工厂、农村做国情、田地调查，从中提出重大的研究课题，并寻求解决问题的答案。但他绝不把实践中的材料按政

孙冶方：以自己的生命敲击改革开放大门的先驱

治气候和政策要求简单地加以堆砌和描述,而是力求准确完整地按照马克思经济理论基本方法加以研究,掌握社会主义经济的客观规律;同时他也非常重视理论,他深知中国革命和建设的理论准备不足,因此下大力气研究马克思主义经济理论,敢于从"俄文版的马克思主义"中剔出假货,剔出不符合中国国情的"条条",按中国国情去检验、评审"舶来品"的真伪和适用性,在批判和独立思考中形成自己的经济思想体系。他非常憎恨文化专制主义,同时也非常讨厌那种摸风向、探气候的风派理论工作者。孙冶方无论是从政做官,还是弃官从文,都有着一种强烈的专业精神,不为权、不畏权,独立思考,探求真理,始终表现出一个科学工作者的铮铮铁骨。但是,孙冶方在学术讨论中,却平等待人,虚怀若谷,热情欢迎来自各方面的批评和商榷意见,公开检讨并放弃那些被实践证明是错误的或自己认为应该补正的学术观点。孙冶方这种强烈的人文关怀精神,开放求是、吸纳灼见的治学态度,坚持来自实践而被认准的观点且又坦然放弃被实践证明不大适宜的观点,在学界表现出的铮铮风骨,是经济科学发展的宝贵财富。

三、理论的历史局限性

按照历史唯物主义的观点,人总是环境的产物。因此,我们坦诚地认为,孙冶方的经济理论体系中也还存在着某些历史的局限性,这主要指他的商品生产外因论。孙冶方依照马克思关于"只有独立的互不依赖的私人劳动的产品,才作为商品互相对立"的论述,指出:等价交换基础上所有权的转移,是商品交换的本质。他由此推论说:(社会主义)国营企业之间的经济往来在本质上已经不是商品交换的性质了,……因为国营企业都属于一个所有者,属于全体人民,属于全社会,它们之间的交换并不引起所有权的转移问题，而只有核算问题。但由于国营企业还要与集体经济发生往来，个人消费品也作为商品存在，这作为一种外在的因素，使国营企业之间的往来不得不带有一定的商品性。孙冶方的这种商品生产外因论，基本上延续了斯大林在《苏联社会主义经济问题》一书中的观点，即由两种所有制的存在来看待商品生产。孙冶方在上个世纪60年代曾批评说：现在有一种我认为不正确的经济学思想，那就是把商品货币关系引进全民所有制内部关系中来，以市场竞争规律，以交换价值规律来解释和指导社会主义计划经济。而在80年代初，他再一次批评说：经济学界的一些同志，在这个问题上是从一个极端走向另一个极端，先是根本否认价值规律在全民所有制内的调节作用，尔后承认了这种作用，但却又把商品货币关系也引进了全民所有制，由此派生出，在企业管理体制上，尽管主张所有权和经营权分离，扩大企业权限，但所有制/产权改革，却没有进入孙冶方的研究视野；在计划管理体制上，尽管孙冶方主张旧的计划体制要推倒重建，但他要把计划建立在对价值、对社会必要劳动进行计算的基础上，实践证明，这是很难做到的。这说明，孙冶方用价值规律内因论批判斯大林的价值规律外因论时，却依然受着斯大林商品生产外因论的困扰。孙冶方经济思想的进步性和局限性兼容在他的总体理论框架中，这真实地反映了一位真诚的经济学家对历史的抗争和历史对他的束缚。

孙冶方：以自己的生命敲击改革开放大门的先驱

进入90年代，我们党明确了社会经济转型的目标是建立社会主义市场经济体制。在市场化改革日益深入的大背景下，我们静下心来重温孙冶方经济思想，心情非常复杂。对照当今在发展着的市场化改革中出现的各种新问题，对照当今变化着的经济理论界和不断提出的新观点，对照我们的新宪法和党的各种文件，其所蕴含的经济理论、经济思想都远远超出了孙冶方经济理论的基本框架。但是，联系当今经济建设的实践，我们仍然能看到孙冶方某些经济思想所闪烁的光辉和科学预见，比如，价格体制的改革、国有经济及国有资产的管理等。

  孙冶方经济思想和改革主张，是在上个世纪 50 年代中期至 70 年代末期形成的，那是一个令中国知识界心悸而沉郁的年代，孙冶方独树一帜，为在中国宣传和发展马克思主义经济学进行了艰苦的斗争，他的许多理论活动在当时的历史和社会背景下都具有开拓性，从而在中国社会主义经济学思想发展史上写下了光辉的一篇。孙冶方以自己创造性的经济学理论研究，为学界开辟了一条经济学发展的道路；以崇高的人德，为经济学人树立了光辉的榜样。

  我们仅以《孙冶方文集》的出版，纪念中国经济学界的这位泰斗！

2017 年 6 月 29 日定稿

目录

是否有客观的历史科学
　　——论卜克洛夫斯基的若干本质的重要的但不能成立的观点　1

私有？村有？国有？
　　——"土地村有制"批评的批评　20

农村改进的理论与实际　31

德国国社党政府的土地政策　36

从"物产证券"谈到一般的货币理论　42

两个世界中的乌克兰农村　55

为什么要批评乡村改良主义工作　63

要不要读农科、以科学方法经营农业以其盈余从事农村改良运动的计划能否成功、怎样实地去工作　71

　　答　复　71

　　来　信　76

为什么一般人会鄙视乡村工作人员　78

　　答　复　78

　　来　信　80

关于"为什么要批评乡村改良工作"　81

答　复　*81*

　　来　信　*84*

十七世纪英国革命中的土地立法　*88*

苏联历史科学阵线上的几个重要文献　*101*

资本主义世界的总危机　*110*

民族问题和农民问题　*116*

关于领袖的人格问题、关于实际干和写文章　*124*

　　答　复　*124*

　　来　信　*126*

理论批判的练习　*128*

　　答　复　*128*

　　来　信　*129*

都市工作和乡村工作之比较等、如何克服农民的落后性、乡村
　　工作的方式、如何达到最后手段　*131*

　　答　复　*131*

　　来　信　*132*

两种敌对势力的统一问题　*134*

　　答　复　*134*

　　来　信　*135*

给洪克平的信（1936年）　*136*

给洪克平的信（1937年）　*138*

乡村运动大联合的基本认识　*140*

关于半封建社会的解释及其他　*147*

　　答　复　*147*

　　来　信　*149*

关于农民运动中的几个实际问题 **150**

 答　复 **150**

 来　信 **154**

《中国农村》2卷10期编后记 **156**

《中国农村》2卷11期编后记 **158**

"资本主义万岁"和"打倒资本主义"
 ——关于中国社会经济机构的性质和当前的任务 **160**

我们当前的中心研究工作 **167**

会务报告 **171**

《中国农村》2卷12期编后记 **176**

苏联的经济建设 **178**

抗战的胜利和民众运动 **210**

反映在外国报纸上的莫斯科审判案（一） **213**

反映在外国报纸上的莫斯科审判案（二） **221**

关于国民经济建设和国家资本主义 **230**

乡村工作人员应走的道路 **237**

关于当前中国社会运动的性质 **245**

 答　复 **245**

 来　信 **248**

再论当前中国社会运动的性质 **251**

 答　复 **251**

 来　信 **252**

财政资本的统治——帝国主义 **254**

西班牙人民阵线政府的农业设施 **262**

个别国度能否越过社会发展途径中的某一阶段问题、中国当前的
　　社会运动的性质、"超经济"这一术语的说明　268

　　答　复　268

　　来　信　272

国民大会和宪法草案　276

撤销领事裁判权和救亡运动　285

资本主义工业在中国　292

中国当前的民族问题　313

民族问题　322

如何"维护民族工业"　324

全民抗战的理论基础　327

最后胜利的把握在哪里？　348

是否有客观的历史科学*

——论卜克洛夫斯基的若干本质的重要的但不能成立的观点

卜克洛夫斯基向来被认为是普洛历史学界的权威者,中国知道他的名字的也很不少。他的著作中有的已经译成了中文。中国的前进的历史研究者把他奉为自己的导师,向来对他的观点很少加以批判。

但近年来,在苏联,因于审定历史教科书的关系,发现到现存的一切历史教科书中有许多严重的错误,而这些错误的根源大半是跟卜克洛夫斯基的观点有血统关系的。因此,在苏联的历史学界对于过去卜克洛夫斯基领导下的历史研究工作做了一个总的清算。清算的结果,认为过去的主要的错误是在于把空洞的一般的社会学的公式代替了客观的历史进程的研究,卜克洛夫斯基甚至根本否认了客观的历史科学之存在,忽视了具体的历史事实之研究(尤其是各弱小民族的历史研究)。

在这次清算过程中,发表了不少有价值的论文。布哈林的这篇文章就是其中之一。原文载于本年1月27日的《消息报》。本文原名《我们是否需要卡尔主义的历史科学》,这是针对着卜克洛夫斯基否定客观的历史科学之存在而发的。因含义颇深,故改

---

* 本文署名布哈林著,孙冶方译,原载《新世纪》,1936(1)。

今题。译者如今先把这篇文译出来介绍给中国的读者。以后预备把拉狄克的"历史阵线的缺点和卜克洛夫斯基学派的错误",及其他理论家关于这方面的文章,陆续译出,仍在本刊发表。

中国的新兴的历史科学还在诞生中。代表苏联历史学理论的最高水平的这次总清算的结论,可以作为我们垦殖中国历史学界的发地的一种宝贵的武器。所以上述这些文件之介绍,想来必定是为许多读者所欢迎的。

——译者

因为编制历史教科书的紧张工作,又因为约瑟夫对于这问题所给的指示,让我们来谈一谈 M. N. 卜克洛夫斯基的若干非常重要的观点,——这并不是多余的事情。卜克洛夫斯基的这些观点,在历史学者中间"获取了大众"的拥护;但是尤其在最近,这些观点非但不能照明我们的历史战线,而且足以缩小我们的工作的气魄,引起了对于卡尔主义的许多庸俗的曲解,也引起了苏维埃历史科学的贫乏化。当然,如果我们一般地否认了我们那位已故的历史学家(指卜克洛夫斯基——译者注)那是一种历史的不公平行为;我们对于他本人也应该历史地去观察的(即以历史的目光去观察他——译者注)。M. N. 卜克洛夫斯基对于摧毁保守主义的、布尔乔亚汜和小布尔亚汜的历史概念,曾经做了不少光辉灿烂的工作。卡拉姆靖和契乞林、亲斯拉夫派、骇卜夫、克柳乞夫斯基、米柳谷夫,甚至普列汗诺夫等人都在他的无情的批判的分析一下被清理过。M. N. 卜克洛夫斯基克服了洛时谷夫的许多片面性之后,他是持有整个"俄罗斯"历史范围的资料而登台的第一个俄罗斯卡尔主义者,他是一个巨大的学者,是卡尔主义者历史学家。这些都是不可否认的事实。但是如今我们的知识的需求长大了好几级,而由于社会主义建设中若干重要任务的胜利的解决,我们要认真地建立我们的历史科学了:——现在已经充分地可以看到 M. N. 卜克洛夫斯基的历史概念中的狭窄性和限制性，看到缺乏真正卡尔主义的辩证法，看到对于许多基本的方法论问题的庸俗的见解，在这些见解中，在左的词句和理论上的奇谈后面，隐藏着好些妨碍历史科学的发展的思想。凡是卜克洛夫斯基同志所认为是结果是丰富的和他的最终胜利的东西，往往成了苏维埃科学发展中的僵死的脚铐。在本论文中，我们想加以分析的，就是这一方面的事情。

一、论当作科学的历史和当作"翻了过去的政治"的历史

前面已经说过，M. N. 卜克洛夫斯基在暴露布尔乔亚氾的历史科学的工作中，在分析布尔乔亚氾（Bourgeoisie 的音译，即资产阶级——编者注）历史科学的阶级根源的工作中，在揭露布尔乔亚氾历史科学的营造学说的工作中，都曾经有过很多贡献。但是历史是认识客观的现实和揭露历史进程的客观的规律性的科学，而 M. N. 卜克洛夫斯基把这个原则上的问题均全混淆了。他竟不会辩证地理解，科学虽则是阶级的，但总归是认识现实的；他不理解，甚至就是布尔乔亚氾的科学（例如，当布尔乔亚氾是进步阶级的时代）也曾经接近于认识这现实（在自己的寄生性的堕落时代，被普洛列塔利亚特（proletariat 的音译，今指无产阶级——编者注）的革命行动所惊骇倒的布尔乔亚氾把纯粹的辩护理论和膺造者的学说体系代替了，虽不好而仍不失为科学的历史学）；他不理解普洛列塔利亚特的阶级立场不仅不同历史的客观性相矛盾，而且相反地是同这客观性相符合的，是保证这客观性的——这就是普洛列塔利亚特同布尔乔亚氾相反对的地方，后者的阶级立场限制了历史的眼界，形成了对于历史进程的歪曲的和膺造的反映，而它的利欲心又使它去拥护资本的统治。布尔乔亚氾的科学透过了阶级的"眼镜"去观察历史进程；而这种阶级的

"眼镜"是曲解现实的,使得只能见到了这现实的一部分;普洛列塔利亚特(不怕前途远景,不怕向前观看,也不怕向后观看的普罗列塔利亚特)的阶级"眼镜"促成了远大的历史眼光之发展,并且正确地反映着现实的历史过程的现实的联系。

卜克洛夫斯基同志不仅把布尔乔亚汜科学的各个发展阶段和它的堕落阶段搅在一团,而且把布尔乔亚汜的科学和普洛列塔利亚特的科学都括在同一个括号中!卜克洛夫斯基不能指示出"阶级地主观的"和"历史地客观的"这两种东西的辩证法;可是代替这种指示,他提出了"历史是被翻了过去的政治"这个公式,并且宣称"客观的历史"是布尔乔亚汜的幻想。在整个历史知识问题中,他只见到了一个个利地提出的,阶级地主观的方面,只见到了一副"阶级的眼镜":但是他没有见到客观的现实的实际的认识过程,没有见到对于客观的真理的不断的接近,没有见到客观现实的本身和它的规律性。

他也同样反辩证法地提出了历史科学的党派性问题。照我们的见解,即是照卡尔的见解,照伊里奇的见解、照约瑟夫的见解,历史科学愈有"党派性"(即是它愈是普洛地阶级地坚强的,在意识形态方面愈是正统的);那么它也愈是真理的,它愈是能够忠实地反映客观现实的,也就是说,它愈是客观的(诚如伊里奇在反对经验批判主义者的时候所指出的一样,科学真理的基本准则就在于跟现实相适应)。在另一方面,科学愈是真理的,愈是客观的(然而这不是像史脱罗佛的统计式的无生气的单纯的照相,而是要划出主动的力量,要有对于未来的展望,对于行动的指示。),那么它在实践方面便愈是有益的。追踪在卡尔和恩格斯后面的伊里奇就是这样地提出问题,而且也只有这样提出。

可是 M. N. 卜克洛夫斯基不能从布尔乔亚汜学者手中去把那个同他们不大适合,而且被他们虚伪地提出的"客观科学"的旗帜夺取过来;他想以埋葬"客观的历史科学"来代替这工作,他老是嘲笑着"客观的规律性"。他认为这才是特别革命的问题提出法。他幼稚地没有见到：他在这里陷入了"主观的社会学"，陷入了叔策立夫的"社会的神话创作"，陷入了特种的伯尔格主义和庸俗的注意说；他没有见到他是葬送了作为科学的历史学。因为如果没有了客观的规律性，没有了可以被认识的规律性；如果科学的阶级使普洛列塔利亚特都失去了科学的客观性，那么还有什么科学可说呢？显然科学是没有了，而且也不能有了。

卜克洛夫斯基说道：历史科学意识形态。这是对的。他接着问道："什么是意识形态呢？"他回答说："这是现实透过了人们的利害的三棱镜，主要是透过了阶级利害的三棱镜，在人类头脑中的反映。"❶ 这并不怎样确切，但是在大体上是对的。他接着说："意识形态是事实在……一种具有非常不平滑的凹凸镜面中的反映。"❷ 在这里就开始陷入深渊中去了。对不住，请问卡尔主义难道也是一面"凹凸镜"吗？或者卡尔主义不算是普洛列塔利亚的意识形态的？……这里对于各种不同的"镜子"不曾有丝毫分析！如像大家所知道的一样，就是以布尔乔亚汜而说，它在各个不同的阶段中，也曾有过各种不同的"镜子"。例如，倘使我们把所谓法兰西"复辟时代的历史学者"的著作跟现今的法西斯蒂派的历史学教授的著作比较一下，那么我们可以见到前一种著作虽然有种种错误和不彻底性，可是总还是一个历史科学，可是现今的法西派教授的著作仅是一种赤裸裸的赝造品，是法西主义的辩护论。这两种著作的相差，就好比是斯密司和李嘉图同现代布尔乔亚汜的空口吹牛的经济学者的相差程度。可是卜克洛夫斯基把卡尔的理论都算作是"凹凸镜"了！

我们再继续说下去。特别是布尔乔亚汜的德谟克拉西在他愚弄人民的学说体系中，制成了"客观的"历史这个公式；可惜这

---

❶ M. N. 卜克洛夫斯基：《历史科学和阶级斗争》，第一集，第10页。
❷ 同上。

个公式直到如今还是迷糊了我们许多同志的视线❶。这算是什么逻辑！因为布尔乔亚泥把自己的凹凸镜，假充着显微镜来愚弄人民；所以我们连自己的卡尔主义的真正的显微镜都当作凹凸镜看待了！由此就得出一个结论："历史是被翻了过去的政治。"这样就算说完了。可是关于历史的真理问题呢？这是"不感兴趣的"了。

卜克洛夫斯基同志这样反辩证法地把现实从科学割裂开来，把被观察的从"三棱镜"分裂了开来，把客观的真实性从主观的目的分裂开来。于是他就……对于自己，即对于历史学者的自己，实行了切腹自杀。历史迟早是要为自己复仇的，也要为他本人复仇的。

二、社会学和历史，历史科学中的规律和事实，抽象的和具体的

对于历史认识的真实性问题既然是采取了这种蔑视态度，那么对于事实也就不免要形成一种轻视的态度。批判敌人是非常需要的一种任务，可是这任务"剥夺了"卜克洛夫斯基对于历史事实的兴趣，"剥夺了"他对于根据这些事实去确立精细地审定过的一般化的原理的兴趣。大家知道卡尔著的《资本论》有一个小标题叫"政治经济学的批判"。但是这个布尔乔亚的"政治经济学的批判"并没有妨碍卡尔去搜集大量的事实，不曾妨碍他去审定这些事实，也没有妨碍他在这些事实的岩石般的基础上建立自己的一般原理。卡尔是从找寻客观的真实的理论出发的，而不是从努力创造社会神话出发的。并不是一时的琐碎的"日常需求"迫着他去著述《资本论》的，而是先进阶级的运动的根本问

---

❶ M. N. 卜克洛夫斯基：《历史科学和阶级斗争》，第二集，第394页。

题和愿意研究这运动的各种规律的志愿迫着他去著述《资本论》的。因此他得出了这样客观而真实的结论；这些结论已经完全被证实了；到今日，这些结论还不失为伟大的实践的杠杆。

但是因为卜克洛夫斯基很少注意科学的"客观性"问题，所以他也很少注意事实。对于这一点，伊里奇对卜克洛夫斯基所著《俄罗斯历史简要大纲》一书发表的意见是很值得注意的。乌拉奇米尔·伊里奇很慎重地（要知道这本书还是这一类著作中的第一本）但是在本质上很深刻地想"纠正"卜克洛夫斯基的著作。他提议以大事对照表的形式在附录中附加些事实的资料。而且他说："学习的人既然应当知道你的著作，也应当知道附录表，使得不发生浅薄的意见，使得能够知道事实，使得能够学习把旧的科学跟新的科学相比较。"

伊里奇每次都能够抓住事物的本质，给它一个正确的诊断，（缺乏事实，不会辩证法地把抽象的跟具体的联系起来）和正确的预测（即浅薄意见，这种浅薄意见后来在 M. N. 卜克洛夫斯基的立场基础上曾特别繁荣过）。

在这里，很显然地表示出对于唯物的辩证法，特别是对于抽象的具体的这两方面缺乏正确的了解。大家知道，在唯物辩证法中抽象并不是那种讨厌的、干僵的木乃伊，而是包含着具体定义的一切丰富的内容。因此，辩证法的抽象图式，"不会干燥无味的，不会不具体的；这就是它普通的"形式逻辑的抽象图式相反对的地方。所以，在叙述当中，就应该把社会学的定理同它的具体的历史的表现相结合起来。黑格尔就曾经写过："历史教导我们：人民和政府的历史中永远学不到什么的，在这一点上，每一个时代是太个性化了。"而伊里奇读了黑格尔的历史的哲学中的这一句话以后曾注释道："非常聪明！"他更从这里得出一个结

① 《伊里奇全集》，卷二十九，第442页。

论：必须研究每个发展阶段的一切特征和活生生的具为体事实（但并不否定总的一般化的原理；反之，是向着这种一般化的原理努力的，只有这样的研究才有可能"取得教训"，即是实实在在地从历史中去学习。有一次因伊里奇写道：

"卡尔主义跟其他一切社会主义理论不同的地方，就是在于它一方面对于客观的事物形势和客观的进化过程的分析能保持完全科学的真面目，而在另一方面能以最坚决的态度承认群众（当然同样还有对于其他阶级能够捉摸而且建立关系的个别的个人、集团、组织、政党。）的革命的毅力，革命的创作和革命的自发性的意义；在于它（卡尔主义）能够把这两个方面很巧妙地联接起来。"❶

人们自己创造了自己的历史，而客观的事物发展进程就是他们的行动的客观化了的结局，是历史的"产物"。所以唯物主义的历史观对于历史进程的见解跟主观论相差甚远，同样跟宿命主义的自动作用论也是相差甚远。然而也是因此原因，所以唯物主义的辩证法不把社会学上的一般化的原理跟历史的事实分裂开来，不把社会的事件跟它的（社会事件的）对手和主人翁分裂开来，不把"客观的事物形势"跟"个别的个人、集团、组织和政党"分裂开来。这就是活的历史的辩证法。它要求努力，它排斥任何"浅薄的意见"，它是一切死公式的反对者。它是空虚的抽象法的死敌；它反对把历史研究和科学创作变成为公式意见（哪怕是很聪明的）的汇集，变成为在表面上看来似乎有益的各种社会神话的制造。反之，若用伊里奇的话来说，需要"在事物的客观形势的分析中有科学的清醒态度"，并且同时又承认"各个个人、集团"和其他等等的意义。

我们可以历史地去理解卜克洛夫斯基的错误。过去的历史学

---

❶ 《伊里奇全集》，卷十二，第32页。

是发源于帝皇的宫廷记事；在这样的历史学中，这些帝皇们被看作是历史过程的唯一的神圣的创造者，是奇迹的历史创作者，他们是依照着自己的意志和计划去塑造历史的。卜克洛夫斯基想把历史过程的社会观察（即是社会历史形态的观察）的企图去代替上面所说的这种历史学。但是他（又是完全非卡尔主义地、非辩证法地）把社会从社会的"对手"分裂了开来，把整个从局部分裂了开来，把抽象的从具体的分裂了开来，把社会学从历史分裂了开来，把"规律"从"事实"分裂了开来。在前面我们已经见到他是把客观的认识过程从主观的阶级因子分裂了开来，而且直截了当地抹杀了前者（打倒"客观的"科学！）。在这里他也是干得很干脆：他抹煞了……事实。不论他后来曾经如何地提及"具体的"，但一些具体的东西都没有得到；而他的许多弟子，仍旧沉溺在学院式的争辩中，沉溺于伊里奇曾经预先叫大家当心的"浅薄见解中"。

或者有人会问：这两种"抹杀"怎么会在卜克洛夫斯基的概念中存在的呢？对这问题只有如此答复：这种加倍的混乱是卜克洛夫斯基的基本错误的表现，这基本错误就是在于他没有了解普洛列塔利亚特的"主观的，阶级的"东西是不跟客观的东西相对立的，而是跟客观的东西，跟客观事物的发展趋势完全相符合的，因此把前者跟后者相对立起来是荒唐无稽的事情。

三、历史科学中的理论和实践，以及理论的堕落

卜克洛夫斯基同志认为自己从卡尔主义和伊里奇主义的观点出发，对于如何理解理论跟实践的相互关系的问题所下的"定义"，是自己在历史阵线的创作中的最后的"成就"。

他在《论改造期内的卡尔主义历史科学的任务》那篇论文中曾经写道："只有在历史上为了普洛列塔利亚特的利益而斗争，

而且与此适应着去选择题目，择选敌人，选择为反对这些敌人而用的此种或彼种武器的人，才是真正的伊里奇主义者的历史学者。"❶ 所以，首先是以"题目的选择"来决定真正的多数主义者的。然则这些"题目"应该是怎样的呢？卜克洛夫斯基答复道："在……现代的政治现势的历史分析中，——没有了这分析，这种政治形势是不可能了解的——就包含着理论和实践的特殊的，历史所特有的结合形态。"❷

卜克洛夫斯基把反对一切倾向的斗争（"现势分析"）举出来作为整个历史科学的最主要的任务；对此他更确认了以下的说话：

"关于一切机会主义的一般的根源——小资产阶级性（这就是所谓机会主义的"社会学的"根源）——是不用说了，就是探求机会主义的具体的历史根源，（即使不是数世纪之前的，而是数十年之前的）也并不困难。"

于是卜克洛夫斯基便来解答"改造时期内的最主要的任务了"（！）这解答中说：

现今的左倾和右倾的结合，就是我们还在七十年代的民粹派中所遇见过的结合，那些民粹派们曾经以一致的精神喊道："当时的俄罗斯国家是超阶级的组织，而农民是整个俄罗斯历史的主人翁和创作者。"❸

这样的"具体的历史性质"的胡说乱道，大概是读者所少见到的。我们不难想到，这样的历史的脱线只能模糊了关于左倾和右倾的实际根源的具体问题，只能抹杀问题的意义，只能锉折问题的尖锐性，问题的实际的具体性和问题的政治意义，只能使现实的分析（党所给的）溶解在最可怀疑的虚拟的历史类推中。

---

❶ M. N. 卜克洛夫斯基著：《历史科学和阶级斗争》，第二集，第393页。
❷ 同上。
❸ 同上。

但是让我们回到整个问题上来吧。

所以，题目的选择（即对于"真正的多数主义者"的问题限制），是受狭窄的当前的任务所决定的。

对于卜克洛夫斯基的定义，想来只有如此去解释。尤其因为在关于改造期间的历史任务的同一论文中，我们关于西方历史可以读到以下这样一段话：

"这一阵线的指道者们应当注意到：在他们的领域内，理论跟实践的结合已经自发地，在他们的不知不觉间，在下层，开始发生起来了：因为事实上，赤色教授学院中研究西分史的学生都是跟康明国际的各国支部有联系的……但是西方史家的指导者们本人在什么地方呢？他们大致是坐在法兰西革命的丛林中，和德意志社会民主党的最古期历史中，或者是在别的非常远隔的各地方，他们（指那些地方？——布哈林注），主要倒不是因为自己的远隔，而是因为自己的研究态度（这是指那些"地方"的研究态度？——布哈林注），形成了理论跟实践的破裂……"❶

人家会以为问题真是在于远隔（由于在发生了"丛林"和社会民主党的"最古期"）。然而，并不如此。卜克洛夫斯基接着说道："这里问题不是在于年代。"然则在哪里呢？这不是无关紧要的问题呀。从这里起，简直就开始不易了解了：

"问题不在年代上，而在态度上，问题是在于：还是跌在狡猾的布尔乔亚泥的陷阱中间，去把历史就当作历史研究呢？……还是把历史当作阶级斗争的工具去把握；当作揭露我们的布尔乔亚的敌人的种种"意识形态"的手段去把握，以至于当作揭露比较同我们接近，有的甚至隐藏在党的口号后面的机会主义者的种种'意识形态'的手段去把握呢？"❷

我们再回转来说旧话。卜克洛夫斯基对于客观的历史进程的

---

❶ M. N. 卜克洛夫斯基著：《历史科学和阶级斗争》，第二集，第395页。
❷ 同上。

认识是连丝毫暗示都没有的。不知道为什么他认为这认识跟揭露阶级敌人和他们的助手们的错误是不能并存的。他在最后的演说中甚至把建立客观的科学称作是"学院主义"。

"所以我给与你们的遗言就是：不要依照学院主义的道路走……因为学院主义就是把承认这个莫须有的客观的科学作为必须条件的。多数主义的科学应当是多数主义的。"❶

多数主义的科学是不应当客观的（即是不应当是科学）；因为科学（客观的）是不能成为阶级斗争的手段的，——这就是卜克洛夫斯基的"思想"。

卜克洛夫斯基根本不曾理解到：在普洛列塔利亚特手中的科学，愈是"真理的"即愈是接近于客观的现实的，那就愈能成为阶级斗争的实际武器。例如，《资本论》对于普洛列塔利亚特的阶级斗争揭露布尔乔亚汜思想代表者的一切假面具，曾经尽过巨大的作用；可是这正是因为《资本论》曾经客观地真实地正确地反映了资本主义的现实，因为它的天才的作者曾经以揭露这现实的客观的规律为自己的任务的（见：卡尔自序）——难道这一点事情都不了解吗？

在卜克洛夫斯基的整个思想构成中，哪里有丝毫革命的辩证法的暗示呢？

然而不论卜克洛夫斯基是如何地打转，问题是在于"选择题目"，选择"超现代的"，或者就是只跟当面的一切任务直接链接的那种题目。因此，卜克洛夫斯基的许多最有天才的信徒之一，现今也已经作古了的 M. N. 高伐林斯基曾经写道，在整个学校中，只需要研究人类发展的"开端和结局"，即原始共产社会和现代社会。"文化史教程中的其余的一切——古代的东方、希腊、中世纪、文艺复兴、人道主义、鞑靼人统治、依凡四世朝代、混乱

---

❶ M. N. 卜克洛夫斯基著：《历史科学和阶级斗争》，第二集，第400页。

时代等都包括在内——都可以摒除在学校工作的原来的范围之外。"❶

如今，在观看"却派也夫"（《夏伯阳》）电影片的时候，当片中主人翁说，我想知道马基顿的亚历山大大帝的时候，观众都拍手称赞。可是"历史阵线"的领导者却宣布说，这是跟"改造时期的历史任务"相矛盾的！他们想把普洛列塔利亚特的"伟大的理论研究的兴味"（恩格斯提起这事时常赞叹不止的）同客观的，即正确的，历史科学一同埋葬掉。我们从却派也夫的实例中可以看出，大众对于科学的历史智识的要求是异常增大了；可是另一方面，历史阵线的领导者的贫乏的方针，是逐渐地堕落化了，是跟各方面割裂开了，他把党派性和贫乏性当作了平等的东西，——在这两方面之间的鸿沟是多么深大呀！这是多么糊涂！是多么荒谬！

是否有客观的历史科学

卜克洛夫斯基把客观的科学间所谓"纯正的"，脱离政治的科学相混淆了。客观的科学是存在着的：这首先就是卡尔主义的科学。"纯正的"科学，即脱离政治的科学是不会有的，也不曾有过。但是胜利的普洛列塔利亚特是伟大的，多种多样的实践工作也要求伟大的多种多样的理论工作。这不是小商人们的实践，不是他们的做政治买卖的那种政党的实践，也不是他们的法西斯蒂暴徒们的实践。这是改造全世界的实践。因此，普洛列塔利亚特的客观的历史科学的阵线应该是异常广泛的，是足以包括世界各民族的历史的。我们的世界上的基本敌人——法西（斯）主义——正在拿着它的人种论，在历史阵线上加紧工作着，而我们——苏联——正在唤起无数的落后民族（这些民族中有的曾经有过伟大的古代文化），——仅仅这一个事实就在时间上和空间上把我们的研究阵线扩大了起来。我们丝毫不想减轻从历史观点

---

❶ 《中学校的基本的教授问题》，第 24 页。

来研究倾向问题的重要性。但是如果卜克洛夫斯基以为卡尔主义者历史学家的党派性的最高度就是把整个历史工作归原为整个改造时期的某种课题，——那也是徒然无益的。同样，他以为研究德国社会民主党，或法兰西革命，或中国历史学家必然要陷入布尔乔亚汜的狡猾的陷阱中去的，——那也是徒然无益的。马其顿的亚历山大大帝对于实践是非常重要的。这尤其是对于军人。中国历史对于中国解放斗争，对于反法西主义斗争和其他算算也是很重要的。法兰西革命史（"丛林"！）为了同我们的革命比较，为了辨别布尔乔亚汜大革命同普洛列塔利亚特大革命又是很重要的。（这里我们顺便指出：卜克洛夫斯基忘记了卡尔和依里奇是从但顿那里学习过革命的艺术的！）（但顿是法兰西大革命时的革命家——译者注）神圣同盟和拿破仑是有用的一个研究问题，理由是很显明的。此外，如像古代埃及的奴隶暴动的胜利难道就不能扩大我们的眼界吗？譬如，约瑟夫跟集体农场社员讲过的奴隶革命，难道对于我们是没有意义的吗（那时候，约瑟夫为什么要提起这奴隶革命呢）？诸如此类的实例简直是举不胜举。不用说，首先是应该去保障最重要的问题，这就是党史。然而党史是不能跟各民族的历史相分离的。这也是苏联各民族的历史，也是中国史，也是日本史，也是欧洲史。这是巨大的任务。可是，到如今应该了解到，在这里需要许多部门的专家；应该了解到，这是困难的，非常复杂的事业，而不是到"历史阵线"上所组织的辞藻的公园中去散步；应该了解到，需要往这个阵线的各部分去工作，喊叫"法兰西革命的丛林"是没有意义的；应该了解到，如今需要建立种种新而又新的历史的专门学术。问题是应该这样提出的。

依里奇关于通俗读本所说的以下一段话，简直可以奉之为金言玉律。

"……只有可以适用到数十年的通俗著作才是好著作，才是有用的。因为通俗著作是人民用的教科书，而教科书是讲的初步智识，初步智识是经过半世纪也不会变更的。"[1]

这同卜克洛夫斯基的定义相差多少远！

四、卜克洛夫斯基的历史观点的反历史主义

M. N. 卜克洛夫斯基企图从多方面来取消历史科学的丰富而复杂的内容。但是因为他是历史的古典定义的著述者：即认为历史仅仅是现代政治在过去的投影（projection），而且把"现代"的一个分析（而且仅是这"现代"的一部分的分析。）提出来当作是一种理想（ideal）；于是他不免就要陷入于反历史主义，把特殊的历史范畴普遍化起来，并且把这些历史范畴转移到了别的领域中去；——如像他在分析左右派结合的"具体的历史的"根源的时候，他不到现代的具体的发展阶段的实践中去探求，而是到七十年代的民粹派的理论观点中去探求了。

在这里，从这见地出发，不仅去检讨卜克洛夫斯基的所有的说法是不可能的事情，而且就是去检讨他的几个最主要的说法都是不可能的事情。但是对于某几个实例，我们是不能不谈到的。

这首先就要说到卜克洛夫斯基关于商业资本的作用所抱的基本概念；即认为商业资本是俄罗斯土地的征集者和专制政权的组织者。

"从莫斯科公园的最初期开始到亚历山大一世为止，俄罗斯的征集是被完全一定的经济因素所确定的，这个经济因素就是商业资本。"

"……商业资本是真正的皇帝，它站在戴着王冠的幽灵的背后，或者可以说是站在戴着王冠的木雕模特儿的背后，然而它是领导的力量，它创造了俄罗斯帝国的农奴制。"

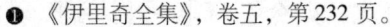

[1] 《伊里奇全集》，卷五，第232页。

卜克洛夫斯基认为，俄罗斯的专制政治是商业资本家们的组织。

我们觉得这种见解是完全不正确的，是根本反依里奇主义的。这是一些论辩的余地都没有的。因为大家都知道，依里奇是把沙皇政权看作是地主、农奴主和贵族的政权，而从没有把它看作是商业资本家、商业布尔乔亚汜和商人们的政权。依里奇恰正是从资本主义的经济发展跟专制政治的地主的、农奴主的和封建的上层建筑的冲突中引出了布尔乔亚汜德谟克拉西革命的客观的必要性。这是用不着证实的。这是不可否认的事实。

然而商业资本的统治和当作商业资本的政权看的专制政治，恰正是卜克洛夫斯基对于俄罗斯历史的整个概念的枢轴。这不是卜克洛夫斯基的偶然的语病，不是个别的说法，而是他对于"俄罗斯国家"的进化过程所抱的见解的本质。

卜克洛夫斯基把专制政治完全看作是一种木雕的模特儿，这是完全不正确的观点，对于这一点我们姑且放开不说。我们如今马上转入商业资本主义问题的研究。

大家知道，交换和商业在某种比重之内，是人类生存以来我们所知道的一切时期中都存在着的。绝对的纯粹的自然经济形态，从来现实地存在过，如果我们所说的不是指所谓"有史前的社会形态"。这也就是使得许多布尔乔亚汜的历史学家把商业资本主义说成一切时代和一切民族中的商业资本主义。"Gescbichte des altertums"（"古代历史"）的 E. 梅叶尔，他是关于中世纪史的最新的专家，布尔乔亚汜的现代科学的"王者"独泼希，以及其他许多好几百人都曾经谈起过商业资本主义。（亚丹·斯密司也就是以此为根据才宣布：喜欢交换的意向是人类精神的永远的自然的属性。）可是做生意赚钱的也不仅是地道的商人而已。奴隶主的庄园、修道院、农奴所有者的侯爵们的采邑，以及奴隶所有者的商人等都曾经经营过商业。如今在苏联百货商店、托拉斯、集体农场等等，在完全特殊的，跟过去的一切时代完全不同的基础上，经营着商业。所以，交换，商业，货币，由商业中得来的一定的积蓄等等范畴还完全不是以答复社会经济形态的问题。而就是商业行为的比重在各个不同的时代也是完全不相同的。可是关于这些问题，卜克洛夫斯基完全没有注意到。他把一切营利的商业统统包括在"商业资本主义"的术语之下；可是事实上，商业可以存在于完全不同的生产方式之下，而且商业资本甚至可以存在于"商业资本主义"的独特的形态之外（而且是这样存在着）。这是第一点。

第二点，卜克洛夫斯基把商业资本在经济上的力量，同它在政治上的力量相混淆了。就是当道地的商业资本，在经济上已经很强大的时候；甚至就是在经济上，当工业资本都已经很强大的时候，以后甚至财政资本都已经很强大的时候，在政治上，仍旧还是地主、农奴主占势力。

所以，卜克洛夫斯基在俄罗斯历史的整个概念的基本问题上，他是成了布尔乔亚氾历史学家的俘虏，成了他们的商业资本主义的万有范畴的俘虏。

卜克洛夫斯基显然是看轻了沙皇专制政治所压迫的其他各民族历史的意义，这样，他又第二次成了布尔乔亚氾历史学者的俘虏。这些历史在卜克洛夫斯基的概念中根本是不存在的，他没有工夫来管这些"小事情"。卜克洛夫斯基就是在自己批评布尔乔亚氾的或小布尔乔亚氾的俄罗斯历史概念的时候，也没有充分地从这一方面去非难过他们，虽则对于"多数派依里奇主义者"，这应该是非常重要的一点。我们的历史学家应该跟"俄罗斯国家史"的一切布尔乔亚氾的历史观念相对立着，把研究被压迫（被俄罗斯所压迫的）民族（即使是最主要的几个被压迫民族）的历史当作是自己的义务。我们决不能以"大俄罗斯"的统治阶级是实际的统治力量为"理由"来反对这一点。因为卡尔主义的客观主义跟斯脱路佛的客观主义不同的地方就在于：卡尔主义的客观主义是向前看的，每个卡尔主义者，尤其是在"十月革命"之后，怎么会不曾想到从这个非常重要的观点来观察事情呢？……直到最近几年，卜克洛夫斯基才主张必须研究苏联各民族的历史；但是这时候，他又走入了另一个极端，他把这个历史研究跟支配的国家机构，即俄罗斯的历史过程的研究，相分离了开来。

但是，即使在一个"俄罗斯史"的范围以内（丢开了其他各民族的历史），我们在卜克洛夫斯基的观点中也可以找到许多重大的反历史主义的缺陷：例如他害怕承认彼得大帝的活动的相对的进步性（这是跟卡尔和恩格斯的意见相反的。他们两个人曾经承认，扫除"野蛮制度"的彼得的革命有积极的意义）；他的"革命"和"反革命"没有正确的、特殊的历史的特征；没有从全过程的观点出发，对于"俄罗斯史"的各个阶段给予正确的估计。因为历史是翻了过去的政治，所以历史的一切对手——整批地——成了"清一色的反动集团"，在这中间除了大规模的革命的人民运动的活动人物以外，差不多全是一般黑的乌鸦。

这就是关于卜克洛夫斯基的俄罗斯史的概念所得到的结论。

× × × × ×

在临末，我们必须指出，卜克洛夫斯基之否定发展过程的客观的规律性（卜克洛夫斯基甚至曾经肯定地说："我们不是依照着卡尔主义关于资本主义的发展规律和死亡规律的学说走入社会主义来的，而是'穿过了一切规律''闯进去的'！！"这也算是"卡尔主义者"写的话！）❶，和一般地否定客观的科学及其他等等，是跟他的教育组织性的"脱节"并存着的。

---

❶ M. N. 卜克洛夫斯基：《伊里奇主义和俄罗斯历史》，1930年版。从此小册子中可以看出，卜克洛夫斯基还不知道1852年卡尔的一封信。（卡尔在这信中说过，他的学说中的重要的东西不是阶级斗争的发现，而是普洛列塔利亚独裁政治的不可避免性和阶级之消灭。）

例如，他在上面屡次引证过的那部论文集第一集的第一篇文章中写道："毫无疑义地，我以及其他许多向几百个听众作讲演的讲师们，都是旧式学校在新的××主义大学中的残余。这好像是人身上略卜来的尾巴的残余，这种工具在一大半是多余的。""……这一般暂时不用讲演式来维持。"诸如此类的话很多。关于小学校他也抱此种意见，这有些同那种"学校死亡论"相接近了。

显然，这不是偶然的。但是同时，这些都是同我们的今日的现实要求相矛盾的。我们应该同那样的理论分手。我们应当去做全战线的工作，去做诚心的、深刻的和郑重的工作，从社会主义的伟大的创造者和他们的继承者那里去学习这些事业。

我们要知道，历史是科学，它也同化学和物理学一样，要求多年的深思熟虑的研究；是不能用"袭击"的方式去学习的；它是极端的复杂，并且科别又极端的众多的，它的发展需要在各科别中有无数专门人才的干部，而不是需要小说家和"社论家"；需要依照这科学的整个伟大的阵线去领导历史工作；不能把互相裁剪、引证作为科学工作；在关及外国的布尔乔亚汜科学的部门内，不能奖励一种无智的行为；需要马上终结那些土产的地方观念，浅薄意见和装腔作势的党员行为；要像培养工程师一样去培养历史学家；基本的估量准则应该是知识，——对于事实的深刻的知识和贯通事实的卡尔主义的方法；科学工作应该是基本的德行；应该依照科学的结果来估计这工作，而不要依照历史阵在线关于日常问题的决议案的数量来估计。如今是停止讲空话的时期了。应该郑重地来从事实实在在的工作。

私有？村有？国有？*

——"土地村有制"批评的批评

俄帝亚历山大二世，在1861年解放农奴的时候，曾对地主们说："与其等到农民们自下而上来推翻农奴制度，倒不如让我们自上而下来废除这制度吧。"

现在，太原绥靖主任阎锡山为"防共"起见，也是为避免农民们"自下而上"来解决土地问题起见，提出了"土地村公有"的办法。他认为"土地问题解决能将共产党造乱的空隙弥补，将摧毁现社会的爆炸弹消除"。他的这个提案发表以后，引起了社会各方面的注意。国内各地的新闻杂志，都登载着讨论这问题的文字（就作者随手所收集到的便有44篇），社会学术团体的会议上，把这问题提出来作为研究的对象。不管批评者对于"土地村有制"的态度如何（赞成或反对），不管他们的社会地位如何（党国要人或学者名流），他们几乎异口同声地承认，土地问题是今日"中国社会问题之症结"。而我们从"举国上下"对于这问题之热烈注意这一点看来，亦足以证明土地问题确是今日中国的重要问题之一。这是我们从此次土地问题讨论中所可得到的第一个结论。

因此我们又回想到今年3月间在天津《益世报》的《农村周刊》上宣称"土地问题在1927年便已过去了"的王宜昌先生未

---

* 本文原载《中国农村》，1936，2（1）。

免过于慷慨，竟把这样一个"小问题"疏忽了过去。

在上述44篇批评文字中，无条件地赞成"土地村公有制"办法的固然很少，但公然反对土地公有原则的文字也是很少。有许多批评者对于土地公有的原则是赞成的；但认为"土地村公有"办法是不够的，认为中国土地问题之解决，应该采取更彻底一些的办法。这是对"土地村公有制"的更进一步的批评。另外有许多批评者，对于"土地村公有制"在原则上不加以批评，甚至加以某种限度的赞助（所谓"立意固属甚善"），但对于原提案的具体办法加以种种指摘。这种人把土地公有看作是人世间永远不能实现的一种乌托邦理想，他们的意见便是想在不反对之中否决了土地公有的原则。这事实似乎告诉我们：土地公有的主张在社会上已有相当根基，它不仅已获得相当群众，甚至就是明明反对它的人也觉得从正面来攻击土地公有主张，已经不是很聪明的办法。这是我们从此次土地问题讨论中所可得到的第二个结论。

私有？村有？国有？

从正面来反对土地村公有制的少数批评者中间，能够对于土地公有的原则，在理论上提出正式理由的，只有唐启宇、唐庆增、肖铮、新桥、袁贤能、梦蕉、陈鸿根等几位。他们的理由可以归结为下列数点：

反对土地公有的第一种理由，是"人类虽为万物之灵，然究属动物之一，动物之自私性，人类迄今未曾消失"，所以"私有与占有为人类之天性"。"保守私产为人类牢不可破之心理"（肖铮、唐庆增、陈鸿根等）。这理由对不对呢？我们且不说动物倒不曾学着人类一样，自己吃饱了不算，还是霸占着生活的来源，不准其他同类享用；动物亦没有像人类一样，剥削同类以供自己享乐（而且生物学者告诉我们，有许多动物是很能组织集团生活共同谋生的）。但即以人类而言，他们的最初的社会形态也不是私有制的，而是公有制的。关于这一点就是肖铮、陈鸿根诸先生亦并不否认。但既然承认了这一点，那么我们就不能以人类的天性来为私有制辩护。我们不说人类的天性倒也罢了；若是要说起这一层来，那么我们只有恢复公有制才是道理。只有在私有制度下占了便宜的人们，才会把社会发展到某一个阶段才发生的私有制度，当作"人生牢不可破的天性"（其实是忘记了人类的本性）。

或者如陈鸿根先生所说，公有制仅是人类在原始时代的现象，但是"由于人类社会演进之结果，已普遍地造成私有现象，这种趋向之造成亦非偶然的，必有其背景之推动"。所以人类不应该再实行公有制，恢复原始的社会形态。其实陈鸿根先生的理由正是证明了相反的结论。因为陈先生既然承认人类的原始社会中没有私有制度存在，这制度是后来因某种背景之推动而产生的，那么他应该承认：私有制度将因另一种背景之推动而趋于消灭。人类社会从公有制而变为私有制固是一大进步，但从私有制进而为更高一级的公有制，又是一大进步。这恰是与"正、反、合"的辩证法规律相适应的正常发展。

反对土地公有的第二种理由，是"土地公有使农民对土地失去爱力"（肖铮、唐启宇）。其实，这完全是私有制度下所养成的错误的成见，而且是极少数人的成见。因为在私有制度之下，大多数人民早就失去了土地和其他一切生产资料（就是组成现社会的财富的主要因素），对于他们，私有权的观念倒是最薄弱的。事实告诉我们：在现社会中侵占或破坏公产（如庙产、族产、森林池沼等）的倒不是大多数农民，而是乡村中的豪绅地棍，同样拼命榨取土地、破坏土地生产力的事情，也是在私有制之下才发生的现象。在私有制度下面，农民所耕种的土地，大半不是自有的，而是从地主那里租来的。租约满期以后，原来的佃户是否还能继续耕种这块田，是不得而知的。尤其是在没有固定的租佃契约的地方，地主们在任何时期内都有把土地收回的可能。那时候，农民投在土地上的资本，非但没有办法可以收回，而且反成了地主们涨租的借口（因为土地生产力增加了）。就是以私有制度下面的自耕农来说，他们对于自己的私有权能够保持到哪一天，也是毫无把握的。反之，今日中国农村中的自耕农的田产有一大部分是早已抵押给高利贷者了。所以在私有制度下面，农民们不愿在土地上做长期投资，不愿多施肥料（除了不可缺少的以外）；他们只想多多地从土地中榨取农产品，而不愿意额外地供给它一些滋养料（同时，我们知道，处在帝国主义者、高利贷者、商人、地主和苛捐杂税等重重剥削下的农民，也没有余力可以来培养土地）。于是土地之瘠瘦化便成了今日资本主义各国的普遍现象，所以就在这许多资本主义国家里，对于森林水利等事业亦不得不违背着私有财产的原则而收归国营。私有制度养成了人类的自私自利的恶习。这真是否定这制度的很有力的论据了。

私有？村有？国有？

关于人民对土地的"爱力"问题，唐启宇先生曾发表了一段妙不可言的议论。他说：土地公有之后，"耕者不能自有其田，人与地之关系日趋薄弱，孰为保守乡里？孰为捍御外侮，遇有危难，去之若浼，是真国家民族前途之极大危机也"。若是照唐先生的这种说法推测，那么实行土地公有已经十余年的苏联，早就应该被强邻瓜分并吞掉了。但事实上，真正处在这种"国家民族前途之极大危机"中的倒不是苏联，而是保持着十二分的土地"爱力"的中华民族。不知道唐先生对此做何解释？

反对土地公有的第三种理由，是土地公有"将塞农民勤勉节俭之心"（新桥等）。地主们总觉得世界上只有他们才是勤俭人，而那些以地租利息供养他们的农民都是贪吃懒做的寄生虫。大概在地主的想象中，农民只有在他们的鞭打下才会劳动，若是没有了他们，农民们将不能从事耕作了。这真是不攻自破的论据。因为绝没有为地主做工的佃户，倒肯勤奋地从事耕作，而为自己劳动的农民倒偷懒的。苏联的实例，正好证明这种论据之荒谬。在那里，不仅土地已归公有，而且连私人的经营形式都已经被取消。但苏联农业生产之发展，以及农民对于劳动的热忱，已为全世界所公认了。

反对土地公有的第四种理由，是肖铮先生所提出的土地"经济性"问题。肖先生认为土地公有将使土地失去"经济性"。他在这里所说的"经济性"，是指土地价格和土地买卖而言。但这理由亦是很不充分的。因为土地不是劳动生产品；它的本身本来没有价值。土地的价值仅是资本化的地租而已。土地购买者所付的田价不是土地本身的价格，而是地租的价格。换言之，土地价格和土地买卖的本身，就是土地私有制之下所造成的不合理现象。土地价格和土地买卖从生产的立场上说，非但不是必要的，而且是有害的。因为它徒然分去了很大一部分的资本，使生产方面反而感觉到资本不足的恐慌。同时为地主们造成了垄断土地以剥削农民的机会。如果我们可以用土地私有制所造成的这种不合理现象来为土地私有制辩护，那么奴隶主也可以用奴隶的"经济性"来为奴隶制度辩护了。因为在奴隶主人看来，奴隶也是商品，也有价格，也是用钱购买来的。同样妓院中的老鸨也可以说她养的妓女是用大洋钱买来的——说得漂亮些，妓女也是有"经济性"的——法官不能侵犯她的私有权，甚至给她徒刑的处分。

反对土地公有的第五种理由，是袁贤能先生所提出的，他说，那些没有田的农民（佃农和雇农们）"原来就是不能够生产的人"，政府不应该"剥夺良民（地主、富农）去帮助不良的社会分子"；何况"中国的大地主并没有多少（?）[1]，拿他们的地产来分赠给无量数的无赖之徒（!?）[2]实在是不够的"。我们觉得袁贤能先生的理由真是"贤能"极了！这样的土地私有制的拥护者真是"最老实"没有了。我们对于这样的高论真可以不必再加以任何反驳或解释！我们只是有一点不明白的地方要请教袁先

---

[1][2] 原文如此——编者注

生:那些无量数的没有田地的"不良分子"既是"无赖之徒",是"不能生产的人",那么那些肥头胖耳的良民们(地主和富民)的田是谁个帮他们耕种的呢?他们收的租是哪里来的呢?

总之,从理论上说,我们不仅找不到半点理由可以为土地私有制申辩,而且我们更可以找到许多反对它的理由。土地私有制足以阻碍农业生产力之发展,足以因土地购买而消耗去一笔生产资本,而且可以妨碍自由投资,使工业中的资本不能自由流入农业中去。至于土地私有制之存在,使地主可以利用土地私有权去剥削农民,以至于造成今日的严重的社会问题,这一层更不用说了。所以甚至一般较先进的资产阶级学者,也都主张土地公有。站在这一点上说,阎锡山的土地公有制提案确是一种进步的主张。但是他的《土地村公有办法大纲》是很不彻底的。关于这一层许多批评者也早已指出过。

私有?村有?国有?

第一,根据阎锡山的《土地村公有制办法大纲》第一条说:"由村公所发行无利公债,收买全村土地为村公有"。这就是说,土地村公有制在原则上并没有否定地主的土地所有权(如祝百英先生所说的,村公有制"在原则上是承认土地私有权的合理")。在土地村公有制下面,地主的财产并没有被损害,但只是从土地的形式变为金钱的形式而已(虽说是公债,但总要清还的)。

我们知道,高利贷者、商人和地主,本是今日中国农村中的三位一体的统治者。如今土地村公有制只要求这统治者取消一个地主的名义,而把他的财产统统变成金钱形式;换句话说,就是要求他把自己的财产,统统集中为高利贷商业资本的形式,去继续剥削农民。

近年来,由于田赋和其他种苛捐杂税的增加,以及农民的抗租运动之扩大,地主们便是觉得自己的"江山"有些不大太平。所以唐庆增先生便为地主们诉苦说:"所谓大地主者,以种种关系,收入未必丰裕,多以拥有土地为累事。"虽则丁文江先生已在安慰这些"可怜的"地主们（和唐先生）说，"这是极少数的例外，而且这种状况是不能久持的"，但如果现在村公有制的实行者能够为地主担保，把他们的田产换成一个更安全而更便利的形式，那么地主也很乐意接受这提议的（在田赋增加和农民抗租的条件下，田产的确没有现金安全；而且我们可以相信，土地村公有制如果真的实行，那么地主把持下的村公所一定能够担保地主们的公债兑现）。

第二，关于土地村公有后的农民负担问题。在44篇批评文字中，除了三四篇对于这问题根本没有提起以外，其余的没有不认为农民的负担非但没有减轻，而且增加了。因为根据《土地村公有办法大纲》的规定，收买土地的公债是以四种税为担保的。这四种税中间，主要的便是农民的劳动所得税（10%）和产权保护税。此外，根据大纲规定，"在土地村公有制推行之初，耕农对省、县地方负担仍旧征收田赋"。这诚如钱俊瑞先生所说的，土地村公有制实际上不是"公有"，而是"收买"，归根结蒂（现为"底"）"羊毛还是出在羊身上"。农民对于这种土地公有办法，当然是不会欢迎的。

第三，土地问题之解决，如果多少是有一些实际意义的话，那么毫无疑义就要侵犯到地主阶级的利益。所以如果是要依靠地主的力量来解决问题，那么即使是最起码的改良政策，也没有实行的可能。地主们既可以把"二五减租"实行成"二五加租"，也未始不可以把"土地村有"实行成"土地自有"（地主自有）。

思平先生在第四期《教育与农村》上发表的《中国土地问题之史的观察并论阎百川氏之土地村有方案》一文中，分析了中国历史上的几种土地改良政策以后，得到下列结论：

"一切反对地主特权的企图，都是与封建制度处于对立地位的。王莽虽然起初以帝王的权威强迫实施他的土地公有政策，但他还是利用封建的政治机关去执行。但是整个封建政治机关的力量，都是与地主有不可分离的关系，这就是说土地公有是要地主阶级自己来解除自己的武装。所以王莽之遭受地主强烈的反抗而归于失败，与魏孝文帝不侵犯地主的土地而得到成功，这正是十分证明了土地公有与地主阶级的利益，是完全势不两立的一种斗争。"所以，"执行一种新的政策，而没有一种新的力量，仍旧假手于旧势力，是必然失败的"。

在这篇文章开首的时候就说过，绥靖主任阎锡山是为"防共"起见，为避免农民们"自下而上"来解决土地问题起见，才提出了"土地村公有"的提案。所以他的"自上而下"的土地村公有政策，是交给村公所去执行的。但谁也知道，乡村公所是地主阶级的御用机关。所以阎锡山的土地村公有政策，也就是"利用封建的政治机关"来执行的土地改革政策。它的前途只有两个：（1）在出版物和会议上热闹宣传了一番，尽了些广告作用之后，就烟消云散地永远消逝了；（2）这政策如果真的施之实际的时候（这是很少可能的），那么这结果便绝不是章乃器先生所说的"豪绅和农民之间，不是东风压倒西风，便是西风压倒东风"的问题，而是毫无疑义地被地主压倒了农民。1861年，俄国的农奴解放，便是最好的实例。那时候，俄国的农奴主们为要避免自下而上的农奴解放起见，曾自上而下地实行了农奴解放。其结果农奴们在表面上是无代价地获得了法律上的自由权，但实际上他们应以份地收买金的名义，支付很贵的一笔赎身费。于是农民们在"被解放"以后，便从农奴而变成了负债劳役者。而俄国的土地问题，也直到1917年才得到了彻底的解决。

第四，土地问题与整个社会制度的联系问题。虽则土地问题是目前中国的最严重的社会问题之一，但不是唯一的问题。土地问题绝不能脱离了其他社会问题而单独解决。阎锡山对于改革整个社会制度的意见，除了土地村公有制的提案以外，另有推行"一层物产制之物产证券"的意见。据他的意见，现社会的一切

私有？村有？国有？

弊端，都是起源于金银本位的货币制度。所以货币制度改革以后，或采取了所谓"一层物产制之物产证券"制以后，社会上一切问题便得解决了。每个稍微读过社会思想发展史的人，都知道这种观点是许多乌托邦社会主义者所共有的意见。这种意见早被科学的社会主义学说批评得体无完肤了。不料如今居然被一位负有防共之责的绥靖主任当作活宝贝来欣赏。

在17世纪、18世纪时代，这种乌托邦的社会主义思想，曾起到革命的进步的作用，因为它曾无情地暴露了资本主义社会的一切黑暗。但是如今，被我们的绥靖主任所复活了的乌托邦主义的糟粕，仅是一剂大众的迷魂汤而已。资本主义制度的不合理已经是大家所熟知的事情，现在的任务，主要的倒不是怎样了解这黑暗的问题，而是怎样解除这黑暗的问题。

然则，为什么金银本位的货币制度之废除不能解决整个社会问题呢？因为金银本位的货币制度的本身，就是以少数私人占有生产资料为基础的资本主义商品经济的必然产物。所以如果不铲除资本主义商品经济之本身，而想废除货币制度，那就是斩草不除根的、舍本逐末的办法。但是资本主义商品经济如果不被铲除，那么土地村公有制的办法即使在同一时间能够依照起草者的理想而实现了，但结果仍旧要重演资本主义经济中大经济并吞小经济的惨剧。商品经济之发展，曾促成了原始共产社会之崩溃，曾冲破了封建自足经济的堡垒，那么它一定也会打碎土地村公有制之下的份地之划分，并冲破土地村公有制对于雇佣和租佃之限制。同时，商品经济如果未被取消，那么价格的剪刀形问题、市场问题等亦不能得到解决。

除此以外，民族独立问题，也是摆在今日中国社会面前的另一个问题。如果不能获得民族的独立，没有完全的关税自主权，不能完全废除不平等条件，那么在各帝国主义国家经济侵略政策下，中国土地问题也不能单独解决（《大公报》10月12日社论也曾说到这一层)。但我们并未听到《土地村公有办法大纲》的起草者在口头上，或在行动上，对于民族问题之解决有所具体建议。

第五，诚如钱俊瑞先生所说的"晋阎不主张土地国有，而主张土地村有，是值得我们体味的"。这完全是反映自足经济时代的封建割据的思想。同时村有制也可以使当地的地主们更容易获得操纵垄断的方便。谁也知道，在下级的地方机关中，封建势力是最为浓厚不过的。此外在实施土地村公有的时候，有许多问题不是村公所的范围以内可以解决的；而在实施土地村公有以后，要进一步组织生产的时候，也不是村公所能负担的任务。农民们需要土地，然而也需要农具、肥料和种子等。赤手空拳的贫农们，先有了土地，还是不能耕种的。要彻底解放农民，并改善他们的生活，只有先提高他们的生产能力。然而要提高农民的生产力，那只有打破了农民的零细的私人经营的范围，甚至打破了村的界限而组织大规模的集体生产。但这种工作显然不是村公所的能力所可解决的。每一种新的生产方式没有国家的积极援助是不会成功的。资产阶级国家对于新兴的资本主义企业不给予直接援助（如大革命后的法国，明治维新后的日本）就不会有今日的资本主义社会产生；苏联政府如果不以机器和资本帮助农民，苏联的集体农场亦不会有今日的惊人的成绩。所以如果要实行土地公有，那么就不应该把土地交给村公所管理，而应该把它交给国家管理（在批评土地村公有制的文字中，居然还有主张小经营胜过大经营的理论！它的理由，便是说小经营较适宜于集约性的作物。但主张这理论的人，似乎还不知道在先进的资本主义国度中，树、蔬菜等集约性的作物也早已采用大规模经营了。稻作是公认的集约性的作物，然而在美国南部早已实行大规模的机器生产，而且最复杂的农业机器——割打双用机——也已经改进到可以适应于稻作经济了）。

私有？村有？国有？

此外，大多数批评者对于实施土地村公有制的种种技术困难加以指摘（如人口调查，地价估计，清丈田亩，宽乡狭乡之调剂，授田还田之规定等）。关于这一层笔者很同意思平先生的意见。他认为这些都是"次要的问题，在主要的条件具备时，是能顺次求得解决途径的"。只要有真正的农民大众为后盾，有强有力的中央集权政府存在，那么就是更彻底的土地纲领，更困难的任务，亦能很顺利地完成（苏联便是最好的实例）。否则就是最起码的改良主义政策，亦没有办法可以实行的（二五减租便是实例）。

农村改进的理论与实际

本书[1]作者江恒源先生是中华职业教育社的办事部主任,是该社农村改良主义运动(即所谓的"农村改进工作"的实际指导者。这书的名称,是很引人注目的。我想,至少在中国,还没有一本有系统地叙述农村改良主义的理论的书籍。所以我在报纸上看见了这部书的广告以后,马上就托人到书店里把它买了回来,但是结果,我是多少失望了。

原来这本书是作者近六年间所发表的关于农村改进工作的论文选集,全书一共包括13篇文章。据作者自己说,排在本书前面的几篇文章是属于概论一类的,大概就是所谓农村改进的理论,排在后面的是属于办法的,大概就是所谓农村改进的实际。因为这是一部论文集,所以缺乏有系统的叙述,并且有前后重复等毛病。在属于概论一类的文章中,主要是在说明各种"深奥"的术语,如"农村改进"的定义、"农村改进"与"农村教育"、"农村教育"和"农村自治的界限",等等。但是对于今日中国的农村社会尤其是今日中国农村经济的理解分析,简直完全没有,甚至就是对于作者自己所提倡的"农村改进工作",也没有能够在理论上给予充分的解释。改良主义的理论之贫乏也就可想而知了。

---

* 本文署名倪江,原载《中国农村》,1936,2(2)。

(1) 指江恒源著:《农村改进的理论与实际》,生活书店,1935年11月。——编者注改良主义者缺乏有力的理论工具，因此它根本就不大高兴来谈理论。江恒源先生也是不好空谈的，所以他为重病中的"五千年古农国"（江先生的话）所开的脉案只有四个字：贫、愚、弱、散（原书页22、43）。这脉案真是简洁明了，颇有名医的风格。但做病人的细细一想，未免有些疑惑了。这四个字好像是拆字摊上的纸卷，不过是红纸上写的黑字，本身一点意义都没有的。拆开来到底是凶是吉，说得到底中听不中听全凭拆字先生的一支笔和两片嘴唇皮。譬如，讲到穷吧，这有谁个不知道呢？每个种田人不仅知道"穷"，而且自己也身受了"穷"的苦痛。他们现在想急切知道的倒不是"穷"，而是为什么"穷"，和怎样解除这个"穷"。但关于这一层，江先生的"农村改进工作的理论"并不会告诉他们什么（为什么这本书没有解决这问题，请读下文。）。若说是"愚"吧，又有谁个会否认呢？我们的乡下佬非但不会做长篇大章的论文，分别"农村教育"和"农业教育"的区别，而且连娘老子遗传给他的姓都没有写得像。然而有时他们确比我们知书识字的绅士先生们聪明万倍，他们绝不相信他们的穷是因为他们没有识字。他们知道"五千年的古国"里有无数阔老，所识的字也不过"西瓜大的一担"而已。至于说到"弱"，那也是谁都不会否认，"东亚病夫"向来就是我们的绰号。不过听说最近在北平西直门外，有许多女学生们居然让消防队给她们洗冷水澡。我想在东交民巷住着的洋大人体格虽强，但未必有她们这点勇气。若说是"散"吧，有时也未必见得完全如此。我们的军政长官可以告诉我们说，有时乡下人不"散"起来，竟会弄到"举全国之力"都没有办法赶散他们。那时候，恐怕名医的脉案中所开的"散"要成为"不散"了。

我们已经读完了脉案，如今再来看江先生所开的药方吧。这药方也很简洁明了，也只有四个字，曰："农村改进。"江先生的这部大作中到处都有对于这个药方的解释，但如果读者不耐烦把这部书全部读完，那么不妨就把本书序言第三页揭开，读一篇也就够了。在这序言中，江先生把全书13篇文章中对于这名方所下的定义归纳成简洁明了的四项，其中最重要的是前两项。

一、认定农村改进就是广义的农村教育。

二、认定农村改进是完成农村自治的唯一方法。

一言以蔽之，江先生对目下中国农村的"四大危症"所开的药方只有"教育"二字。江先生觉得中国农村（以至于中国社会）的文化所以落后，经济所以衰落，政治所以没办法，完全是因为乡下人没有受教育的缘故。所以农村教育如果办好，那么中国的"四大危症"就可不医而愈，就可以造成理想的中国社会。而这理想社会，在江先生的心目中便是农村自治。

江先生看准了这一点，所以才揭起叛逆的旗帜，推翻了"孔老夫子所传下的先富后教的古训"而主张"富教合一主义"（页55）。

江先生自己觉得他的"富教合一主义"是比"教育救国论"高明多了。因为他是以"农民生活做对象的"，他没有把"他们（农民）的一个最根本问题——'穷'字忘掉"。江先生说道：

"可是，万言归宗说几句，他的稻子不能多收一二斗，他的棉花不能多收一二十斤，他没有物质做他生活的根本，各事还是白说。"所以江先生主张："一面教他（农民）致富的方法，同时使他得着了许多人生实用知识和道德行为的最好训练……试举一二个例子来说吧。我们要提倡用新式农具，如抽水机啦，打稻器啦，乡民最初当然是不明白的，一定要把他们召集在一块儿，详细讲给他们听；……实地试验给他们看；……因此农民明白了，高兴采用了，因采用而人工省，赚钱多了。同时又能得着若干的物理学和制造学上的知识，这不是教他致富，又教他科学常识吗？

上面这两段话是江先生的杰作，他在好多地方都加有密圈，因此我不嫌手酸地抄了这么许多。然而江先生的教授法虽很新

式,可是教材还嫌太旧了些。固然如果农民们的稻子不能多收一二斗,他们的棉花不能多收一二十斤,那么再同他解释什么新式机器,他们也听不进耳朵去的。然而我们如果能够使他们多收了一二斗稻子,一二十斤棉花,就能解决了他们的"穷"吗?谷贱伤农和丰收成灾的怪事,是我们的古老圣人们都已经知道的了。以销毁人民财富(咖啡)为职能的巴西政府,也是全世界所闻名的事情。人家告诉我们:"从事于乡村工作者,费了九牛二虎之力,使每亩农作物的田地增加半担以上的收获,这是了不起的成绩了。如果一旦洋米倾销,或麦棉大量进口,那么每担作物的价格可以跌到原有价格的半数。"然则江恒源先生的一二斗稻子和一二十斤棉花又哪里经得起一跌呢?

江先生在向农民提倡新式农具和机器。但是我们知道前数年,当世界经济危机最厉害的时候,在欧美各国有许多有名的经济学者在报章杂志上公然宣称,经济危机的祸害都是机器造成的;要拯救人类,先要毁灭新式的机器,恢复手工业生产。当然,我们并不承认世界经济危机是由机器生产造成(例如,机器生产极发达的苏联并不知道什么经济危机);不过我们同时也不承认社会经济问题单靠提倡机器生产所能解决。尤其是在中国农村中间,牛都喂不成的农民,叫他们用机器生产简直是闹笑话。就是有了机器,在这遍地失业的中国,机器生产的结果恐怕并不是叫机器来替农民做工而是叫机器来夺农民的饭碗。结果仅使农村中的失业问题更加严重。这就不难了解中华职业教育社玻璃窗中陈列着的改良农具,为什么会永远无人赏识。

"农村改进"的最后目的是"农村自治"。在江先生的理想中到怎样程度农村才可以获得自治呢?江先生说:"真正的农村自治,一定要有80%的农民个个皆能自治自立,50%以上的农民个个皆能自治,这当然不可以一簇而就的。如何使个人生计充裕,如何使公民常识丰富,如何使其具有组织能力,自非经过相当的

训练不为功。"（9页）

"要想实现自治，至少要农民中每一户皆有能识字、能读报的一人，至少他们能明白开会的样式，……"（22页）

话已经说得最明白没有了。要让那些既穷又愚的农民变成"生计充裕，常识丰富"的自由民，先得让他们被训被教。十年训不成，二十年；二十年训不成，三十年……。但我们可以相信在江先生的训练之下，农民是永远不会训到"生计充裕、常识丰富"的，因此他们亦只能望着"自治"的幌子，永远被训一辈子了。

然则江先生理想中的自治机关是怎样的呢？我们大可以根据江先生理想中的"某县乡村改进研究会"来想象它的大概："主持斯会者为县政府，助之以教育局、建设局及其他重要机关。入会人口为现任各区公所职员，如乡村镇长……"（76页）

原来农民望了一辈子都不能达到的自治，仅是原有官僚机关之扩大加强而已。被训的农民到了这时候，只得叹口气喊道："上当了！"不过，我想农民们倒不至于如此"愚"，大概不至于会"上钩"的。

农村改进的理论与实际

德国国社党政府的土地政策[*]

德国法西斯蒂[1]政府在乡村中是有相当的基础的。谁个否认这一点，那就是犯了极大错误。地主和富农是法西斯蒂在乡村中的支持者。以前的资产阶级政府从没有像希特勒政府这样，得到地主和富农如此热烈的援助。在过去，白鲁宁（现译"海因里希·勃鲁宁"，下同）政府也曾想联络乡村中的地主和富农（如农业保护税和对于破产地主的临时财政接济等）。但身为天主教中央党首领的白鲁宁有时也不得不顾虑到德国天主教农民区域的情绪。因为这些农民的利益，在许多地方是完全与地主富农相对立的。于是便造成了白鲁宁政府的"两面倒的"土地政策。结果不仅使白鲁宁在天主教农民中失去了信仰，而且连地主们也对他失望了。

希特勒继续着巴本政府所已经开始的路线，把德国政府的土地政策急转直下地投向地主和富农的怀抱中去。希特勒政府高举着"拥护农民利益"的旗帜，但是在事实上，是执行了地主和富农的土地政策。德国的地主和富农在过去任何政府的统治下所享

---

[*] 原载《中国农村》1936，2（2），第43—50页，孙治方译自1935年11月29日《真理报》，原文作者为亨利·叔尔茨。

（1）法西斯蒂即法西斯主义。法西斯主义是地主财政资本家直接用暴力镇压革命，以维持统治的一种政治运动或政治制度。法西斯主义者常以种种煽动口号拉拢群众。故此一般对旧制度感到不满而对革命又发生了幻灭的分子常成为法西斯蒂运动的群众。——编者注

受的特权，从没有像在法西斯统治下这样优待，同时劳动的中小农民也从没有像现在这样受苦过。

如今我们来把希特勒上台后，德国的地主和富农所得到的各种利益清算一下。

1. 德国的地主和富农所获得的最大的利益，是希特勒政府提高农产品价格的政策所造成的。农产品的售卖价格在希特勒上台（1933年1月）以前是80.9%（1931年为100%），至1935年10月为103.7%，即是说增加了22.8%。这样使出售农产品后所获得的代价也大为增加。根据德国的官家统计，德国农村因出售农产品而获得的金钱收入量如下：

年份	收入量	与前一年相较增或减
1931—1932年	74亿（万万）马克	—
1932—1933年	64亿马克	减10亿马克
1933—1934年	75亿马克	增11亿马克
1934—1935年	82亿马克	增7亿马克
		两年合计增18亿马克

所以，德国的乡村在经济危机期间经过了长期的农产品跌价之后，到了希特勒统治的第二年度的末了，它的金钱收入便已增加了18亿（万万）马克，即增加了28%。但是同时，据官家统计，农村中的整个生产支出，以金钱计算，在1933—1934年仅增加了2亿马克，在1934—1935年仅增加了5亿马克。所以根据官家统计，在1933—1934年度，德国乡村的纯收入比1932—1933年度增加了9亿马克，而在1934—1935年度，是增加了13亿马克，两年间总共增加了22亿马克。

所以希特勒政府在两年间，使德国乡村的金钱收入增加了22亿马克。当然这收入之最大部分是落进了地主和富农的荷包，因为他们是农产品的主要出售者。这是很显然的事实，不一定要聪明人才能了解。

2. 希特勒政府送给地主和富农的第二种礼物便是政府整理乡村债务的政策。在国社党上台以前，德国乡村中的地主富农经营，所亏负的债务达到12.5亿马克。在希特勒登台以前，德国的历次内阁都曾关心到这个问题；但没有一个政府敢像希特勒政府这样，采取坚决的步骤以救济地主和富农。

白鲁宁政府想以个别的礼物去救济负债最多的地主经营（即所谓的"Osthilfe"——这是一种政府所发的津贴金，每年共计2千万马克）。巴本政府想由国家来代替地主们支付一部分债款利息。但希勒特比以前历次内阁政府跑得更远，他宣布地主和富农们没有义务要支付4.5%以上的利息。他的这道命令一下，便把每年所支付的利息从9.2亿马克减为6亿马克。希特勒政府的这个丰富的3.2马克的重礼，是要城市和乡村中的小资产者代为负担的。

在希特勒上台以前，地主和富农如果不能支付债务，那么他们的产业就要被债主拍卖。希特勒完全为地主和富农们解除了这种威胁。富农的经营被称为"长房世袭财产"；这种"长房世袭财产"在任何条件之下，都不准分割或让渡（即不准出卖）。此外，对于负有债务的地主特别颁布了一条"减轻并解放债务负担"的法令。根据这法令设立了一个专门委员会。这委员会利用政府所支出的每年1亿马克的基金，去减少地主和富农的债务。使地主和富农的债务减到他们的产业所值的三分之二的数量以下。同时更规定了一种较轻易地清偿债务的办法：即规定这些债务可以在20年至25年的长时期中逐年清偿。

但德国的中小农完全不能享受这种整理债务的优待办法。第一，因为中小农的经营不能适用"长房世袭财产"的法令；第二，因为他们的债务大半不是抵押借款的形式；第三，因为他们的债务从来不会超过产业所值的三分之二以上，而平均只在产业所值的40%以下（地主经营的平均负债额远过于70%以上）。总结起来，德国的地主和富农在希特勒登台后两年之内，由于减低利率得到了6.4亿马克的好处，由于"减轻和解除债务负担"的政策得到了2亿马克的好处，由于"Osthilfe"政策得到了0.4亿马克的好处，共计得到了8.8亿马克的好处。

3. 希特勒政府赠送给地主富农的第三种礼物便是廉价劳力之供给。政府规定16岁至25岁以内的城市青年工人必须在乡村中执行一种义务劳役时期至少是六个月。当夏天和秋天的晚上，从各个大都会的车站上，有许多青年工人的列车向德国的东部北部出发，这些青年工人都是法西斯政府派到东普鲁士、卜密兰尼亚、梅格林堡和其他各省的富农的农场去做强制劳动的。法西斯政府的这种办法是一举两得的政策：它一方面可以借此肃清了德国各大都会中最易发生反抗的青年工人，在另一方面又可以把最廉价的劳动力供给地主和富农。在1933—1934年有15.9万个青年工人，以这种条件在富农的农场上做工，在1934—1935年这人数增加到了16万左右。

地主和富农对于每个这样的青年工作人员非但不需要给国家以任何报酬，而且相反地，法西斯政府对于被派出的每个青年工人需要支付相当数目的维持费。连法西斯政府的官家统计都承认，德国的地主和富农由于这种廉价劳力，在两年之内得到了2亿马克以上的好处。

4. 最后，法西斯政府甚至不惜减轻地主和富农的国税负担。在两年之间，因这种减税，地主和富农又得到了1400万马克的好处，当然这又是一笔惊人的数目。

这便是德国法西斯政府的土地政策之实际效果。总计在两年之内，德国的地主和富农，除了希特勒登台以前原来所享受的特权以外，又得到了30亿马克以上的好处。

但是法西斯政府所给予地主和富农的礼物还有更重要的东西。在整个韦玛（现译"魏玛"，下同）宪法时代（即自战后成立德意志共和国起，至希特勒上台为止），德国的地主富农的政党在乡村中的势力常要被其他政党所分割。

法西斯政府铲除了乡村组织和乡村机关五花八门的复杂现象，乡村中所有一切的经济团体和经济机关，所有一切从事农业的人员以及所有一切与制造、改制或出售农产品有关系的工商业都被归纳在一个庞大的联合组织中。这组织被称作"人民吃养大联合"。

这个大联合的多种多样的职能包括了乡村中的一切经济生活。这个大联合成了在政治上和经济上操纵中小农民的一个有力工具。如今在法西斯蒂统治的乡村中，农民们的一举一动都要受这个"人民吃养大联合"的节制。

希勒特政府把整个农村在组织上和经济上都放在地主富农的专制政治统治之下。因此显然地增高了地主富农在整个社会上的地位。德国的义务兵役之恢复更增强了他们的政治地位。德国的地位阶级向来就是德意志军队中的将校干部之供给者。长房世袭制的地主庄园的所有者，他们的子弟和亲属们照例是以当军官为自己的上进之途。所以德国军队中的上级将校大半是地主阶级出身的。德国军队的下级士官都是富农出身（例如以前的德国国军的士兵，即现在的德国新军队的下级士官）。

恢复全国义务兵役制的法令使贵族富农出身的将校干部成为全国的一种重大势力。法西斯政府为使德国准备战争起见，曾花费了大量的金钱，这笔款项中间，有很大一部分是用在将校干部的俸禄上的。

德国的地主和富农们很清楚地知道，这些经济上和政治上的特权完全是法西斯政府赐给他们的。因此他们是忠心地拥护法西斯制度的统治；而且在以后，仍旧会继续拥护这制度。在德国的地主、富农和将校队伍中，有时是会发生意见上的争执。但是这种争执并不能使我们否认法西斯政府给与地主和富农的特权。毫无疑义地，希特勒在德国的地主富农的队伍中，是找到了自己的可靠的支持者。他所以能够实行这种手段，完全是因为他剥削中小农的利益，并掠夺都市资产者和工人大众的结果。

我们不能说，希特勒对于自己的政策所造成的尖锐矛盾是完全不知道的。这矛盾现在已经不时地暴露到外表来了。不过，他也有他的计算。希特勒预备在万一危急的时候，命令地主和富农的子弟所指挥的军队和机关枪，向都市和农村的劳动大众和小资产群众扫射。

希特勒的计算是否能够不失算呢！这问题，要让德国劳动大众的先锋队伍的实践工作来答复。

从"物产证券"谈到一般的货币理论*

在《中国农村》第1、2两期上，接连登载了两篇关于土地村有方案的批评文字。这两篇文字已经从理论上和事实上揭露了土地村有方案的内容。但土地村有方案还不是"阎锡山主义"的全面。土地村有方案仅是我们的绥靖主任"解决"农民问题的对策。他对于整个社会问题的解决办法另外提出了推行"物产证券"的方案。我们为要了解土地村有方案的提议人的整个"理论"系统起见，仍旧借重《中国农村》的篇幅，来谈一谈物产证券的内容。我们在未曾批评物产证券理论之前，先把这理论的内容介绍一下。❶

提倡物产证券的人认为现社会中一切生产品（他们的术语称为物产）的价值都要用金银货币来表示（代表），而且必须换成金银货币以后，方才能够同其他生产品相交换。因此社会上的生产品（物产）便分成两层：一方面是金银以外的一切生产品，另一方面是代表这些生产品的价值的金银。物产证券论者便把这种现象称为"金代值"的"二层物产制"。据他们说，这种制度产生了下列四种弊端：

（1）使人类不为生产生活用品而劳动，乃为获得金银而劳动。每个人都想集中贮藏金银，以致造成"金银为主物产为奴"

---

* 本文原载《中国农村》，1936，2（3）。

❶ 本文所引"物产证券"的文字均引自《中外论坛》所载阎锡山的著作原文。

的现象。(2) 因为"一遇某种生产物过多,争相求售,价格跌落……其换得之金银亦不足转换其他物产以供需用。生产愈多,剩余愈甚,生活乃愈困"。(3) 因"政府不能无偿获得金银,以尽量接受人民之工作产物,一遇交易壅塞物产滞销,人民即失业"。(4) "国家努力增加物产非为供国人之需",而为"聚得金银把握别国经济命脉"。因此"违反互通有无之国际贸易原则,乃开商战之路,增兵战之端"。

在物产证券论者看来,现社会的这些罪恶完全是金银货币所造成的;而且主要是由于金银有自身价值,"政府不能无偿取得,以尽量接受人民之工作产物",因此主张废除金银货币(金代值),消灭"二层物产制",发行"物产证券"。

然而物产证券是怎样的东西呢？它的"发明人"解释道:

"物产证券者,政府用法令规定,代表一定价值之法货,用以接受人民工作产物,并作人民兑换所需物产,及公私支付一切需用者也。收产发券,券如同物之照相片;以券易物,物为券之兑换品,物有若干多,券可发若干多,政府不患不能尽量接受人民之工作产物。发券时既收还物产,则券有若干多,物即有若干多,人民不患有券而不能兑物。券之数量,随物产多寡以伸缩。就物之价格言,则物之价格稳定;就券之信用言,则券之担保确实。此项证券,其作交易媒介,物价尺度等之效用,与金银货币同,而无'金代值''二层物产制'比限物产,限制生产之弊病;故可扩大造产途径,保障人民生活,增加社会富力……"

从上面所引证的这段话看来,物产证券简直比了张天师的符咒还要灵验,一旦发行之后,现社会的一切病根就可以完全铲除了。但实际上到底怎样呢？这里我们首先来看一看物产证券论者对现存资本主义社会制度的认识如何？

近代许多货币改革论者有一个共同的特点,就是他们都不敢从正面来观察现社会的病症。这好比是肺结核病的患者最怕人家

说他是肺痨病一样,一切布尔乔亚的学者也最怕指摘资本主义社会的真正病源。他们把现社会的一切"病症"都归罪于货币,所以自从世界经济危机爆发以后,各国的政治家和学者都想从货币改革(如放弃金银本位,管理通货等)着手来挽救大局。物产证券论者实际上就是这些货币改革家之中的一派。

物产证券论者把他们所指出的现社会四大弊病统统归罪于金银货币。当然金银没有嘴巴,不会喊"青天大老爷伸冤"的。不过事实上他们是把金银的作用神化了,把金银当作是可以左右社会祸福的妖神。他们没有了解,金银货币在现社会所起的作用完全是现社会的生产关系——说得明白些,即现社会制度——所赋予它的,物产证券论者嘲笑本位货币的拥护者是拜金主义者,但他们自己变成了货币拜物教的信徒。

物产证券论者所指摘的现社会第一种弊端,就是为金银而生产这一点。其实,他们对于这个事实的了解,只看到了事物的皮相,而没有看到事物的实质。现社会是资本主义社会。这社会里面的生产经营者是资本家。资本家从事生产某种生产品不是为了自己需用,而是为了赚钱;换句话说,是为了利润。但是在商品经济社会里,货币(金银)是公认的价值形式,是一切商品共同的"等价形式"。任何商品只有换成了货币之后,方才能够证明生产者在生产这商品的时候,所花费的劳动是社会所需要的,没有白费掉;到了这时候,方才能够使某种商品中所包含的私人的劳动被公认为社会的劳动(关于这一点我们在以后讲到货币本质的时候,还要详细说到的)。资本家只有把自己所生产的商品统统变成货币之后(或者有十二分的把握,知道他的商品确实可以变成货币之后),才能证明他的经营是否赚了钱(获得利润),抑或是亏了本。于是货币变成了一切商品的爱人,成了大家的追求对象。所以"劳动不为产物而为金银"的弊端,不是金银本身所造成的,而是以追逐利润为目的的资本主义私有生产制度所造成的，金银只是代人受过而已。

物产证券论者所指摘的现社会第二种弊端，就是"一遇某种物产过多，争相求售，价格跌落"，因而造成现社会的周期经济危机。他们认为这里的罪魁祸首也是金银。其实这更是冤哉枉也了。谁也知道经济危机是无政府状态的生产所必然造成的结果。在资本主义社会中，许多独立的资本家各自经营他们的生产，相互间不发生任何联络。遇到某一生产部门的出产短少的时候，价格便飞涨，使这一业的资本家获得丰厚的利润。于是其他各业的资本家便蜂拥地把自己的资本投向这一生产部门来，这部门的生产便迅速扩大起来。但是在无政府状态的生产下，谁也不知道每个部门的生产可以扩大到什么程度为止。等到生产品的价格开始跌落，市场向他们下警告的时候，生产量已经超过了市场容纳量不知多少了。到这时候，资本家便不得不缩小生产范围，以至于完全停闭工厂。这样便造成了经济危机，就是物产证券论者所谓"生产愈多，生活愈困"的祸灾。

物产证券论者把上述这种经济危机之爆发完全归罪于金银货币。他们说商品所以销不出去，是因为缺乏现金。这种解释非但是忽视了上面所说的资本主义生产的基本特征，而且完全是与事实相矛盾的。大家知道在资本主义社会中经济危机之爆发大概是有一定的周期的，在过去普通是每隔十年一次。每次危机结束以后，便来一个较长的经济繁荣时期。过了几年，接着又来一次危机。危机和繁荣总是这样不息地轮流着。但是在另一方面社会上所存在的现金总数在一个短时期内是不会发生什么激烈的变动的；而且一般说来，社会上金银的总数只会逐渐地增加，而不会减少。社会上的金银总数绝不会每隔若干年忽而失掉了一大批，再经过几年便忽而增加了一大批的。由此看来，资本主义社会的周期的经济危机必然是与金银数量之增加没有连带关系的。

同时，在市面繁荣的时候，商业流转量往往比较平常时期要增加几倍，但并不会感觉到现金的缺乏；在经济危机期间，商业流转量只会比平时缩小，所以更没有发生现金缺乏的理由。事实告诉我们，当经济危机爆发的时候，现金没有减少，而是整批地藏在银行的地窖里，没有人去提用。这时候，非但现金不缺乏，而且就是生产必需的一切要素也都不缺乏；社会上有闲放着生锈的机器，有堆在栈房里无人过问的原料，有因为无人购买而用水火销毁的粮食，同时也有饿着肚子没有饭吃的劳动者。危机之发生不是因为缺乏这些生产所必需的要素，而是因为私有财产的社会制度把这些要素分隔了起来，因为无政府状态的生产制度不能把它们有计划地配合起来。这难道还不明显吗？

物产证券的"发明人"把金银缺乏来解释经济危机已经是很可笑了，但是他们所指出的金银缺乏的原因愈加可笑。他们说道："至需用已足，人不肯以独占贮藏之金银购买生活够用以外之物产；则持剩余物产之生产者，不能再行销售以换金银……"在这里，我们可以告诉我们的聪明的"发明人"说：在资本主义社会中，资本家购进商品根本不是为了"需用"，而是为了赚钱（即为获得利润）。在市面繁荣，有钱可以赚的时候，投机商人可以在交易所里购进大批商品，虽则他们自己并不需要这些商品。同时，每个稍微懂得些生意经的商人都知道：会做生意的人应该使他的资本不要死搁在家里，应该有了资本就办货，办进了货马上就卖出去。商人的资本只有这样川流不息地流转着，才能多多地赚钱。所以喜欢独占是资本家的天性，但喜欢贮藏只是乡下土财主的本能。我们不相信以善于经商闻名全国的山西商人会如此落后。

再则，普通遇到发生经济危机的时候，总说是由于"生产过剩"。但"生产过剩"这句话完全是相对的。我们绝不能如物产证券论者一样把"生产过剩"当作"需用已足"解释。反之，在资本主义社会中，"生产过剩"永远是与"消费不足"连在一起的。当农业资本家或出口商人把粮食用火销毁，或沉入大海的时候，一定有无数劳动农民大众，是破产了，是在挨饿了。真正的生产过剩（即生产品超过了人类的需要量），只有在社会主义的社会中才会发生。但是在这时候，生产过剩只会增进人类的享受，减少人类的工作，即真正促成人类的幸福，而绝不会造成社会的大灾祸的。

在资本主义社会中，"生产过剩"绝不是人民消费不掉的意思，而是人民购买不足的问题。在资本主义制度下，人民的购买力是被剥削所限制着的。生产力愈发展，剥削率愈增高，资本家所得的利润愈大，而工人所得的收入相对地愈是减少。因此在资本主义制度下，大多数人民的购买力相对地永远是减少着的。

物产证券的"发明人"对于这一点牵强附会地解释道：

"被剥削者，在分配上，因受剥削减少所得，固有不足需用之感。而剥削者因剥削增加所得，却有超足需用之实。且所得盛用于购买，无论购供生活，抑购供生产，均是购买。在所得，虽有剥削者与被剥削者之不同，在所得用于购买，却无剥削与被剥削之歧异，社会上之总购买力，固未尝因剥削而减少也。"

这一段话初听起来真是头头是道，没有可以反驳的了。资本家因于剥削率之提高，利润收入之增多，自己的生活毫无疑义是愈加奢华了。即是说他们私人的购买力增加了。另外，资本家为了和其他资本家竞争，不得不设法减低自己的生产品的成本。因此他不得不把剥削来的一大部分利润用于扩大生产和改良技术方面。因此他们需要购入大批机器和原料等。初看起来，资本家剥削工人所得的利润完全用在购买生活资料和购买生产资料上面去了；剥削的增加真的并不会减少社会上的总购买力。但是我们再进一步地考察下去，就可以知道这结论完全是不正确的。第一，扩大生产的最后目的还是在制造消费资料，但资本家阶级自身所消费的东西仅是社会所生产的消费品中间的最精细而且较少数的

从『物产证券』谈到一般的货币理论

一部分，其余大部分的消费品仍旧要靠人民大众来消费。第二，资本家改良技术和扩大生产规模的结果，是消费品的生产量迅速地增加了。这种生产品增加的速度超过了被限制的人民大众的购买力之增加速度，所以结果是愈加促成了"生产过剩"之发生，即促成了经济危机之爆发。

物产证券论者所指摘的现社会第三种弊端，就是因金银自身有价值"政府不能无偿获得金银以尽量接受人民之工作产物"这一层。经济危机之爆发并不是起因于金银货币之缺乏，这在前面我们已经说过了。在无政府状态的生产和资本主义的私有制度没有消灭之前，政府纵能尽量接受人民的工作产物，也没法阻止危机发生。因为我们的山西省的执政者太穷了，所以会挖空了心思发明不花本钱的"物产证券"来接受人民的工作产物。但金元帝国的华盛顿政府到底与众不同，它有大批资本可以收买人民的剩余产物（农产物）。可是这种收买政策对于挽救经济危机不会有显著的成效也是众所周知的事情。不论政府用何种方式（现金或"空头支票"）来接受资本家的剩余生产品，但政府不能自己来消费这许多东西的，在资本主义私有制度的原则下，政府不能白白地把这些东西送给消费者，那么在大众购买力日益跌落（尤其在危机期间）的条件下，这些生产品只能永久留在政府的仓库中等待顾客光临了。所以如果物产证券可以解决掉危机，那么转运公司的提单和货栈房的栈单早已把经济危机解决掉了。

物产证券论者所指摘的现社会第四种弊端，就是各国因争夺金银而引起战争的问题。他们对于这问题的见解之错误与前述第一项完全相同。个别的资本家所追逐的是利润，整个资本主义国家所追逐的也是利润。殖民地侵略和帝国主义战争都是追逐利润所造成的结果。所以在以获取利润为目的的资本主义生产制度本身未被取消之前，即使单独取消了金银货币也不能使战争消灭。

以上是批评物产证券论者对于资本主义社会的基本认识。如今我们再来分析物产证券本身。

大多数的布尔乔亚的经济学者（连物产证券论者在内），都把货币看作是一种"便利"，而不认为这是商品经济中不可缺乏的东西。甚至像布尔乔亚经济学的始祖亚当·斯密都把货币比作公路。他说，有了公路只是使人可以比较舒服地、比较便利地乘着车子回家去而已。约翰·史丢华德·密尔说："货币是用以迅速而便利地完成某种工作的机器。但没有这机器的时候，这工作一个样可以完成，虽则没有这样迅速和便利。"此外说过类似的意见的经济学者还有很多。总括起来他们都把货币看作是便利商品交换的工具。他们说货币是货物交换感觉到困难以后才发生的。他们既然以为货币是为了便利交换而设立的，并不是商品经济中不可缺少的东西，所以当他们认为货币不能给人类以便利，并且反而成了各种灾害的来源之后，自然就可以用一纸命令把它废除掉的了。

从『物产证券』谈到一般的货币理论

货币在商品社会中，是不是这样烂贱的东西，要它就可以来，不要它就可以废去的呢？为解答这个问题，我们不得不简单地谈一谈货币的本质和它的起源。当货币改革成了一种有求必应的"仙丹"的时候，我想在这里谈一谈关于货币的纯理论问题，想来不至于为读者所反对吧。不过因为货币（价值形式）问题，是理论政治经济学中最抽象、最复杂，即最难懂的一章，很不容易把它解释得简单而又通俗。所以读的时候，或者未免吃力一些。

商品经济的基本条件是盲目的社会分工和生产资料之私人占有。所以在这经济中存在私的劳动对社会劳动的矛盾，具体劳动对抽象劳动的矛盾和使用价值对交换价值的矛盾。这种矛盾表现在下列事实中：任何商品首先总是私人的生产品，但是同时，不管生产者本人的意志和觉悟如何，任何商品都是社会劳动的生产品。每个商品生产者完全各自独立地劳动着，各人只对自己负责；但是同时他们也是为社会而劳动着，因为他们所生产的东西，都不是自己用的，而是卖给别人用的。然而在商品经济中，劳动的这种社会性质都是隐伏着的，它直到商品交换时方才表现出来。生产者在比较交换自己的劳动生产品的时候，实际上就是在比较各人自己的不相同的私的劳动，而把它化为同样的人类的劳动；可是这不是一个主观的过程，不是自觉的过程，而是完全客观的过程，是不受生产者的意志和意识之支配而完成的。

上述这种矛盾，在商品交换的初期，表现得非常软弱。随着商品生产之发展，商品交换的范围逐渐扩大，制造商品已经成了生产的唯一目的。"生产品就是价值"的这种意识在开始生产的时候就已经注意到了。到这时候，上述各种矛盾便愈加显露而尖锐了。商品生产者制造商品是为了出卖，而不是为了自己消费，所以商品对于生产者只有交换价值而没有使用价值。他愿意出让自己所制造的商品的使用价值，而收还它的交换价值。换句话说，商品生产者愿意商品本身所包含的两种矛盾的本质在形式上，具体地分离开来。在长期的历史发展过程中，因为整个商品世界中分离出了一个特殊的商品——货币，就使上面所说的那种矛盾得到了解决办法，货币本身原来也是一种商品（如金银），它自己原来也有价值和使用价值。但如今，商品社会的社会生产关系给了它新的使用价值，就是使它成为一切商品价值的代表。以前商品生产者所不能解决的问题，如今得到了圆满的解决。他尽可以把自己所不需要的使用价值（商品本身）出让掉，但同时又可以把商品中所包含的价值（货币）收还来。

货币的形成是价值形式长期发展的结果。科学的政治经济学根据丰富的历史材料，把价值形式分为三个主要的阶段。在原始社会中，某一个部落同另一个部落相遇的时候，偶然把自己的剩余的生产品作为交换。某一种生产品的价值偶然地用另一种生产品表示出来，如1头牛值5担谷。这种价值的形式称为偶然的简单的价值形式。交换逐渐发展以后，参加交换的商品种类也逐渐增加。1头牛不仅可以与5担谷交换，而且已经可以与15双靴子、20把斧头和其他种种商品相交换。换句话说，牛的价值不仅可以用5担谷来表示，而且可以用其他各种生产品来表示了。这阶段成为扩大的价值形式。交换愈发展，商品的种类愈扩大以后，商品生产者往往把自己的商品先换成一种在市场上出现最多的（即最容易出售的）商品，然后再把这商品去换得自己所需要的东西。这时候，一切商品的价值都用市场上最活跃的这种商品来表示了。这称为共同的等值形式。在现社会中充作这种等值形式的商品称为货币，最普通的便是金子，其次便是银子。但在历史上充作这种等值形式，而执行现今的货币所做的工作的商品曾经有很多种。最普通的便是皮革、盐、贝壳等。在奴隶社会中，奴隶也曾充作"货币"，因此少壮力强的青年男子和娇嫩美貌的少女便成了最贵重的"货币"。

从『物产证券』谈到一般的货币理论

我们说了这么一大段的价值形式的发展史，为的是要证明货币不是哪一个聪明人发明起来的而是长期的历史发展的结果，货币自身，也是商品，它所以会脱离了全体商品的队伍而独立起来，为的是要执行商品生产所赋予它的任务，解决商品本身所包含的矛盾，也就是整个商品社会所包含的矛盾。因此，商品社会本身的矛盾未被解决而要废除货币，那也是舍本逐末的办法了。

我们说货币之发生是用以解决商品社会自身的矛盾的。但是货币虽解决这个矛盾，而没有取消这个矛盾；反之，这是表示商品社会的矛盾又以新的形式在发展而扩大着。最显著的就是货币出现后，把商品生产者的出卖和购买这两种行为分离开来了。如今商品生产者在出售了自己的商品换得货币以后，不一定接着马上便购进其他商品。在市面不好的时候，他可以把得到的货币贮藏起来。所以出卖和购买这两种行为的分离，在理论上便形成了经济危机的可能性。但是这里读者应了解两点：第一，可能性不就是现实性,这种危机的可能性如果没有前述各种客观条件之配合,绝不会促成现实的经济危机的;第二,这并不能证明物产证券论者的金银万恶论,因为这种可能性也是商品生产自身的矛盾促成的,货币是不能负担这责任的。

物产证券论者说:"原夫货币之产生也……其基本效能,一为交易媒介,一为价值尺度。但作此交易媒介,价值尺度之效能,不在其本身为有相当价值之实物。而在赋与法货资格,使其代表一定之价值。"所以物产证券"作交易媒介,价值尺度等等效用与金银货币同,而无……此限物产,限制生产之弊病"。

但是我们从前面所说的货币发展史中,可以知道,货币之所以能够成为商品价值的共同等值形式,正因为货币自己是商品出身,正因为它有自己的独立的价值。自身没有价值的货币(如纸币)做交换的媒介(即流通工具)是可以的,但是做价值尺度是绝对不可能的。只有自身有长短的东西才可以去权衡别的东西的轻重;同样也只有自身有价值的货币才可以测度别的商品的价值。如果物产证券论者不愿意承认"秤可以量长短,尺可以秤轻重"的无稽之谈,那么也只好承认物产证券的货币论是同样的无稽之谈。

所以,物产证券论者对于这一点后来不得不做了相当让步。根据太原物产证券研究会复《申报月刊》的信中说:物产证券"仍以现有之元为单位……依现有市场之价格,以定物产证券与百物之比价"。或者说,物产证券的"尺度单位仍应沿用以往货币七钱二分之银元单位,其名称仍应称为元角分厘"。不过"一经规定与银元永远脱离,不因银价之涨落而生变动"❶。如此说来,物产证券论者仍旧不得不借重银元来做尺度价值的工具,在这一点上,物产证券正与发行纸币相类似了。

---

❶ 《益世报》,1935年2月21日。

但是商品价值既然是劳动量来规定的，那么物产证券正可以如俞寰澄先生所说的直接用劳动时间来做计算单位了，例如他提倡"发行半工、一工、双工、五工、十工之证券"❶。关于这一点太原物产证券研究会曾加以驳复过了，不过还不充分。

不能以工作时间来直接表示物品价格的主要原因是在于私的劳动和社会劳动之矛盾，在于具体劳动和抽象劳动之矛盾。两样东西一定要具有同样的性质才可以相比较。商品之所以能够交换，因为它们具有同样性质的社会的抽象劳动。但是在商品社会中社会的抽象劳动不经过交换不能直接体现出来。而每个具体的私的劳动却有形式、复杂程度和生产率大小之不同，同时每个商品是许多生产部门中许多职业不同的劳动者所创造成的，所以在商品社会中绝对没有可能计算每个商品中所包含的劳动时间。我们说1头牛值5担谷，这样是表示1头牛和5担谷包含同量的社会的抽象劳动；但实际上它们所包含的私的具体劳动是可以完全不相等的。

我们在前面用过物产证券"发明者"这名称。但事实上这种思想是许多乌托邦社会主义者所早已发表过的。"物产证券"实际上便是格策和欧文的"劳动证券"之变形，"公营商场"实际上也就是欧文的特设商场。"劳动证券"和"特设商场"之失败是对这些乌托邦社会主义思想的实际的批评。

我们读完了物产证券的理论，倒并不佩服阎锡山能够"复活"前数世纪的西欧的乌托邦思想，因为我们知道，我们的绥靖主任正忙着料理许多军政事务，翻古书抄文章自有许多秘书官和清客们替他做。我们佩服他的，是他常能够把这种"美丽的"思想同他的"实际工作"联系起来。在前数年（1933年、1934年）因乡村金融恐慌，银根紧急的时候，在山西曾以田产作抵，发行

❶ 《申报月刊》，1935，4（1），第81页。

了一种"土地合作券",用作抵债付款等用途,结果因发兑者不能兑现而失败了。如今又在"新的"理论掩护下想发行"物产证券"了,可惜这理论被迟发现了几天,否则1931年内战时,山西省银行的纸币政策也可以得到一个绝好的理论根据了。

两个世界中的乌克兰农村[*]

在俄国十月革命以前，乌克兰的大部分是沙俄帝国主义的殖民地（有一小部分为奥国的殖民地）。它同白俄罗斯、波兰、沿波罗的海的其他国度都被称为小俄罗斯。十月革命以后，在东部的乌克兰，成立了乌克兰社会主义苏维埃共和国，并加入苏联，成为后者的分子；西部乌克兰就被并入波兰的版图，实际上是成了后者的属地，由小俄罗斯而变成小波兰了。

所以，把东、西两部分的乌克兰的社会经济现状对照一下，正可以显出两个世界——社会主义世界和资本主义世界——的优劣来。我们在这篇文章中，主要是讲这两个世界中的乌克兰的农村经济，但是为明了整个景象起见，先谈一谈一般的经济状况。

据波兰的财政部长克维脱谷夫斯基说，如今波兰的工业生产量只有1928—1929年间的60%。据国联统计局的材料，如今波兰的石炭产量只有1929年的60%。全波兰的失业工人大约有100万名。在有些工业部门中，失业工人占全体工人队伍的半数左右。此外局部的失业工人，占到全体在业工人的33.2%（这还是不大完全的统计）。

在波兰，劳动大众的经济地位，随着一般经济状况的衰落，而一天天地恶劣起来；剥削率是一天天地增加起来。譬如在石炭工业中，劳动生产率在最近两三年间增加了45%，可是在同一期

---

[*] 本文原载《中国农村》，1936，2（4）。

间，工资反而减低了40%。在有些产业部门中，劳动生产率已经扩大了好几倍，可是工资往往减少了一半左右。例如在华沙的瓦斯工厂中，生产率已增加了150%，而工资反减低了一半。

据波兰一位政论家说，就是在1927—1929年的经济繁荣时期，波兰工人的生活程度也只有中等生活程度的82%。

西部乌克兰的劳动大众的生活状况当然是愈加恶劣了，因为波兰的地主资本家们，本来就把这里的人民当作殖民地奴隶看待的。例如西部乌克兰的乡村雇工的工资，在1932—1933年间，比波兰其他地方要低24.7%。在5年以内，波兰的平均工资减低了51.4%，西部乌克兰的工资减低了55.3%。

在整个波兰，尤其是在西部乌克兰，农村经济是在崩溃过程中。在1929年间，波兰的裸麦收获面积有579.8万公顷，但是在1934年间，只有567.1万公顷了。1934年间波兰的小麦耕种面积，比1931年差不多要减少10%左右。同时，波兰的畜养事业也在逐渐衰落，例如马匹的数目在1934年比1931年要减少36.4万头，在同一期间，牛减少了54.9万头。波兰全国农业人口的总购买力，在1928—1929年间为37亿兹罗提（波兰货币单位），但在1933—1934年间只有8亿兹罗提了。

在波兰乡村中，农业机器和肥料之应用也是在一年年地减少着。据波兰景气研究所的材料，农业机器的使用数，如以1928年为100，则1929年为76.2，1930年为33.9，1931年为21.8，1933年为10.2。

在西部乌克兰农村经济的情况是愈加恶劣，一般劳动大众的生活也愈加困苦，因为波兰的地主们对于那里的农民是剥削得愈加苛刻了。1934年间，西部乌克兰的收获量比1933年要低50%。西部乌克兰的乡民出卖自己的农产品的时候，比波兰其他各地的农民。被迫着取得更少的报酬，只因为他们是殖民地国度的西部乌克兰的农民；在波兰地主的心目中，他们都是该倒霉的奴隶和贱民。在 1934 年 4 月间，西部乌克兰的农产品的市价比波兰其他各地小麦低 4.5%，大麦低 10.3%，乳牛和牛奶低 20%，耕马和鸡蛋低 30%。

但是西部乌克兰的农民，在购买工业生产品的时候被迫着要支付更高的代价。在伏留尼地方，煤的价格要比波兰各城市贵 40%。化学肥料也贵 40%。虽则所有的产盐区域都在西部乌克兰，但是盐的价格在那里反比波兰其他地方贵。

波兰和西部乌克兰的农民的收入是减少了，但是他们的负担反而增加了。在最近 3 年之间，波兰的土地税一共增加了 35%。在波兰一共有 100 多种税捐名目；这些税收有一大部分是被土地资本家拿去弥补他们在危机中的损失的，其余有一大部分就是拿去维持那些庞大的官僚机关和警察军队的。而这些机关和武装队伍的任务，就是在于永远维持波兰和西部乌克兰的劳动大众的奴隶地位，是在于镇压这些奴隶的反抗，是在于准备反苏联战争（波兰帝国主义是天天在梦想着并吞苏联的乌克兰和白俄罗斯呢）。

波兰的反动政府的土地政策，促成了一般农家的债务的增加。据 1933 年的统计，每 1 公顷的田产，平均负债 393 兹罗提。农民之失去土地是波兰全国乡村中的普遍现象，但是这种失去的过程在西部乌克兰是更加明显。在西部乌克兰出卖的田产中间，有 63% 是半公顷以下的田块；这都是在波兰政府的苛捐杂税的殖民地政策下，破产了的贫农们的田地。

前任波兰财政部长马都舍夫斯基在去年 10 月 7 日的《波兰日报》上写道：

"不仅我们的国家机关是依照着旧有的贵族的习惯，建立在赋役制劳动上面的，——建立国家机关，我们是有权可以这样做的，——就是我们的工业，我们的文明，以至于我们的'文化'，都是建立在赋役制劳动上面的。从前的田里鞭打农奴的皮鞭和我

两个世界中的乌克兰农村

们现在的税则,没有什么分别;因为这税则也同样地要农民榨出最后一滴血汗来之后,才能使他们的菜汤里有一点盐味。"

事实上,这真是道地的赋役制劳动:据约略的估计,波兰农民,每年总共要供给3000万个工作日的强制劳动。除此以外,还有一种劳役制的劳动,即农民因为享用牧场、燃料和借款等关系,需要在地主和富农庄上当劳役。在西部乌克兰的许多地方,贫农们每年在最农忙的时候,要帮地主、富农当15天劳役,甚至有些农家在一年内要为地主、富农当50～60天的劳役。

在这种重重剥削之下的西部乌克兰农民,物质精神生活当然是不堪设想的了。财政部长克维脱谷夫斯基曾经在去年10月26日的《波兰日报》上写道:

"在我们的政治上结合成的国家中,从经济的观点看来,可以分为两个国家……这是以维斯杜拉河为界的。在这条河以西是一个国家,这国家从产业发展、经济结构和消费能力的观点上看来是与西欧相接近的。但是在这条河以东,还有一个国家,这国家是什么也不消费的。"

在维斯杜拉河以东的这个国家便是西部白俄罗斯和西部乌克兰,即波兰的地主资本家们所视为自己的属地小波兰。这属地在波兰帝国主义的十余年的统治下,已经弄到"什么也不消费的"地步了。说得明白些,就是西部乌克兰和西部白俄罗斯的农民已经完全失去了购买能力,已经不能成为波兰资本家的销货场所,因此连财政部长也不得不着急起来了。

在这种经济衰退的状况下,又在波兰帝国主义的一贯的殖民地愚民政策下,西部乌克兰的文化也在一天复一天地没落下去。在1933—1934年间,在波兰高级教育机关的学生中,乌克兰人只占4.4%,在奥帝国主义统治时代,在尔伏(Lwow)大学生中,设立有乌克兰部,但是自从被波兰占领以后,就被取消了。据官家报告,西部乌克兰的乌克兰小学,在1918年,有3662所;在

1923年，有3027所；在1925年，有1055所；1928年，有774所，到1935年，只剩了458所了。而且在事实上，在这些"乌克兰"小学中，有许多功课是用波兰文教的。在西部乌克兰人民中，有50%是文盲。

我们从前面的简略的叙述中可以看到，在资本主义世界中的西部乌克兰，是一个典型的殖民地国度。如今我们看一看另一个世界中的乌克兰。

我们在前面讲到西部乌克兰的时候，有时只应用了一般的数字，而没有注明都市和乡村的区别。但是要知道，整个西部乌克兰便是一个大乡村，工业几乎是不存在的，同时在波兰资本家的计划中也永远不想在这小波兰开发什么工业。

但是东部的乌克兰——乌克兰社会主义共和国——却是苏联的一个重要工业区域，是苏联的重工业和开采工业的基础。在这里，要把每一个工业部门的生产额统统列举出来是太累赘了，而且也没有这必要。我们只举出两个事实来，便足以显示这里的工业发达状况：在1935年，乌克兰社会主义共和国的五金工场所生产的生铁比法、意、波、捷克四国的总产量还多出100万吨左右；所生产的钢比日本全国的生产额要多出150万吨。在乌克兰社会主义共和国失业工人是没有了，而且经常从邻国（特别是德国、波兰等）招聘许多熟练工人去帮忙。工人大众的生活是天天在改善着。

如今乌克兰社会主义共和国的农村已是集体农场和苏维埃国立农场的农村了，小的零细的私人经营差不多已经完全绝迹。田间工作的大部分已经机械化，因此生产力也已经提高。1935年间，苏维埃乌克兰的谷物总收获有10.17亿普特，每公顷的平均收获量有8.7肯脱尔（Quintal = 112磅）。虽则去年的天时很不好，但糖萝卜每公顷平均收获量达到了135肯脱尔。在畜养业方面也有很快的发展。去年间牛的头数增加了23.9%，小牛的头数增加43.7万头。猪的数目增加了59%，母猪的数目增加了61%。在1936年的计划中，预备把乌克兰的谷类的收获量增加30%，使糖萝卜的收获量增加53%（每公顷产207肯脱尔）。

在西部乌克兰，农民是在债务和税捐的重重压迫下。但是苏维埃的乌克兰，不仅免除了集体农场的许多税捐负担，而且连集体农场欠政府的债务（或是借的现款，或是赊购的机器农具和肥料等），都被勾销掉了。仅在1934年一年之内，在苏维埃乌克兰境内政府所取消的集体农场的债务便有8500万卢布。

随着物质生活之改善，农民的文化生活也发展了。在苏维埃乌克兰境内，所有学校都是用乌克兰的民族语言文字教授的。在这里没有一个乡村没有学校，如今在大多数的集体农场中，已经设立了自己的托儿所和幼稚园。在乡村中，文盲是早已扫除尽了。在以前帝俄统治时代的乌克兰农民和现今波兰帝国主义所统治下的西部乌克兰的农民，要到地主贵族的别庄和疗养院里去做个当差的都挨不到（地主贵族是不要粗野的种田人服侍的），若说是一个农民要想到这些地方来休养享福，那简直是说都说不上了（如果真有一个做这样的想头，那一定要被人疑心是疯子），但是如今苏联的乌克兰，所有以前的皇室贵族的行宫别墅和许多新起的建筑，都成了工农大众的疗养院和休养所。许多集体农场已经建立了自己的休养所；在这里享福的人就是以前想做当差的还挨不上的"粗人"。

这些"粗人"便是今天的苏维埃乌克兰的主人。工厂、矿山、铁道、土地、农场——总之，一切生产资料都是属于他们的。所以他们已经不是为资本家、地主劳动，而是为自己劳动着了。劳动已经不是生活所逼迫出来的、不得已而做的工作，而是成了生活中所不可缺少的运动，成了一种轻快的娱乐。所以，劳动的生产率也自然就增加起来了。

如今，风行苏联的斯达汉诺夫运动的发源地便是在乌克兰，斯达汉诺夫本人是乌克兰煤矿中的一个掘煤工人,他使每个掘煤工人的产煤量增加了十数倍。这运动中的另一位英雄便是乌克兰铁道的司机员克里望诺司,他使普通的货车上的机关车行驶得同客车一样快;这运动中再有一位女英雄叫玛利·台姆钦谷,便是乌克兰集体农场上的一个农妇,她用科学的方法使糖萝卜的产量打破了世界上的一切纪录。前面说的,1936年乌克兰糖萝卜产量增加53%的计划,大半便是以这位女英雄的经验为基础的。

波兰的《刚涅兹库峡甫司基》报上曾发表过一篇文章叫《苏维埃种植场上的空前纪录》,这文章中有一段写道:

"如果是一个熟练的工人,如铁匠、铜匠或车床匠等,能够把自己的劳动生产力增加两三倍,那还是可以想得明白的事情。因为这些熟练工人是有相当的基础的;他们有经验,有使用机器的技能,有以前在小学校里得到的知识等。但是如今在苏维埃的种植场上,有一个普通的农妇(她恐怕连自己的姓名都不曾会写得好)居然能够达到这样高的收获量——而且不是偶然达到的,而是有预定的计划的,是预先准备好的,——这简直是使人想不明白的事情了,是等于大讲山海经了。"

布尔乔亚氓的新闻记者没有了解两个世界的基本差别,因此也就不会了解这个新世界的成功的原因,他们只觉得这是山海经一般的事情而已。但是在不久的将来,他们会发现这种山海经一般的事实,已经是一种普遍的现象了。

在一个没有成见的人看来,这两个世界中的两个乌克兰的社会经济制度的优劣是显而易见的了。然而有许多旧时代的乌克兰的统治者,却宁愿拥护殖民地式的西部乌克兰,而死命地攻击苏联的乌克兰。他们在波兰政府的掩护下,组织了乌克兰共和国政府等傀儡机关,作为反苏联的大本营。他们说,莫斯科政府是赤色帝国主义,是殖民地侵略者。乌克兰民族民主党(法西斯党)的首领、现任波兰议会的副议长木特溜曾说过:

"赤色俄罗斯的衰落便是波兰的利益。自由的乌克兰、白俄罗斯、乔治亚（现译"格鲁吉亚"，下同）等之独立便是波兰的生命利益。"

原来他们是要为了波兰帝国主义的利益而使乌克兰、白俄罗斯、乔治亚等独立，换句话说，便是要这些民族都像现今的乌克兰一样，成为波兰的属地，成为小波兰。

读者或者要怀疑这些乌克兰的旧统治者是疯子，是甘心当亡国奴了。其实，甘心当亡国奴或者是有的，但是绝不曾发疯。他们对于自己的利害是看得很清楚的。读者要知道，今天的苏维埃乌克兰的繁荣，是劳动大众的繁荣；而不是地主、资本家的繁荣。在这里，他们的财产（工厂和土地）是被没收了，他们因为是剥削者而受到敌视。在这里，如果他们不愿像一个工人和农民一样劳动着，那么他们就得活活饿死，否则，便逃到巴黎、上海、哈尔滨等地当亡命之徒（白俄）。在他们看来，西部乌克兰当然是一个自由的王国了，因为这虽则是殖民地，但仍旧能够在波兰帝国主义的领导下，做一个剥削劳动大众的"二把手"。因此，在他们看来，莫斯科政府当然便成为殖民地侵略者，成为赤色帝国主义者了。

为什么要批评乡村改良主义工作[*]

《中国农村》编辑部最近接到读者许多来信，读者讨论或质问《中国农村》对于乡村改良主义运动（即所谓乡村改进运动或乡村建设运动）的批评。该刊编者认为这是一般读者都感兴趣的问题，所以决定在《中国农村》上发表一篇文章，对这问题做一个全面解释，但是编者自己没有工夫写，他要我来做这工作。我对这问题很感兴趣，所以就接受了编者的要求。这篇文章就是我个人认为站在正确的科学的立场对于乡村改良主义运动应取的态度。这当然不是代表《中国农村》的正式意见，但是我认为《中国农村》编者和一般站在正确的科学的立场上的读者都是同意这种主张的。

我把那些读者给《中国农村》编者的信统统读完之后，觉得他们的意见大致可以总括为下列几种：

第一种意见认为《中国农村》和乡村改良主义运动者对于今日中国农村问题的见解以及对于这问题所提出的解决方法，虽则各不相同，然而大家都是为了改造今日的这个黑暗势力下的破产的农村而努力，即都是为农民大众谋福利而努力，因此双方的宗旨是相同的。双方所走道路虽不同，但正可相扶而行，不必互相倾轧，以削弱农村改造者的力量。况且乡村改良主义者的意见虽不彻底，但比目前的农村终是进一步，站在这观点上，对于乡村

---

[*] 本文原载《中国农村》，1936，2（5）。

改良主义运动更不必去批评它，让它去发展好了。发表这种意见的人大概是同情《中国农村》的主张的人。

第二种意见大概是根本就不赞成《中国农村》的主张的，他们认为一般批评乡村改良主义运动的人——尤其是《中国农村》——只是破坏者，而不是建设者；是空谈家而不是实干家。这种人的代表意见便是："他们住在上海，摇摇笔，说风凉话，挖苦人，叫大家笑俺们；不出力，不出汗；拖他们来俺们这里干干看！"

此外还有第三种意见——不，这与其说是意见，毋宁说是要求——许多做过了多年乡村改良主义工作，碰了不少次壁，因《中国农村》和其他刊物之批评，而对于自己向来所走的路发生了怀疑的人们，现今正在彷徨中，在十字路路口观望着，他们向《中国农村》问讯，要后者指示他们方向。有一位读者说："事实证明了你们——《中国农村》——的意见是正确的，证明了我们的主义是破产了。这对于我们当然是很伤心的，然而这没有什么，走错了路只要马上改正就好了；不幸的是：我们不知道去向。你们说，这么不行，那么不行，然而你们的主张是什么呢？你们的出路在哪里呢？总不能叫我们一个个抛弃了乡村的工作，跑回家去享福呀！"

最后第四种意见便是规劝《中国农村》作者批评乡村改良主义运动的时候，不要过于尖刻，不要用讽刺、调侃甚至谩骂的笔调，以免激起被批评者的反感。

首先，我们应该认清，我们不能把批评乡村改良主义运动看作是同行嫉妒式的"互相倾轧"，而应该把这种批评看作是一种原则上的论争，是改造中国农村的两条不同的路线的斗争。

在许多乡村改良主义者看来，中国农村的病源是"愚""穷"

"弱""私"(定县平教会主张)❶,或者是把这四个方块字换个写法,颠倒一下次序,改为:"贫""愚""弱""散"(中华职教社主张),或者说中国农村之崩溃,是由于固有的礼教精华之衰退(邹平乡村建设学院主张)。改良主义运动的实际工作大概可以分下列几个方面:(1)从教育农民着手;(2)从改良农业技术、提高农家收入着手;(3)从组织乡村自治着手。

一切乡村改良主义运动不论它们的实际工作从哪一方面着手,但是都有一个共有的特征,即都以承认现存的社会政治机构为先决条件,对于阻碍中国农村,以致阻碍整个中国社会发展的帝国主义侵略和封建残余势力之统治,是秋毫无犯的。当然,天天在帝国主义商品倾销和炮弹枪刺下面讨生活的殖民地奴隶——哪怕他是所谓高等华人之流,但只要他不是甘心做走狗的汉奸——绝不会麻木到看不出帝国主义侵略对于中国整个社会发展的压迫作用;然而我们的改良主义者总认为这不是主要的问题,例如改良主义运动的有力的代表者梁漱溟先生说:"外国侵略虽为患,而所患不在外国侵略,使有秩序则社会生活顺利进行,自身有力量可以御外也。"梁先生也知道中国农村经济之破产,然而他说:"民穷财尽虽可忧,而所忧不在民穷财尽,使有秩序则社会生活顺利进行,生息长养不难,日有起功也。"❷

改良主义运动者也不会闭着眼睛不承认军阀内战对于农村的

---

❶ 关于"愚、穷、弱、私"的批评,请参阅《中国农村》第2卷第2期介绍、批评栏倪江先生的《农村改进与实际》和新知书店出版的《中国乡村建设批判》中关于定县一部分。但是我觉得以"私"这个罪名加之于农民身上未免太刻薄了一些。数千年来农民们以自己的血汗为统治者建筑了他们的锦绣河山的基础,试问世界上哪里还有比这更利他主义的牺牲精神呢!然而如今大概是因为我们的农民不肯再多出一个铜板去建立什么学校或医院,以供我们的教授学者做乡村建设的装饰品的缘故,于是这些先生们就给了他们一个"私"的罪,这真是太不公平了。

❷ 见《乡村建设理论提纲》,文中重点号系本文作者所加。

破坏作用的，例如章元善先生曾承认，改良主义运动的"一点小小成绩——代表平教会多年的经营——是经不起大兵们一天的光临的"；改良主义者也曾感觉到地主、高利贷者、土豪、乡绅们对于农民们的苛刻剥削，然而他们都以为只要有一个好政府出现，就会把这些乡村发展的障碍连根除去的，他们是把铲除封建残余势力的责任交给"青天大老爷"了。❶

所以，在改良主义者看来，帝国主义者的侵略和封建残余势力之统治都不是他们的斗争对象；而他们所努力的是：怎样来恢复并巩固这个破坏了的社会秩序——引入帝国主义侵略；产生半封建剥削，造成今日农村破产的那个社会秩序！因此，改良主义者的唯一的政治"运动"，就是联络"青天大老爷"式的政治军事领袖，使他们的大兵不要在一天之内就吞光了自己多年经营的成绩。而当如今我们的友邦要来直接统治华北的时候，我们的改良主义运动者也在所患"不在外国侵略"的观点下，而准备向我们的堪察加❷撤退了（听说去年华北问题紧张时，已有一部分改良主义运动者派员到广西去活动了，大概是先去布置"后方"的吧）。

然而批评乡村改良主义运动的人们说：中国农村的病症不在"贫""愚""弱""私"等，而在帝国主义侵略和封建残余势力的统治。如果帝国主义侵略不被打倒，封建残余势力不被铲除，那么教育也决不能发达，生产也绝不会发展的。

这里是两种显然不同的主张，这两种主张的相互论争，当然不是无原则的互相倾轧，而是两种路线的斗争。我们且不说恢复

---

❶ 见熊佛西先生在《新中华》上发表的一篇农村剧本《屠户》。

❷ 堪察加：苏联最大的半岛，地处亚洲东北部，沙皇政府于1697—1698年间占领时尚处于氏族社会，岛上土人称堪察加人。18世纪40年代白令和契里可夫率探险队在第二次探索美洲海岸的归途中遇险，曾撤退到此。这里借指后方基地。

并巩固现存的社会秩序跟否定这社会秩序是两种截然不同的主义;即以对于发展教育和改良技术、提高农业生产的见解而言,这里也存在两种根本相反的主张。

当然,没有一个批评乡村改良主义运动的人曾经绝对否认过教育和技术的意义;反之,他们是非常看重技术和教育的意义的。不过他们认为在现存社会秩序下,教育和技术是不能发展的。退一步说,即使农民们识得字,能够读书看报了,也不能解除他们的痛苦;即使农民们能够相当改良技术,使农民的每亩田能够多产一石谷,多结几十斤棉花了,然而帝国主义的一场倾销,就可以使你的农产物跌去一半价钱,两次兵差一派,就可以吞食了你的全部收入。所以要发展教育和改良技术,就应该从铲除那些阻碍教育发展和技术改良的原因——帝国主义侵略和封建残余势力——着手,这才是真正爱护教育、真正提倡技术和奖励生产的办法。

为什么要批评乡村改良主义工作

这里有一个很适当的譬喻,虽则是粗俗些,有伤绅士们的体面。譬如,有一个病入膏肓的梅毒患者,以现代医学知识的观点来说,要救他的性命,只有去请医生对他注射"六〇六"针;然而如今他的一位好意的家族说,现在病人有些伤风,先吃些阿司匹林,止了伤风再说吧;过了几天又说,现在病人太弱了,怕受不起打针的痛苦,倒不如让他吃些补药,把他身体养好一些再说吧。这样一天一天挨下去就可以把这位病人送上鬼门关。

如今中国农村,难道不等于这位病入膏肓的梅毒患者?而我们的改良主义者所提出的教育、技术等救命剂,难道就不等于那位好意的家族所给的阿司匹林和补药?我们不否认教育技术,也等于不否认阿司匹林对于医治伤风的效力和补药对于虚弱者的好处,然而梅毒病患者所最迫切的是"六〇六"针;而今日中国农村所需要的是推翻帝国主义侵略和铲除封建残余势力的统治。以阿司匹林和补药去代替"六〇六"针的人,是因"好意"而断送了梅毒病患者的性命；以教育和技术来代替政治解放的人，也可以这样"好意地"阻止了中国农民大众的解放之路。

当然，许多从事乡村改良主义运动的工作人员的精神是可以佩服的，他们抛弃了都市的享乐，而到农村中去做那些艰苦工作；在他们的主观方面，或者以为他们所做的工作确实是足以拯救中国农村之崩溃的（当然，在改良主义者中间有不少是把乡村工作当作进身之路，当作自己的吃饭的地方，不过这种人更不值得我们批评，我们可把他们丢开不谈）。然而他们的主观方面的好意，绝不能掩饰他们的工作在客观上的开倒车作用。例如世界闻名的文学家和思想家托尔斯泰，以帝俄时代的一等富豪的贵族地位，而肯舍弃了他的一切物质享受，到民间去服务，终以一个衣衫褴褛的乞丐的形象，以82岁年龄病死在一个小车站上。对于这样的人，在个人人格道德上，是没有可以被人指摘的了；然而他的麻醉人民的、无抵抗主义的新宗教，仍不能因此而不被先进的革命思想家批评为工人运动中的思想上的蛀虫。而且我们应该认为这种批评是十二分的公正的。

其次，我们就要谈到批评工作的破坏性问题。不差，对于改良主义运动的批评，就它的本身看来是消极的，也可以说是破坏性的，但绝不是说风凉话，更不是以挖苦人家作为开心的行为。在某种场合下，破坏工作是必要的，它的价值比了没有根底的建设工作高过万倍。当无数诚挚热烈的乡村工作青年，在各种改良主义的麻醉下，以平民识字课本、改良麦种、改良农具作钓饵去吸引农民，以自治、保甲、民团等新的桎梏去束缚农民的解放斗争的时候，一篇批评和揭露改良主义运动的文章，其意义必然是在任何改良主义的建设工作之上。因为一篇正确的批评文章，至少可以推动若干乡村工作青年对于他们改良主义运动做一次反省；可以为农村大众指示出一条正确的大路。

当然，我们并不是看轻了一切乡村实际工作，反之，我们是十二分看重这个工作,而且看重参加实际工作的人员。关于这一层,我们留到末了一节还要说到的。但是我们也不赞成看轻"摇笔杆"的工作即理论研究工作。事实上,据我所知道的,如今批评改良主义运动的作者,有许多是从乡村实际工作中"混"过来的人,在以后我们也更希望在上海"摇笔杆"的人们,再回到乡村去,常与乡村实际工作发生联系。同时,我们也希望参加实际工作的人,也不要太迷信一切实际工作,应该对于自己的工作时时做些反省。

在这里,我们就可以来回答那些彷徨中的乡村工作人员的问题了。他们向批评改良主义运动的人说:"你们的主张是什么呢?你们的出路在哪里呢?"

亲爱的读者!请不要慌,出路是有的。任何反面的批评不能在正面提出一个积极的主张,指出一条应走的道路,那么这个批评一定是空无根据的。批评乡村改良主义运动的作者们指出:促成中国农村破产的主要因素便是帝国主义侵略和封建残余势力之统治;所以这个分析进一步的结论——即正面的出路——就是:要挽救中国农村之崩溃,并建立农村改造的必要前提,必定先要铲除这两种因素。作者和编者因为不愿意他们的刊物夭折,所以对于怎样去铲除这两种因素的问题,不能向读者再做进一步的更明白的指示;对于这一层每个爱护刊物的读者当然应该谅解的。

许多乡村工作青年问道:改良主义的乡村工作既然是没有意义的,那么我们做什么呢?"总不能叫我们一个个抛弃乡村的工作,跑回家去享福呀!"当然不是!你们非但不应该抛弃你们原有的工作,而且应该加紧地去做这工作。

在改良主义的领导下,一切乡村组织的任务是在维持、复兴并巩固旧的社会秩序;即维持、复兴并巩固帝国主义侵略和封建势力的经济体系。所以这种组织是反动性质的。反之,觉悟的乡村工作青年如果能够把这种组织,用去做反帝反封建的斗争,那么这种组织的意义当然就完全不同了，同样，改良主义的教育工作和提倡技术运动，是麻醉群众的一种工具。反之，在反帝反封建斗争中，农民多识一个字，就足以多促成他们的一份斗争觉悟；多收一升谷，就足以多增加他们的一份战斗实力；而更重要的是：识字运动和技术指导等工作，是可以帮助先进的乡村工作青年接近广大的农民大众的。站在这意义上，乡村工作才能获得它的前进的意义。我们希望每个前进的乡村工作人员，都能够以全部精力，来做这种先进意义的乡村实际工作。

最后，我们来说一说批评的态度问题。在文字上，用漫骂的方法去攻击人家，那是最下流而低能的手段，只是在自己缺乏了理由的时候，才会用这种办法。据我所知道的，在批评乡村改良主义的一切文字中——不论在《中国农村》上也好，抑或是其他刊物上也好——都不曾发现过这种现象。不过批评的文字有时太尖刻些倒是不可否认的事实。关于这一点，我们应从两方面来说：在批评者一方面，为要使自己的批评能够对于对方发生效力，且不使后者发生反感，当然能够尽量避免这种字句最好。但是在被批评者一方面说来，又应该做另一种看法：如果人家的批评是不以事实为根据的，那么你尽可一笑置之好了；如果人家的批评真是碰着了你的"痛脚"，那么你也不必因此动气；反之，你应该下定决心把你的"痛脚"医治好。这里用得着背我们礼义之邦的古训："良药苦口利于病，忠言逆耳利于行。"

要不要读农科、以科学方法经营农业以其盈余从事农村改良运动的计划能否成功、怎样实地去工作[*]

答 复

本侃先生：

接读来信，知道《中国农村》能够帮助你认识了"农村问题的本质，一些学者的误解及农村复兴的基本条件"，这是使我们非常高兴的。这至少足以证明：一年来《中国农村》在这一方面的努力是没有白费心血。你的来信更推动我们向这一方面加紧努力；因为我们相信，到今日为止，对于上述几项问题未曾认识清楚的人还是很多的。

现在我们来答复你所问的问题。

1. 农科是不是需要读？读了有没有用？我们的答复是：农科可以读，读了是有用的，不过看你是从什么观点上来说。我们反对科学（农学在内）救国或科学工作者万能的主张；但是我们不反对科学本身。我们知道今日中国社会的病症是在帝国主义列强的侵略和封建残余势力之压迫。这两个病症未除去，非但中国不得救，即科学也不得发达的（当然，中国社会问题真正要彻底解决，只有在完全废除资本主义之后，不过在现阶段上，当前的任

---

[*] 原载《中国农村》1936，2（5），"通迅讨论"栏目，第85—90页。署名通讯讨论组，经考证为孙冶方执笔。

务是铲除帝国主义和封建残余的势力。同样科学之真正的自由发展也只有在资本主义废除以后）。科学本身既是需要被救，当然不能拿它来救国或救社会。所以我们非但不反对科学，而且是真正爱护科学的。我们是为科学谋自由发展的大道。

以上是我们对于科学的一般的态度，如今我们再来谈，为什么我们说，农科是可以读的，读了是有用的道理。当然一个思想比较清楚的青年，即是说能够看清现社会的病症的青年，为要进一步地去认识社会，了解现社会的产生，发展以至于死亡的道路，最好是去研究社会科学，或是农村经济。但是诚如来信所说的，现在的农村经济系以至于一般的社会科学系都是吹捧资本主义（甚至是吹捧帝国主义和封建制度）的歌功颂德的地方。你如果读了这种学科，非但不能帮助你认识问题，甚至反而使你对于问题更加糊涂了。因此在目前的状况下，如果要想研究社会科学只有靠自修，和实际生活中的认识。但自修并不是闭户读书，与社会断绝一切关系的意思。有社会职业的人固然可以同时自修社会科学，就是读别的科学的学生同时也可以自己研究社会科学。你的家庭经济地位既然不迫着你到社会上去找饭吃，你就仅可以利用这种难得的机会去读书（在今日的中国，能够在大学读书的恐怕要数千人中才能轮到一个人）。你的性情既然与农村相近，那么当然以读农业学最为适当了。你问读了有什么用处。我们可以约略地举出下列几点：①自然科学和社会科学是互相补足的学问。学自然科学的人读些社会科学的书籍固然可以帮助他去认识社会的以至于整个宇宙的现象，同时学社会科学的人如果不知道自然科学，那么他的社会科学一定也是学不好的。高深的哲学和经济学理论往往是利用化学和数学的公式来说明的。现在一般大学中所授的自然科学，以现代的科学发展的水平来说，只不过是一个普通人所应具的常识而已。所以研究自然科学在某种意义上说：正是对于研究社会科学的一种准备工作而已。如果在社会科学中，你所最感兴趣的是农村经济学，那么你在自然科学中选读农业学是最适宜没有了。因为农业学上有许多知识（如土壤学，作物学等）是直接可以帮助你了解农村经济的。②科学虽然解决不了今日的社会问题，农业学也解决不了今日的农村问题，而且农民也没有资本可以完全依照科学的方法来经营生产；但是某几种小规模的科学的改良工作（如除害虫，改良种子等）在目前的条件下还是可以（局部地）实施的。你学了农学以后，就可以把这最经济的科学改良办法告诉给农民。这些改良办法实施之后，对于今日中国农村的根本问题虽然仍旧不能解决，但对农民的日常生活未必没有小小的帮助。正因为如此，你就可以利用你的农业学的知识作为接近农民的工具；使你可以为农民大众，作进一步的较有意识的工作。③科学在今日是不能自由发展的，而且就是发展了，也解决不了社会的根本问题。科学在资本主义各国只为地主资本家增进了收入；它给予劳动大众的只是失业、贫困和高度的剥削而已。在一个新的社会中，科学将从资本家地主的剥削工具而变为替全人类增进幸福的工具。我们相信这样的新社会是就快到来的。在现在研究科学的人，正可以准备着把自己所学的知识，贡献给这新社会。这便是你现在可以读农业的第三点用途。

　　末了，为避免对于上面的话发生误解起见，我们特别在这时再声明一句：我们赞成你入农科而且指出上述几点用途。但是我们并不是主张科学万能，也没有说一定要读了自然科学以后，才可以研究社会科学，因此也没有劝每一个青年都跑到大学的实验室里去，埋头于科学研究。如果有一个伟大而迫切的工作摆在每个中国人的面前，这便是反对帝国主义和反对封建残余的运动。就是我们研究社会科学也只有站在这个立场上，而与这运动的实际联系起来之后才有意义。但是如果每个学生离开了自己的学校，每个有职业的人离开了他的职业团体，那么这个重大的工作

要不要读农科、以科学方法经营农业以其盈余从事农村改良运动的计划能否成功、怎样实地去工作

或者反而无从着手进行了。

2. 对于你问的第二个问题我们应该分成两部分来答复。第一是农场本身能否发展的问题，第二是发展以后，把赚到的钱去从事乡村改良工作能否成功的问题。如今先来讲问题的第一部分。我们觉得在目前中国所处的社会经济条件下，你的选择计划——用科学方法经营农业的计划——十之八九是要失败的。其实，你的计划便是一个十足的资本主义的经营方式，所以你的计划如果能够实现，那么中国的农村早就资本主义化了。至于资本主义经营在中国农村中所以不能发展的原因，那就是外国帝国主义的侵略和本国的半封建的社会经济机构（来信中所谓政治机构的不健全这句话是有语病的，因健全不健全普通系指人的问题而言，但这里是根本的制度问题）。但我们为什么只说十之八九要失败，而不是说十分之十要失败呢？这颇像滑头话，但事实是如此，我们也只能如此说了。科学的分析只能决定一个一般的定律，但不能决定每个具体的事实。在经济危机的时候，也会有新的企业创立；同样，在农村崩溃的半殖民地有时也会有"资本主义式的"农场出现（甚至可以赚钱）。用科学方法去经营农业计划所以不会使你完全断念或许也就是这原因吧。但是第一这些偶一"成功的"幸运儿为数甚少，在整个农村中，其地位固然等于大海中的一滴水而已；第二这些幸运儿大半都是偶然的机会造成的，主要是一时的农产品的涨价所造成的，因此"成功的"明日就是惨败的开始（这种一时"成功的"资本主义农场都是产生在商品作物的部门，如果园，除虫菊，养鸡采桑等。这就是我们这种意见的最好证明）。第三，这种农场的基础不是建造在高度的技术上，而是建立在高度的劳动剥削上（这些农场的规模总是很小的）。照来信所言，你有田200多亩。这大概是普通的稻田，能否改种有利可图的商品作物是问题。但即使可以改造，可是这样大规模地去栽种商品作物，是否可以找到一个适当的作物又是一个问题。再有，你是抱着援助农民的宗旨到乡村里去种田的，想来未必具有剥削雇农的专长。你所有的唯一的"法宝"，即所谓"科学方法"，在事实上对于你的计划未必有什么帮助。你不要以为今日中国的地主和富农都是不懂得科学方法。他们的子弟很多是镀过金的农学博士。他们把自己的子弟送到外国去读书的时候，又何曾不抱有同你相像的复兴农村的大计，但是他们的计划都是失败的。事实上，只要有利可图的时候，就是地主富农自己不懂科学的时候，也尽可请人来管理（失业的农学博士多着呢）。在无利可图的时候，地主就是自己做了农学博士，至多也只好到大学里去当教授，否则他的农学也永远不得用了。我们还可以告诉你一个事实：一两年前，曾有许多大资本家（且在政府机关直接间接的支持下）到江北盐垦区去垦田，他们建立有大规模的公司，有雄厚的资本，请有农学专家，购有最新式的农业机器。但是结果他们仍旧失败了。所以你的科学方法种田的计划既没有一个可靠的基础，却有一个重大的缺点——不会剥削雇农（在这一点上你无论如何赶不上一般地主富农的本领）。因此你的计划若由一般地主富农来实施有十之八九要失败，即十之一二尚可成功，但由你来实施恐怕是十分之十要失败的。

另外，我们再来说，既然你的科学种田的计划能够成功，使你能够赚了钱去从事农民的训练和教育，那么这种工作能否成功。对于这问题你自己在这里面已经答复了，即"假使农村破产的主要根苗未曾拔去的时候，农村复苏简直毫无希望的"，因而你的训练和教育如果是直接或间接地去帮助铲除这"根苗"的，那么你所有的人才和资金即使不如定县、邹平、无锡等，可是你的工作是有意义的，而且是有前途的；否则即使你的人才和资金能胜过它们，但你的工作的意义也只在于维持这个帝国主义侵略下的半封建的社会经济机构而已。最后你不要以为定县、邹平、无锡等是没有成功。我们觉得在今日中国社会的具体条件上，改

良主义的基础根本就是很薄弱的,然而它们能够造成了社会上一般人对于农村复兴的幻梦,这站在他们的立场上不能不说是相当成功了。

3. 第三个问题就是:"当一个青年决意要跑到农村去服务,他最先的工作是什么呢"?即"怎样实地去工作呢"?对于这问题,我们在这里只能简单地答复你。

在你个人,对于今日中国农村所以崩溃的原因是已经知道的;但是在乡村中,以至于都市中、学校里,对于这原因未曾知道清楚的人,还是很多。因此你随时随地就可以同他们讨论这一类的问题,使他们明白今日中国农村所以崩溃的原因,不在农民不识字,不在于没有机器和农业博士,也不在没有资本,而在于帝国主义侵略和半封建的社会经济机构。这种工作是任何时期以内都可以做到的。

来信说,"佃农和地主的斗争是不可避免的,而真理是常常在前者一面的。然而假使你这样去宣传简直是不可能的……"宣传是"不可能",但不可避免的斗争,是天天在实行着。可见这不是不可能,而是你的宣传没有能够同他们的实际斗争技巧地联合起来。"怎样去工作"的问题就应该在这一点上想解决的办法。

不知不觉地写了这么许多。我们再会吧!

通信讨论组

来 信

编辑先生:

我是从农村中跑出来的,既定的宗旨仍想跑回农村去,当然平时特别注意关于复兴农村的文字。《中国农村》便成了我的好友,不,良师。从每月薄薄的这一本杂志里,我得到很多的启示,我明白了关于农村问题的本质,一般学者的误解及复兴农村的基本条件。可是就因为这样,我更加烦闷。

现在我是普通科高中三年级学生,今年暑假毕业。毕业后,想考农学院的"农艺系"。(我明白什么农村经济系都是镀过金的学者们竭力吹捧资本主义,希望能延长其生命的所在)农科毕业后,想回家去用"科学方法"种田(大概有200亩田可种,并且在一块地方)。以其盈余从事农民的训练与教育。就是没有盈余能糊口也就算了。

然而,读了一年多的《中国农村》,我这种理想全部动摇了。我明白了帝国主义的侵略及政治机构的不健全是农村崩溃的主要原因。假使这根苗不能尽量拔去,那农村复苏是毫无希望的。同样,定县、邹平、无锡等,有这样多的人才,这样巨大的资金,还维持不了农民的生计!那么,当一个青年决意要跑到农村去服务,他最先的实际工作是什么呢?

佃农和地主的斗争是不可避免的,而真理是常常站在前者的一面,然而假使你这样去宣传,简直是不可能——并不是没有勇气。

总结起来:

1. 农科是不是需要读?读了有没有用?
2. 照我上述情形能否发展?
3. 怎样实地去工作?

要不要读农科、以科学方法经营农业以其盈余从事农村改良运动的计划能否成功、怎样实地去工作

刘本侃启

为什么一般人会鄙视乡村工作人员

答 复

铨堂先生：

先生来信问：一般社会人士甚至乡下农民都鄙视乡村服务人员，我们应如何纠正之？

这里所讲社会上一般鄙视乡村服务人员的人士，当然便是指地主，资本家，商人官僚，以至教授、学者等绅士先生们。这些人们的生活虽则直接间接地都是农民大众的血汗造成的，但是他们都鄙视农民大众以及一般的体力劳动者。他们把这些人都叫作"粗人"，认为应该"治于人"的，他们因此也就鄙视——至少是轻视——乡村服务人员，他们觉得一个读书人（所谓文人），不去做"治人"的职业，而去同那些被"治于人"的粗人们为伍，那是太没出息了。

然而，农民大众自己为什么会鄙视乡村工作人员呢？其实说农民大众鄙视乡村工作人员是有些冤枉的，他们是最被剥削，最被鄙视的人们，他们决不再会鄙视别人了。但是他们对于乡村工作人员时常抱一种怀疑的态度，却是事实。造成他们这种怀疑心理的原因有两种：第一，实际生活造成了农民对于"治人"的

---

* 原载《中国农村》1936，2（5），"通讯讨论"栏目，第90—92页。署名通讯讨论组，经考证为孙冶方执笔。

（即榨取者）和"治于人"的（即被榨取者）这两种人物的敏锐的辨别力。他们从过去和现在的经验中知道，凡是穿着长衫或什么装的先生们（所谓读书人），跑到乡村里去，决不是送些什么给农民的人，而是向农民们要些什么来的人（即增加他们负担的人）。收租的地主，讨账的债主，收钱粮的税吏，派兵差的武装同志……在农民们看来，固然比阎罗王还可怕，就是农村调查员，土地丈量员以至于学堂里的教书先生们也引不来他们的好感。调查和丈量可以使他们联想到田赋税捐之增加，教书先生可以使他们记忆起每一亩田、每一只鸡，以至于每一个蛋所负担的教育捐（在有些地方的教育经费都以乡村中的各种苛捐杂税为来源的，但是这些经费所办的学校对于农民子弟是没有份的）。上面所说的这些人都是出现于乡村中的唯一穿长衫或什么装的读书人，因此他们就对于一切外来的读书人都抱着一种"敬而远之"的态度。这就是先生来信中所说的"鄙视"态度了。

为什么一般人会鄙视乡村工作人员

现在一般乡村工作人员所以不能受农民欢迎的第二个原因就是他们没有了解农村破产的真正原因，没有看清农民苦痛的来源。事实上，破产的原因和苦痛的来源是在于帝国主义侵略和半封建的剥削，具体些说，在于外贸倾销，使手工业破产，在于民族工业不发展不能容纳乡村的过剩人口，在于苛捐杂税，兵差，高利贷，和半封建的地租等过分的负担侵蚀了农民的全部剩余生产品以至于他们的必需劳动资料，使他们不能发展生产，甚至要紧缩生产。但一般乡村工作者不能看到这些，他们认为中国农村经济破产的原因是在于科学不发达，技术落后，农民缺乏组织和教育等。因此他们劝农民买机器购肥料，要他们进补习班，办保甲自治等；他们没有了解，乡村中科学所以不发达，技术所以落后，以及农民所以缺乏组织和教育不完全是上述帝国主义侵略和半封建剥削的结果，所以他们对于问题的认识，完全是把结果当成了原因。他们没有了解在帝国主义未被打倒，封建势力未被铲除之前，农民是不会有钱去购买机器肥料，不会有工夫去讲究教育的。他们没有了解在现今的社会条件下去办保甲自治，是为维持现制度（即维持农村破产和农民痛苦）而努力。因此今日许多乡村工作人员的"乡村工作"即所谓"到乡村服务，指导农民"——在实际上对于解决农村问题只是隔靴搔痒而已；而在客观上，今日所谓乡村建设运动只是统治者——尤其是地主们——为维持现制度而发动的一种自救运动而已。因此这一运动和这一运动的执行者——乡村工作青年——当然不会受农民的欢迎了（固然这运动在客观上是维持现制度的，是为帝国主义侵略和封建剥削做辩护的，所以它也许会受到觉悟农民之鄙视）。站在这一点上说，乡村工作人员要"纠正"农民们对他们的"鄙视"，先应该把自己对于农村问题的认识纠正过来以后才有办法。

通讯讨论组

来　信

敬启者：于今夏毕业后，深愿到乡村服务，指导乡民，但见以往之农村工作人员因受乡人鄙视……皆以乡村为畏途，多半往城市服务，于是乡村之一切改进工作皆不能进行（农人无知，尚是例外，然社会上一般人士皆鄙视乡村工作人员，是何缘故）。我等对于此种社会错误观念应如何纠正之，望示知！

河南商邱农村学校于铨堂启

关于"为什么要批评乡村改良工作"

答 复

丽丽先生：

我们对于来信所提到的各点逐一答复如下：

（1）"倘使这几年根本没有乡村建设，中国农村的破乱不是更不堪设想了吗？"这句话是先生在"心里苦闷时用以安慰自己的"说话。照来信所说你大概并不认为这句话可靠，不过既然如此，就不应该用这种话来安慰——欺骗自己。但是如果反转来又说？"倘使中国这几年来根本没有乡村建设的理论及工作，社会的进化也许早实现了，"那又是太过分的说话。

中国的"破乱"不曾因乡村建设而减少，而且日益加深扩大起来。另一方面改良主义的"建设"工作在客观上是模糊了农民大众的反帝反封建的意识，在某种限度以内确是阻止了社会的进化。但因此说这几年来"社会进化之未能具体实现"——事实上是开倒车——完全是改良主义的乡村建设之赐，那又是太独大了中国改良主义运动的力量。阻止中国社会进化的是帝国主义封建残余和买办资本的反动团结的统治；在这统治中，改良主义不过是站在"帮闲"者的地位而已。

---

* 原载《中国农村》，1936，2（6），"通迅讨论"栏目，第87—92页，署名通讯讨论组，经考证为孙冶方执笔。

(2) 乡村建设工作决不是今日中国的一种"最重要的和最基本的工作，"如来信所说的一样。这工作也不能与其他各种工作——指反帝反封建工作——取得"同时并进的"地位。为了中国各民族的生存，为了建立社会进化的前提，在今日只有一件（注意，只有一件！）工作是重要的，这就是对外抵抗帝国主义侵略，对内铲除封建买办资本的反动的"神圣同盟"。在这任务未完成之前，一切"建设"都是空的。谁要把枝枝节节的问题来模糊这观念，在客观上谁就是分散了人民大众的战斗力，就是帮助了敌人。

乡村建设者不曾"训导民众退让，作汉奸，作亡国奴"，但是他们的改良主义的领袖们要用识字运动，改良技术运动，合作运动等来代替反帝反封建运动。在作战时，劝士兵们降敌固然是奸细，但是在火线上，在战壕里去同士兵谈卫生，讲学问，其动机也很可使人怀疑的。何况我们的改良主义的领袖公开声明"所患不在外国侵略"，要求从反帝的前线把我们的实力撤回来以维持旧有的社会秩序（梁漱溟先生说："所患不在外国侵略，使有秩序则……"）呢？

(3) 抗敌的最后的，最有效的方法当然是在武装斗争，但决不仅以武装斗争为限。政府，军队，军事长官等当然是直接负领导并实行武装斗争的责任的，但这并不是说其他人民就可以把这事情完全抛开不管。在寻常的战争中，前线和后方是容易分别的，但是在殖民地的人民大众反帝战争中，这就不容易分辨了。如今敌人已经侵入了我们的腹地，为敌人服务的不仅有敌人的军队，而且有我们的"同胞"们组成的别动队和傀儡组织等。这时候素以民众导师自称的乡村建设者，应当如何激发民众的反帝情绪，组织强大的民众救亡团体，来同帝国主义和汉奸们相抗争！更何况在应负抗敌之责的人又放弃了他们的责任的时候，我们还要在"后方"安心于"技术改良及教育工作"或制造军需，而把抗敌救亡的工作交给"前方"的不抵抗者，那真是苟且偷安的遁词了。

（4）来信说，"乡村建设者对反帝的工作也只好尽于此了"，我们从来信中没有看懂到底尽在什么地方。若说因为"外货倾销是农民经济生活的低落，走私的猖獗，知识的不足，鉴别力的薄弱四种原因造成的"，所以认为乡村建设工作者的技术改良工作和教育工作足以铲除这四种原因，就是尽了反帝工作的责任，那简直又是自欺欺人的话了。外货倾销的根本原因究竟是在什么地方呢？不叫民众去消灭这种基本原因——帝国主义侵略——而叫他们来努力做技术改良和教育工作；这不是反而削弱了反帝的应有的力量吗？

自己既然知道希望放弃责任的人去抗敌，是农民们的一种糊涂的"痴望"，然而又不能本"天下兴亡，匹夫有责"的古训，领导农民起来负起自己身上的一部分责任，那已经是不应该了。若是更进一步而向农民们说鬼话，叫他们去永远"痴望"着，那简直是帮敌人汉奸来欺骗人民了。如果不把千百万大众动员起来，组织起来，难道就算是准备好了抗敌工作吗？把抗敌工作缩小到"前线"的武装斗争，和制造枪炮等狭窄的范围以内，因而把这工作交托给军队和兵工厂，自己躲在后方做技术改良和教育工作，实际就是自己放弃了随时随地都可以执行的广大的反帝工作——大众的宣传组织工作！

（5）封建残余既然是"乡村建设者的要命的敌人"，那么我们就应该以全力去和这些敌人奋斗。决不能因为"整个社会"（其实是社会金字塔的最上层）在"收容封建势力，拉拢封建势力"而就跟着屈服。我们相信，反帝反封建是中国数万万人民的唯一的生路；所以真正能够反帝反封建的，首先还是被侵略和被剥削的人民自己。乡村建设者在平时口口声声"领导民众"，到了这种紧急关头，有何理由把这责任推到人家头上去呢？"当初痛喊打倒帝国主义,现在纵容帝国主义进攻中国……当初痛喊打倒土豪劣绅,现在又勾结封建残余势力",这种事实只加重了乡村建设者在反帝反封建的斗争中所应负的责任,绝不能够把它作为怠工的借口。

来信所说的帝国主义和封建势力以外的元凶,不知究竟是指什么。因此关于这点,我们也就无法答复。

通讯讨论组复
5月24日

来　信

编者先生：

读《中国农村》第二卷第五期孙君"为什么要批评乡村改良工作"一文,无任钦佩,惟心中似不免仍有怀疑,特奉函请教如下：

孙先生所提各点,我均认为是很对的。我是一个作乡村建设工作的小小人员,追随乡建先进办理农村工作已有两年之久。我自己对于现在的乡村建设成绩,并不认为满意,对于乡村建设的各种理论,也均加以怀疑。我承认站在某种立场上来批评,乡村建设的改良主义者的确是极端的反动者,其罪恶不下于……。而我自己,一方面因为胆量小,一方面因身家之累,不能去做彻底的工作,只好侧身混在乡建界里挣饭吃,做心中不赞成的工作。内心的痛苦无时无刻不在我心纠缠。

我对乡村建设工作,也常这样想："反正有比没有强,中国做了十余年的乡村建设工作,固不曾有什么具体的成绩,但多少总还比零强一点。倘使这几年根本没有乡村建设,中国农村的破乱不是更不堪设想了吗？"以上是我个人常于心里苦闷时,用以安慰自己的思想。但同时，我也明白：倘使中国这些年根本没有乡村建设的理论和工作，社会的进化也许早具体地实现了。我自己心中的矛盾，您由这里可以看出。

不过我对于孙先生提乡村建设工作不反帝及反封建残余二点，却有一点意见。乡村建设并不是挽救中国的唯一工作。乡村建设者并不曾主张全国放下一切工作来做乡村工作；不过仅认为乡村工作是各种工作中最重要的和最基本的而已。其他各种工作，照理是应与乡村建设工作同时并进的。这里，我们不能不提出一点疑问，反帝的工作是应由乡村建设者肩担巨任的吗？

帝国主义之危害中国，是谁都知道的事情；帝国主义势力之应根本铲除，是谁都希望的事情。说到反帝，最具体的工作就是武装还击，收复失土。我们的国家有一二百万大兵，数万大小将士，有许多军火子弹和飞机。但我们按兵不动，和平退让，坐视帝国主义者进攻，这责任应该由谁来负呢？难道应该由乡村建设者来负吗？

乡村建设者谁也不曾劝导民众退让，做汉奸，做亡国奴。乡村建设者谁也不曾劝导农民服用日货。相反地，乡村建设者对于上述的工作，不能不说已经尽了相当的贡献。至于外货的畅销，那是农民经济生活的低落，走私的猖獗，知识的不足，鉴别力的薄弱四种原因造成的。我相信在对外正式宣战之后，决不会仍有此种现象。乡村建设者对于反帝的工作，也只好尽于此了。除此之外，乡村建设者还得做什么具体的工作？乡村建设者能组织人民义勇军去抗日吗？乡村建设者能叫农民停止种田而去制造军火吗？不要说环境不允许如此做；即使能做，也是畸形的现象。我们一二百万的大兵及兵工厂都做什么用呢？

一个国家危亡的挽救，不是专靠一种工作所能奏效的。必须各种工作，同时并进，才能获得最后的效果。在国家还有政府，官吏，军事长官，军队的领导和统治之下，乡村建设者谈不到直

关于『为什么要批评乡村改良工作』

接反抗帝国主义。因为那不是后者的责任，而是前者的责任。倘使政府对外正式宣战，乡村建设者除了对民众积极宣传以外，同时另一种责任也大大地增加，那便是"努力增加生产，充实战料"。必须全国的军官都牺牲了，全国的军队都战死了，乡村建设者才能穿上武装，放下笔杆锄杆，领导农民，拿起枪杆血战！现在大兵按着不动，乡村建设者固不能越俎代疱，即使正在战时，乡村建设者也不得鼓励农民都去前线。农民和兵士，各有各的工作；前方救国是武装血战，后方救国是努力生产。倘若中国能够这样进行，为什么技术改良及教育工作没有用呢？

当我们下乡工作时，农民们常常聚集来问我们，"中国到底打不打××呀？"我们只好对他们这样说："快啦！政府已经准备啦！黄河沿岸都修了炮台啦！"究竟政府到底有没有抵抗的准备？黄河沿岸是否修筑炮台？我们能有几分把握？当我们回答他们这些话时，我们眼看着被欺骗的纯朴农民，心中多么难受？农民假如有一天明白过来，心中又多难受？于此，我们可以看出，农民们究竟是希望乡村建设者来领导反帝呢？还是把一腔热血凝望着政府领导？

至于封建残余势力，那更是乡村建设者的要命敌人。一般乡村建设工作所受帝国主义的直接压迫，还不算太明显，而暗中遭受土劣贪污的破坏，各地几无不有。合作贷款被土劣吞蚀，仓库抵押被地主独占，自治工作被村长破坏，自卫建设被土劣滥去杀人……凡此种种，乡村建设者何尝不痛恨入骨？乡村建设者何尝不想法铲除。但在整个社会收容封建势力，拉拢封建势力，投降封建势力之下，乡村建设者能有什么效果？

整个社会对于"男人压迫女人，老人压迫青年，早婚，溺女，婚丧大典。地主佃户的对立，奴婢姬妾的占有……"不曾有一点切实的禁止或改善，乡村建设者能有什么表现？今日一般乡村建设者在乡村提倡改良婚丧风俗，力求节省，不是无办法中可怜的办法吗？

总之，乡村建设者并不是忽略反帝的工作，他们已于小地方表现了他们的倾向。至于反帝大权，并不操在他们手里，他们是无法支配领导的。乡村建设者的反帝任务，只能在后方，且只能做副角；说到反帝的先决条件的武装反抗，那不是乡村建设者的责任，农民也不曾如此希望他们。农民，乡村建设者，甚至士兵，都在希望政府领导我们走民族解放的路！

我本身虽是一个小小的乡村建设者，但对于乡村建设工作之不彻底，不能挽救民生，给予大众饭吃，这一点我是承认的。唯对于反帝反封建二项，我认为不是乡村建设者的罪过。当初痛喊打倒帝国主义，现在又纵容帝国主义进攻中国的是谁？当初痛喊打倒土豪劣绅，现在又勾结封建残余势力的是谁？是农民吗？是乡村建设者吗？都不是。到底是谁？我看乡村建设工作者还是暂时不谈打倒帝国主义和封建势力，反是先来研究研究这个第三者吧？

最后，我对孙先生理论还有不明了的地方。帝国主义勾结殖民地统治者，殖民地统治者勾结封建势力，但除去这三位一体的东西外，使一般人民没有饭吃的还有没有另一种更厉害的东西？应否反抗这种东西，为什么孙先生不提出此项？乡村建设的立场完全是站在这点上的；其所应攻击者正在此处。难道帮犯伏法，元凶反可以逍遥法外吗？

望先生将此文发表在通信栏内，此颂

撰安　丽丽敬上！

关于『为什么要批评乡村改良工作』

十七世纪英国革命中的土地立法[*]

近年来我国学术界对于土地问题之研究很为热烈。我们觉得在这研究中，把现代中国的土地关系与资本主义诞生前夜的欧美各国的土地关系相比较一下，是很有意义的。本文是叙述17世纪英国革命时代的土地关系。当时英国的资本主义还在萌芽时代。离工业革命还有一世纪之久。但当时英国的新佃户——资本主义式的佃户——的势力已很雄厚。他们之中有的租种到9个采邑和3个猎苑，建筑到2个仓库。他们被称为"财主"，常成为地主的债权人。他们能向地主提出更高的条件，以排挤原有的佃户。显然，今日中国乡村中的高利贷商业资本的财主绝不能与当时英国乡村中的这种财主同日而语。而今日中国乡村中的富农经营也不能与当时英国的这些新佃户的经营相比较。

本文是作者在苏联学士院的历史研究所的演讲节录，载1935年"Historic–Marxist"杂志5、6期合刊。（译者）

一

自从英国革命以后，英国土地所有者的成分方面发生了很大的变化。这变化表现在1643年3月27日的法令发表后的整个革命时期的土地立法上。1660年4月4日的勃莱特檄文的冗长的条

---

[*] 本文作者：［苏联］阿尔汗格耳斯基，原载《时事类编》4卷12期，1936，6。

款,开了复辟时代的土地立法之新阶段。在这时期中,已局部地恢复了封建式的土地立法。关于保王党、英吉利教会和王室的所有地的土地立法,是由下列各种条款构成的:规定这些所有地让渡于政府机关的代理人;规定这些所有地的出售办法;规定从出息最高的土地收入中划出一部分作为国家权利;规定以充公的田产担保革命时代所发行的公债;保证新的土地所有者的土地所有权,使之成为完全合法的和确定的权利。

十七世纪英国革命中的土地立法

革命时代的土地立法,是我们观察17世纪英国土地制度之变迁的最适宜的对象,尤其是观察封建土地所有制动员情况的最适宜的对象。不论是在这时期以前也好,或是在这时期以后也好,从没有看见在这么短的时间以内(自1643年至1660年),在政府支持下(或者是完全不得政府的支持),动员了这么多的土地,而且在这时期以前,这些田产都有神圣不可侵犯的传统的禁律保护着的(主教司祭长和僧侣会议的土地;王室的土地;森林地)。这次动员破坏了地方上的陈旧的——且往往是老朽的——土地关系,使新兴的资产阶级得到了获取土地的机会。这新兴的资产阶级有的是金钱,它痛快地践踏了一切旧的禁令;但是在自己用得着的时候,它又能很巧妙地利用封建关系的一切旧的法律形式。

根据革命时代的土地立法的内容和它的原则,以及议会中编制这些法案的情形,我们就可以推测到环绕着此次立法立场而产生的,各社会集团间的利害冲突。但是在从事实施这些法案的委员会的文件中,在这时期的小型刊物中,在各个人的往来书翰中,在后人的回忆录中,这种利害冲突表现得更为具体。这些材料使我们可以更深一层地来研究英国革命,使我们可以研究土地分配在各地方的变化并分析实施这些法案的方法和乡村中资本主义关系发展后所引起的利害冲突之实例。

沙文和林拿特研究17世纪英国乡村的历史的时候,把三四百年间各个时代中的关于各个采邑的描写做一比较,他们因此发现了这些采邑中的若干变迁。在许多描写中，有一篇是属于革命时期的东西。根据这一篇东西，与同一采邑的前一时期和后一时期的记载相比较之结果，便可以了解革命后所发生的变化。但这种比较常要把许多重要现象疏忽过去，如：革命期间，各地方因争夺土地和改革经济制度而发生的斗争；政府的土地政策；旧地主们夺还土地的努力；新地主们想在新的基础上利用土地之苦心熟虑；使用者想维护自己的利益，反对新旧地主双方剥削的奋斗；农场主想以更有利的条件租种土地的奋斗；等等。仅靠这种采邑记事之比较，也足以使我们疏忽了革命时期产生起来的新人物；这些人往往是城市的居民出身，他们在这时期，在英国各地购买土地，因而成了新的土地所有者或农场主。倘使仅以采邑记事之研究为限，那么很难获得整个经济系统中的全体演变情况和复杂无穷的经济立法关系。仅仅从事采邑记事之研究，将使研究者与历史生活的整个潮流相隔绝。但如果我们来研究革命时代的立法和这立法在当地实际生活中的变化，那就能够让各社会集团争取土地的全幅景象在我们面前展开来。

二

土地筑围实际也就是等于侵占公社土地，并把农民驱逐出原来耕种的土地以外。我们从历史文献中可以知道，这种现象在整个17世纪中从未停止过，这种现象充满了这一世纪的40年代和50年代，并且直到革命之后还继续发生着。革命时期的立法中，没有限制或反对土地巩固的规定。关于这个问题从未颁布施行过任何法令。不过在1656年12月9日，在国会中曾有一个议案提出，这议案就是关于节制公社土地之分割的。在培尔顿的日记中，关于这议案有这样一段记载：

"'Master of the Rolls'是反对这议案的，因为不论任何议案，只要是牵涉到财产问题的，总是使他不高兴的。凡是本身包含有不合理的内容——强迫政府经过了第三者来确定财产——的议案，绝不是好东西。曾经有一个时期，我几乎信任治安判事去决定牧牛的牧场，虽则我们现在的治安判事是很好的，但谁又能够担保以后的事情呢？"

"议案的发起人惠莱（Whilly）少校曾说过：'与其说，我可以因这议案而得到些利益，毋宁说，我将因此而遭受损失。因为我没有公社土地；我的所有的田地已经被筑过围了。这议案是以公众的利益为宗旨的：这即是防止人口之逃亡和增进人民对农业之兴趣。'要知道，农业是我们共和国的一个重大基础。议案的目的是使政权不落在三个委员手里，而交给治安判事。"

"督惠尔先生说：'在议会里所讨论过的一切议案中，这是最有害的一个。这议案将使人口逃亡，将使财产制度破坏。'

'大家决定不再把这议案举行二读。大家把这议案否决了。'"

我们从培尔顿的日记中引证了这么长的一段记载，为的是指出，在当时的英国，对于以法律来限制土地巩固的办法有赞成和反对两种意见。在这两派人之间发生了斗争，我们的目的亦就是要来解剖这斗争的内容。反对以法律来限制土地筑围的人是维护土地所有主的利权的。他们的口号便是：不要干涉地主和公社农民间的相互关系。1664 年，又重新企图在众议院中通过一个"关于公社所有的荒地之改善和筑围"（to enclose and improve commons and waste lands）之议案。但这议案以 105 权对 94 权被否决了。1666 年在贵族院中又提出了一个议案，企图批准那些根据公平法庭（IN courts of equity）之判决而兴办的土地筑围。但这议案在议院的委员会上又碰了壁。

1696 年又提出了一个解释密尔顿法规和其他法规（都是关于公社土地之改善问题的）的议案，但又被否决了。这些立法都是企图反映当时英国各地的非法完成的土地筑围运动；这大概是无

十七世纪英国革命中的土地立法

可否认的一种事实。17世纪的出版物对于土地筑围也常有论及。仅仅描写这个土地筑围运动的轮廓是比较容易的，但如果要确定这一运动在每十年中的范围、强度和地域等，那就比较困难了。

在英国革命时代，可以指出哪几件重要事情来呢？1653年11月22日的关于王室森林地及其出售办法的法令是以划定森林地和草地池沼等附属地（这原来是乡村居民所共同享用的）的境界，实行筑围，并保障这些田地的购买者的利益为宗旨的。森林地之筑围和改善被看作是助长公众利益和促成社会幸福的事业。在不久前施行筑围的公社土地均被豁免税捐负担。

一部分用以出售的森林地被解除了原来负担的一切义务约束，即是说，这些土地已经可以筑围，或挖掘，或转卖他人。另一部分森林地交与农民公社以抵偿公社原有的池沼草地等附属地之损失。如果这土地在两年之内不为指定使用的各方所分配，那么接管国王的森林地的保护人有权利出卖这种土地（即留作公共使用而未筑围或分配的土地）的1/4，出售所得代价归共和国所有。在给予森林地清丈人的指令中，曾规定了土地购买者和他的邻区的业主所应建筑的篱垣数目。1654年8月21日、30日以及1657年6月16日的保护法令是很有趣味的。因为这法令不仅扩大了应归公卖的森林地的面积，而且使田产之丈量和登记更为严格，这几次法令反映了争夺土地的斗争，亦可以说为资本主义发展"肃清了道路"。委员们在实行查清时应详细地记明：有多少公社社员有权利享用公社土地；公社社员每年要放逐多少牲口到这土地上来；有否侵占他人土地，建筑篱垣，新近的纠纷和冲突等事发生。篱垣是受依利萨伯王朝第43年的法规所保护的。根据这法规，"凡是破坏篱垣的人均将受罚"，自从清理了"茅屋主"（Cottager）的利权，并查明了他们所付的地租以后，就规定了哪一种茅屋应当保存，哪一种茅屋应当拆除。

1649—1659年间叔赛克司地方的王室土地的清单公布以后，

证明当时的茅屋的确分为两种：一种是应保存的，另一种是应拆除的。

有许多耕地完全是人工的排水工作所开辟起来的。当革命时代，土地之筑围在这些地方，很为流行，同时围田主和当地农民的斗争也很激烈。这些田是在两个大区域中：一个是约克希耳、林肯、霍金哈姆的 Hatfield chase，另一个是诺耳福克、雪福克、肯姆勃利支、与金登、霍姆浔泼顿等郡的大沼地（the great level of fens）。这些区域的排水工程有专门的公司管理，这些公司都得到共和政府之正式承认。根据1654年5月26日的法令，凡是破坏水闸和沟渠建筑的须处罚双倍的损失费。我们从1653年4月23日克伦威尔的信件中可以知道，破坏水闸和沟渠的事情的确是存在的。

在这两个区域中，土地之筑围先经过排水等重大的准备工作，使这土地可以适宜于耕种。但筑围后所产生的利益完全为投资于这事业的垦殖公司的股东所得，而当地的农民徒然丧失了池沼草地等附属使用地，但得不到半点补偿。

根据众议院和贵族议院所出版的公报上的记载，自1641年至1643年6、7月为止，在英国全国各郡中，就发生了43次农民骚动。这些骚动中，有一大半是由于反对土地筑围而发生的。农民们拆毁了田里的篱垣，把牲口放逐到筑围的田里，破坏了侵占公社土地的筑围人的住宅。在前述43次骚动中，有25次是属于这一类性质的，即占总数58.14%。所以英国革命初期的农民运动主要是反对土地之筑围。反对土地筑围的运动在革命时期的后半个阶段中，亦常发生。这在1649—1659年的国务院的档案中可以看得出来。

革命时代的新的土地所有者坚决地铲除了乡村生活中的传统的秩序。考瓦立夫斯基曾举出两个实例：一个是罗脱兰特郡的事情，另一个是司泰福尔施尔郡的事情。在革命时代购买进的土地

十七世纪英国革命中的土地立法

上，旧制度被破坏得很厉害。但是我们对于反对方面的运动，对于农民拥护旧有权利的斗争，和他们反对土地筑围的斗争亦不可忽视。在革命时代的法院诉讼中可以看出，农民是拥护谷物经济的；他们很想把草地猎场统统都变作耕地；他们热心地去维护牧场，有时甚至去扩大牧场；当这些牧场被出卖掉了，或被禁止使用以后，他们便被激怒起来了。农民承认自己对于土地的权利是自古相传的权利。17世纪50年代的危机引起了失业之发展，羊毛需要之减少，毛织物销售之减退和粮食涨价；这些都足以阻止土地筑围之发展。根据档案材料来解释这些事实，便是研究英国革命中的土地问题的当前任务之一。

三

《资本论》第3卷47章所指出的三种前资本主义地租在17世纪的英国以货币地租为最流行。至于力役地租和实物地租已经是很偶然的现象了。

货币地租之发展或者使"土地变为自由的，农民所有的财产，或者变为资本主义生产方式的形态，变为资本主义的佃户所支付的地租"。

英国革命在前资本主义的货币地租的发展史上占有什么地位呢？马克思曾说，在货币经济时代，自有一部分土地并亲自耕种的直接生产者和土地所有者之间的传统的习惯法的关系必然地要变为正式法律所规定的契约关系，即变为纯粹的货币关系。然则英国革命时代，在这一方面有了什么进步没有呢？

在这里首先应该知道，在我们所研究的这个时代中，英国的货币地租是怎样一种东西。关于英国地租的性质，我们可以从国会所颁布施行的关于征收土地税的各种法令中，知道它的大概情形。在这些法令中把地租分为两种：第一种称为市场的地租，与土地的岁入相近；第二种称为轻地租，或称为小地租（easie orsmall）和已改地租。在第一种场合下，地税由地主负担；第二种场合下，地税由地主和使用者分担。犯法者被抄财产的清单也可以使我们了解货币地租的实质，因为在这清单中包括简单的收入来源之登记。

在上述文件中，可以看出，这些地租带有很浓厚的古旧的和地方的色彩。我们可以说，在转形的货币地租和资本主义地租之间，存在许多过渡的形态。过渡期中的特征便是遥长的租期，和经常固定的低廉的地租。不过这低廉的地租有时亦因支付罚金（fines）而无形提高，有时则直接实行涨租。在犯人的收入来源中存在一种老地租（old rents）。这里说的老地租便是指前资本主义时代遗传下来的，经过了16世纪和17世纪的价格革命而仍未发生变动的，所谓"未改善的"低廉地租。在646张清单中，采用这种老地租有130张，即占20.12%。所谓"改善的"地租所占地位应在老地租和市场地租之间。照实价计算的老地租的租额在英国各地并不一致。改善地租的租额（即近于市场地租的租额），也不一致。这租额是为各种不同的原因所决定的。土地使用期间之长就是表示此种地租的古旧色彩。这里的租期总在二三十年以上。在文件中，我们发现好几次租佃期限为1000年。在英国资本主义经济发展的时代，地租的古旧色彩并非在全国各地都是同样程度的。根据646份清单所编成的一张图表显示，在东部各地完全没有老地租存在；关于老地租的各种材料都属于西部各郡。

我们如今再进一步来研究另一个问题，即英国革命对于土地关系中的这个主要部门（地租）发生了什么影响没有呢？我们从革命时代的土地立法中可以看出，当时的立法在好些场合中是反对古旧式的地租的。

根据1646年11月9日的指令，凡是存在旧的习惯地租而租

十七世纪英国革命中的土地立法

期又是从1641年12月1日以前算起的地方，仅仅对于期限在21年以内的租佃契约是给以安全保障的。1649年4月30日的法令（关于司祭长和僧侣会议的土地出售问题）亦系同种内容。但1650年1月25日的法令对这问题的解决办法是很不确定的。根据这法令，政府委员有全权可以审查一切地租、租约及其担保，并且可发给准许状，如果这些条约都是双方自愿（bona fide）订立的，而且是在财产被扣押以前发生的。经过此次审查以后，政府代理人可以从被扣押的财产中赚取最大的利益。达到这目的的方法便是铲除古旧的土地租种办法，并吸引新的人来租借土地。1649年4月9日的法令提倡犯法者的被抄田地之租契期限不要超过三年以上。1650年1月25日的法令核准所有租契年限不得超过7年以上。最后这个年限是比较合理的，因为如果佃户们花费了钱去改良土地，那么他们在这时期内，刚可以把所投的资本收回来。

但不仅是政府的代理人，而且就是地主本人（如果他因为支付补偿费而把土地购回了），以至于新的土地所有者都会施行同样的政策：即依照新的条件出租土地，以赚取最高的利益。我们在这里可以举出几个代表新佃户的具体实例。有的佃户建筑了两个仓库；有的在租种的田地上筑围；有的购买了羊子；有的租种了9个采邑和3个猎场，有的租进了整个农场和打毛坊、土地等。有些佃户往往是土地所有者的债权人；这种佃户被称为"财主"。这种新的佃户向地主提出更高的条件，以与原有的土地使用者竞争；粮食跌价和商业萧条，在他们看来都是蚀本的事情。

他们的经济是建筑在纯粹货币的计算上的。勃然拉伊司是革命时代的资本主义农场主的意识代表者，他在自己著的《英国的土地改良者》（The Englosh Improver）中，极力主张颁布一条新的法令，使每个地主或者应该抵偿佃户在改善土地中所花的资本，或者应该延长租佃期限。他以佛兰特里亚地主的制度作为实例。

四

"在资本原始积累的历史上,凡是在资本家阶级形成过程中,起有作用的一切事变都带有划时代的历史意义。"

那个被克拉立唐称为"大叛乱"(Gieit Rebellion)的英国革命,当然也是属于这一类的事变。马克思所谓资本原始积累就是指生产者与生产资料相分离的那个过程;他告诉我们,随着生产者与生产资料之分离,不仅使土地转入资本家手里去,不仅铲除了一切封建的束缚关系,而且剥夺了生产者的生活保障,但在过去,他们的生活是有旧的封建的制度做担保的。

17世纪40年代和50年代的英国土地史之分析,可以使我们看到原始积累过程的各种不同的倾向和不同的形态。长期议会曾颁布过出售主教田产的命令,后来又颁布命令出售司祭长和僧侣的田产。同时这长期议会又决定审查土地使用者的使用权,要后者在一定期间提供使用田地书面证明和其他种种充分证据。新的田主对于租佃契约、法院判决文之副本和田地使用者的其他证明书——总之,对于教会田地的使用者用作使用田地之根据的一切证明书——是非常关心的,他(新田主)可以利用这些证明书去审查使用者的权限。凡是期限在21年以上的租佃契约均被宣布无效。在17世纪的40年代,在长期议会上关于犯法者的土地出卖问题发生了争论。在1651—1652年间根据长期议会所颁布的命令,把这种土地出卖了若干批。所以在革命时代,被查抄的贵族田产可以分为三类:(1)第一类田产已转入新地主的手里,这些新地主普遍都是市民和军官,属于绅士先生们的较少;(2)第二类田产已归还旧的地主,因后者支付了若干补偿费,以显示自己对国王之忠诚;(3)第三类田产仍由政府代表人所保管着。在这三种场合之下,原来的土地利用者都处于不利的地位。

十七世纪英国革命中的土地立法

在第一种场合下，原来的土地使用者的田权将被重新审查；虽则在田产清单发表后 30 日之内，原来的使用者有购买此项田产之优先权，但这并不能在事实上帮助他们去购买土地。在第二种场合下，田产归还给旧的田主，使用者只能待之于土地之自动出售，待之于抵押借款；只能采用新的剥削形式，或者是采用精练的旧的剥削，以利用旧的束缚形式。我们在上面已经说过，在 17 世纪的 40 年代或 50 年代，关于保护善良的土地使用者和反对地主的问题，曾屡次在议会中提出，但是议会中大多数议员是主张不干涉主义的，因此这问题终于未能通过。地主们的政策就是：要求收回未得他们的同意而支付予官产（被查抄的财产）委员会的地租；要把官家发的领耕证书变为租佃契约；要驱逐旧的使用者，而让新的、愿出较高的地租的新佃户代替他们，要强迫佃户到地主田地上去做赋役劳动，当"佃户的作物因缺乏人手而在田里发芽"的时候；要实行森林之独占权；要求法院惩罚不顺从的佃户等。在一次农民请愿书中，曾说道："地主们滥用自己的权位破坏我们的一切旧有习惯，剥夺了我们原有的公平的权利；把苛重的负担放在我们肩上，这非但不是我们所能胜任的，也不是我们的田地所能胜任的；把我们变成了仆役和农奴，使我们和我们的子孙世世代代陷于贫困的境地。"地主政策的唯一目的便是增进自己田产之出息。为达到这目的便要使小生产者与生产资料分离。

至于留在政府代理人手里的土地，则完全出租于佃户，以征收"改善地租"。佃户们排挤那些支付旧的定额地租的原有的使用者。有时甚至把他们赶出农场。就是土地在当地的委员会保管中的时候，使用者的地位也只能稍稍改善些，因为当地的委员会的政策亦想从田产中赚取最大的收益。

我们在上面所述的这种演变也波及到站在王室方面的贵族和教会的土地使用者。我们应当根据查抄田产的清单来继续研究这个演变过程，以释明这演变的详细内容和它的普遍程度。

17世纪50年代，关于王室土地和森林地之出售，曾颁布过好几次命令，在这里，我们可以发现原始积累过程中的其他许多现象。例如，在那时候，实行审查"茅屋主"的权利，这种"茅屋主"是乡村中最缺乏土地的一部分居民。我们从叔赛克司郡的王室田产的清单中可以看出，经过此次审查后，拆除了猎场内的许多茅屋。乡村公社对于森林地的使用权也重被审查。根据土地分配情形看来，此次审查又是有利于大畜牧场的主人的。农民对于森林地之公有权并未完全取消，但这种公有权的经济平等的基础已被破坏不少。

农民们因争取森林地常发生群众的骚扰，这在17世纪50年代更为普遍。

在爱尔兰地方（发展中的英国资本主义的这个殖民地附属地），原始积累之进行更为猛烈。数十万人民被赶出了土地。在格林兰地方建立了英国的土地财产。这土地财产的代表人便是商人冒险主义者、军官和兵士。在1652年8月12日的法令中，便指出好几种等级的爱尔兰人；这中间有的已完全失去了土地，有的已失去了自己的田产之2/3，或1/3～1/5。詹姆士在自己著作的"Social Problems of the Puritan Revolution"中，曾指出伦敦及其近郊和全国各郡中，穷人数目之增加。他认为此种贫困是旧的中央的和地方的行政机关破坏之结果，这些机关在多铎尔和斯图亚特王朝时代是很关心穷人的生活的；他认为此种贫困是内战后全国破产所造成的结果。但我们认为17世纪40年代至50年代，英国的贫困化之扩大是与当时英国乡村生活中的演变有直接关系的。

1662年关于接济穷人的法令中，曾提及伦敦范围内和整个英吉利威尔斯王国境内的穷人数目之增加。但这时候，已经离内战时期很远了。这怪不得《穷人的维护者》的作者张伯伦要提议，把王室的和教会的土地收归国有,并拆除田间的篱垣以改善穷人的生活。

五

土地法是17世纪英国民法中的重要部分之一。这土地法是以习惯法——各个采邑的法律——和一般的公法组成的。这两种法制(地方的法制和全国的法制)之对立,陈腐的内容,已死亡的制度和新兴制度之矛盾结合——这些都是这土地法被人攻击的理由,这便是引起各种法律改革案(有的主张全部废除旧法,有的主张局部地修改)的原因。

法制改革问题好像是小议会中的主要的工作对象。在起草计划的时候,曾预备取消土地使用者的一切旧的束缚,但实际通过的仅仅承认了使用者使用土地的权利(如果他是以某个个人的名义出面的)。曾取消了无理的罚金,但代之而起的又实施了不得超过一年租额以上的罚款。对于田地借款之清偿实施了担保办法;规定一切土地契约之缔结必须正式登记。这些政策都是十分不彻底的,所以英国的土地法离彻底的资产阶级立法尚是很远。

但是这些改革案,终于成了一个漂亮的企图。英国革命未能建立新的民法,如像它未能取消国立教会所收的什一税一样。昂格斯曾说,英国立法改革"保持着许多旧的封建立法的形式,但在这封建的形式中灌进了资产阶级的内容,甚至在封建的名称下,直接插了资本主义的解释"。发生此种奇异现象的原因就是英国的商人已变成了土地所有者,而封建的土地所有者也已经变成了商人。这两种有力的等级不需要资产阶级社会的模范的法典,他们已经在"封建的名称下,直接插了资本主义的解释"。这便是英国的土地法发展之最大特点。

苏联历史科学阵线上的几个重要文献

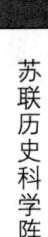

在下面发表的几个文件中，第一个说明了苏联人民委员会和党中央审查历史课本的经过情形，和今年人民委员会和党中央对于改编历史课本的具体决定；第二、第三个文件是1934年党政领袖对于两个历史课本——《苏联史》和《新历史》——的提纲批评。这三个文件都公布在今年1月27日的《消息报》和其他各大报纸和杂志（2月号）上。这几个文件展开了苏联历史学界的新局面，指出了历史科学应走的道路，所以这对于历史科学的发展具有非常重大的意义。苏联编制历史课本时，对于弱小民族史的注意也足以反映出弱小民族在这个新国家中的地位。同时，从这几个文件中也可以看到苏联党政当局及其领袖们不仅是新国家的组织者和经济建设的领导者，而且是学术界的权威；从这些文件中可以看出，他们不仅是对于学术关心而已，并且在必要时能够把陷入了泥坑的学术界拯救出来，安放在健全的基础上（前数年经济学界的烦琐的论争也因为党政领袖的有权威的指示而结束）。第一个文件中更谈及1934年5月16日人民委员会和党中央"关于苏联各学校中教授公民史的决议"，可惜我们已无从找到这决议，不能把它介绍给读者，好在这决议的重要地方已经摘录在第一个文件中了。

我们希望根据这些新的指示而改编的历史课本能早日出版，

---

* 本文原载《新世纪》第1卷第2期，1936，6。本文为译作。

并早日介绍给中国的读者。

一、苏联人民委员会和党中央的指示和决议

苏联人民委员会和党中央委员会,因为觉得把学校中教授公民史的问题适当地提出来,是具有重大意义的;所以,早在1934年5月16日就公布过一个"关于苏联各学校教授公民史问题的决定",这是大家已经知道的。在这决定中,人民委员会和党中央(以下简称他们——译者)确认苏联各学校教授历史课的情形不能使人满意。他们断定历史课本的缺点和教授方法本身的缺点就在于它们的抽象性和公式性:"教授公民史不会有活泼的具有吸引力的形式,各种最重要的事件和事实的叙述不会按照它的历史的年代的次序,对于历史上的活动人物不会有批评和估计。对于学生们只给了各种社会经济形态的抽象和定义。于是就把抽象的社会学的公式来代替了公民史之有系统的叙述。"(摘自1934年5月16日人民委员会和党中央的决定)

他们曾经指出:"使学生们牢记并领略历史课程的决定的条件就是在于叙述历史事件的时候,应该遵守历史的年代的次序,并且必须使学生的记忆中深印着最主要的历史现象、历史人物和年月日。只有这样的历史课程才能保证学生所必要的历史唯物论易于被接受,并且能够一目了然而具体化;历史事实之正确的分析和正确的报道只有在这样的基础上面才有可能——而这种正确的分析和正确的报道是能够使学生走向卡尔主义的历史见解的。"

为着适应这种需要,所以就更进一步决定在1935年6月以前,准备编辑下列几种新的历史课本:

A. 古代史;B. 中世纪史;C. 新历史;D. 苏联史;E. 非独立国家和殖民地国家的历史。

他们决定组织五个小组来编这些新的课本,并且批准各小组

的人选。

早在 1934 年 6 月 9 日，他们就决定在初级小学和不完全的中等学校中，增添苏联基本历史一课，并且组织了若干小组以编制苏联基本历史的课本。

1934 年 8 月 14 日他们又通过了一个决议，赞成斯大林、基洛夫和时达诺夫等所提出的，对于《苏联史》和《新历史》这两个新课本的提纲所给予的指示。

在这指示中，对于这两个提纲做了详细的分析和严厉的批评；同时又断定《苏联史》的提纲是做得最不能使人满意的——因为在这提纲中，确是充满着许多未成熟的，从卡尔主义的观点说来是缺乏常识的定义；这提纲犯着完全未加检点的毛病，这种毛病在编制课本时是最不允许的，因为"在课本中，是每个字每个定义都要称分量的"。《新历史》课本的提纲也犯有很大的——虽是数量较少的——毛病。

斯大林、基洛夫和时达诺夫的指示尽情地指出了提纲和编制中的课本所应认定的方向。但是，他们不得不承认这次交于他们审查的几种历史课本，大半仍旧不能使人满意，而且犯着上面所说的同样的毛病。其中伐那格教授一组所提出的《苏联史》的课本以及明茨和洛静史基教授一组所提出的初级小学用的《苏联基本史》的几种课本最不能使人满意。上述几种课本的著者，他们对于党已屡次揭露过而显然不能成立的种种历史的定义和编制法（这些定义和编制法都是根据卜克洛夫斯基的错误而来的）仍旧继续坚持着——因此他们不得不承认，这种事实完全是下列局势的佐证：即在苏联某些部分的历史家中间，特别是编制《苏联史》的学者中间，那种反卡尔主义和反伊里奇主义的观点，即实质上也就是对于历史科学抱着取消主义和反科学的观点，是已经生着根了。他们强调地指出：这种想取消历史科学的倾向和企图首先是跟所谓"卜克洛夫斯基历史学派"所持有的错误的历史学见解在苏联某些历史学者之间的流饰有联系的。他们指出：克服这些有害的见解是编制历史课本的必要前提，也是发展卡尔伊里奇主义的历史科学和提高苏联的历史教育所必要的前提——而这些对于我们的国家事业，对于我们的党的事业，以及对于教养那些发育中的后代都是有非常重大的意义的。

因此，他们"为了审查和根本地改善现有的历史课本——必要时甚至改编现有的历史课本——起见，设立一个人民委员会和党中央委员会（这是由他们共同委任的——译者注）。这委员会的人选是：时达诺夫（主席）、拉狄克、史樊尼席、考林、罗根、耶谷甫立夫、培司脱良斯基、闸东斯基、发衣乍拉、霍特若也夫、巴乌曼、蒲勃诺夫和布哈林等人。这个委员会有权力设置若干小组以审阅各种课本，同样也有权力举行新课本的竞赛，以代替委员会所认为必须根本改编的现有课本。第一批应予审查的课本是关于苏联基本史教程的课本和关于新历史的课本"。（这就是他们于1936年1月26日正式公布的决议，末了曾由苏联人民委员会主席莫洛托夫和党中央书记斯大林签过字）

同样，他们又决定把斯大林、基洛夫和时达诺夫三人的指示以及关于这问题的其他种类材料在出版物上公布出来。

二、对于苏联史课本提纲的指示

伐那格一组没有完成任务，甚至还没有了解任务的本身。该组所拟的是《俄罗斯史》的提纲而不是苏联史的提纲——就是说，这是罗西（俄国之旧称——译者注）的历史，而没有包括苏联各个民族的历史。（没有顾到乌克兰、白俄罗斯、芬兰和其他沿波罗的海诸民族，中亚细亚和远东诸民族，以及伏尔加流域和北部诸民族——鞑靼、巴希勾耳、毛尔特夫、丘代希和其他各民族的历史资料）

在提纲中,没有强调俄罗斯沙皇制度,以及俄罗斯布尔乔亚和俄罗斯地主的领土侵略和殖民地侵略的作用("沙皇制度是各民族的牢狱")。

在提纲中,没有强调从卡德林娜二世起至19世纪50年代以后为止的时期内,俄罗斯沙皇制度在对外政策上所尽的反革命作用("沙皇制度是国际的官兵")。

在提纲中,把封建制度和农民还未曾被束缚住的前封建时代搅成了一团,把专制政治的国家制度和俄罗斯还分裂为无数独立的半国家的封建制度搅成了一团。

在提纲中,把反动和反革命,"一般的"革命,布尔乔亚的革命和布尔乔亚德谟克拉西革命等概念乱七八糟地搅成了一团。

在这提纲中,没有把沙皇政府所征服的俄国各民族的民族解放运动的条件和源泉指示出来。于是要把十月革命作为使这些民族从民族压迫下解放出来的革命,就变为没有根据的了;同样,苏维埃社会主义联邦共和国的建立也将成为没有根据的了。

这提纲充满了陈腐而惯用的定义:如"尼古拉一世的警察恐怖""拉浔党徒""蒲卡曲夫党徒"(拉浔和蒲卡曲夫都是俄国历史上农民运动的首领——译者注)"19世纪70年代的地主反革命运动的进攻""工农改革的初步""沙皇政府和布尔乔亚在反对1905—1907年革命的最初的步骤",以及其他类似的定义。

这提纲的作者抄袭了各派布尔乔亚历史家的陈旧的和完全未成功的定义,忘记了他们自己应该以卡尔主义的、科学上有根据的定义去教授给我们的青年。

提纲没有反映出西欧布尔乔亚革命运动和社会主义运动对于俄罗斯形成布尔乔亚革命运动和普洛社会主义运动所发生的作用和影响。俄罗斯的革命家曾经是以西方的布尔乔亚革命思想或卡尔主义思想的许多著名的倡导者的弟子和信徒自居的。这一点,提纲的作者显然是忘记了。

在提纲中没有估量到第一次帝国主义战争的根源和沙皇政府在这战争中的作用——既是为西欧帝国主义列强充当后备军的作用；同样也没有估量到俄罗斯沙皇政府以及俄罗斯资本主义受制于西欧资本的那种附属作用。因此十月革命使俄罗斯从自己的半殖民地地位中解放出来的那种意义也就成为没有根据的了。

在提纲中，没有估量到世界大战之前，全欧洲的政治危机之存在。这个政治危机的表现就是布尔乔亚德谟克拉西和议会政治的衰落。因此，从世界史的观点出发来观察的苏维埃的意义（即把苏维埃当作普洛德谟克拉西的寄托者和工农脱离资本主义束缚而获取解放的机关）也成为没有根据的了。

在提纲中，没有顾到苏联在党内部各派别的斗争和反对脱洛茨基主义的，即反对小布尔乔亚的反革命活动的斗争。

诸如此类的缺点真多得很！

一般地应该说一句，这提纲是写得缺少检点的；而且从卡尔主义的观点来看，是缺乏常识的作品。

至于这提纲的许多不精确的语调，和玩弄"文字"的地方，如把伪特米脱里改称为"所称的"特米脱里，又如"18世纪间旧封建诸侯的凯旋"等语句（可是，如果在这时期内另有"新的"封建诸侯存在，那么这些诸侯后来到底如何结尾的，他们的行动又是怎样的），我们却无从知道，以及其他许多地方，我们不必去讲它了。

我们认为必须把这提纲依照上面所说的原则，从根本上改造；同时在这里应该估计到的就是：我们所讲的是课本的编制问题，课本中的每一个字和每一个定义都是应该称一称分量的；这不比那种可以不负责任的杂志论文（在那里是可以不管责任心而随心所欲地随便谈论任何问题的）。

在我们所需要的《苏联史》课本中，大俄罗斯的历史是不跟苏联其他民族的历史相分离的，这是第一点；第二，苏联各民族的历史是不能跟全欧洲的历史和一般的世界史相分离的。

（1934 年 8 月 8 日，斯大林，时达诺夫，基洛夫签字）

三、对于新历史课本提纲的提示

因为新历史是内容最丰富而且充满着无数事件的历史，又因为在布尔乔亚各国的新历史中（如果以俄国十月革命以前的时代而言），最主要的事件是法兰西革命的胜利和资本主义在欧美两洲之确立——所以我们觉得新历史课本最好以法兰西大革命这一章开首。为要跟以前的事件发生联系起见，可以在前面放一个小小的导言，以便简单地叙述尼德兰革命和英吉利革命中的主要事件，而把尼德兰革命和英吉利革命中的各种事件的详细叙述移到中世纪历史课本的末尾去。这就是说，我们提议把提纲中的第一部分（共六章）删去，也即是把整个第一篇删去而代以简略的导言。

我们认为这提纲的主要缺陷，在于它没有充分锐利地指出法兰西革命（布尔乔亚革命）和俄罗斯的十月革命（社会主义革命）之间的差别和对立性的深刻程度。可是关于布尔乔亚革命和社会主义革命之间的对立性的观念恰正是应当成为新历史课本的基本的中心思想的。指出法兰西的（以及任何其他国家的）布尔乔亚革命把人民从封建制度和专制制度的锁链下解放了出来，同时又给人民锁上了另一个新的锁链，即资本主义和布尔乔亚德谟克拉西的锁链；可是俄罗斯的社会主义革命是打断了任何一切的锁链，是把人民从一切剥削形态中解放了出来——这应该是成为新历史课本的基本思想的。

因此，不能把法兰西革命简单地用一个"大"字去形容它，而应该把它称作布尔乔亚的革命。

同样，也不能把我们俄罗斯的社会主义革命简单地称作十月革命，而应该把它称呼并解释为社会主义的革命，或苏维埃的革命。

要与此相适应着去改编新历史课本的提纲，并采用适当的定义和术语。在提纲中是把新历史划分为两个部分。我们认为这是缺乏充分理由的，而且是偶然的划分，这是依照任何一种不可了解的标志去划分的。我们认为比较适宜的办法是应该把新历史划分为三部分：

第一部分——从法兰西的布尔乔亚革命起到普法战争和巴黎公社为止（普法战争和巴黎公社不包括在内）。这是先进各国中资本主义胜利和确立的时期。

第二部分——从普法战争和巴黎公社起到俄国十月革命胜利和帝国主义大战结束为止（十月革命和大战结束包括在内）。在这时期里，资本主义开始衰落，资本主义从巴黎公社受到第一次打击，旧的"自由的"资本主义已长成为帝国主义，资本主义在苏联是被十月革命——创造了人类历史的新纪元的十月革命——的力量所推翻了。

第三部分从1918年（大战结束的一年）到1934年为止。这在资本主义各国是战后的帝国主义时期，是这些国家遭遇经济和政治危机的时期，是法兰西主义的时期，是夺取殖民地和势力范围的斗争加强的时期，这是一方面；而另一方面在苏联，这是国内战争和外国的武装干涉的时期，是苏联第一个五年计划和开始第二个五年计划的时期，是苏联的胜利的社会主义的建设时期，是铲除最后的资本主义残余的时期，是苏联社会主义工农的胜利和高涨的时期，是社会主义在乡村中的胜利时期，是集体农场和苏维埃农场的胜利时期。我们认为提纲作者把历史中断于1923年是很大的错误。

这错误应该把它纠正过来，应该把历史延到1934年为止。与此适应就应该把材料和节目的分配重新改编过。

最好把这提纲从旧的陈腐的字句——如"旧秩序""新秩序"等等——中解放出来。如果把"前资本主义的秩序"这用语来代替"旧秩序",那就要好一些了;但是如果用"专制政体的封建的秩序"来代替它,那就更好了。至于"新秩序"这用语,就应当用"资本主义和布尔乔亚德谟克拉西的秩序"来代替它。把用语这样改变之后,那么就是所谓"新秩序",即资本主义的秩序,在跟那个代表人类社会构成的最高典型的、苏联的苏维埃制度比较起来,也就自然成为旧的秩序了。

同样,最好把这提纲从过多的"时代"中解放出来。"总督府时代""拿破仑时代""执政府时代"——这样,时代不是太多了吗?

在提纲中,殖民地问题所占的地位是狭小得太不相称了,我们觉得这是不正确的。对于霞时·石恩特、施兵拜立尔、基泼林格等讲得很多,可是对于殖民地问题如中国这样的国家的情形却讲得很少。

最好把"德意志和意大利的结合"这个标题改为"德意志和意大利之统一而为两个独立的国家"。否则会使人得到一个影像,以为这里所说的不是德意志和意大利这两个原来分裂的国家的统一斗争,而是说这两个国家之结合为一个国家了。

据我们看来,从大体而言,《新历史》课本的提纲比《苏联史》课本的提纲要写得好一点,然而就是在这个提纲中,乱七八糟的地方仍旧很多。

(1934年8月9日,斯大林、基洛夫、时达诺夫签字)

苏联历史科学阵线上的几个重要文献

资本主义世界的总危机[*]

市民阶层的出版界在追算1935年的总结，预述1936年的前途的时候，曾经指出了资本主义世界经济发展中的一些改善的情形；但是再也没有像局部稳定时代所常有的那种无穷尽的乐观论调发生了。这是市民阶层出版界通有的象征。

大家知道，1920—1921年的危机以后，全世界资本主义工业界曾经来过一个生产发展的时期，这时期一直继续到1929年。整个说来，那次向上发展是非常有力的，但是在各个国度和各个产业部门却是极端不平衡的。那一次向上的发展曾被颂扬"繁荣"的人们称为："资本主义永无危机的开端"。

1929年所爆发的危机打破了战后的"繁荣"，而且把"有组织的资本主义"论的歌手们所杜撰的学说像烟雾一般吹散了。

但是卡尔·马克思曾特别指出过，任何危机总是"完成了一个循环，而又开始了另一个新的循环"。在循环式的发展中，循环期内各个阶段之交相替换是不可避免的。但是因为资本主义的总危机一天天尖锐化，这些阶段的性质也发生了重大的变化。1929—1932年的危机引起了生产不断的减缩，而在这个残酷的危机之后，接着又来了一次长期的特种萧条阶段。自从战后向上发展的过程中断了之后，已经过去了六年多了，但是整个说来，世

---

[*] 约曼尔逊（M. I eloelsohn）著，孙冶方译，本文译自Pravca报纸，原载《社会生活》1936，1（2），第78—81页。

界资本主义还没有达到1929年的生产水准。然而就是在特种萧条期内，资本主义内部的经济力量仍旧继续发生着作用。这不得不使世界资本主义的经济发展的性质逐渐发生了若干种的新的现象，在主要的资本主义国度的工业界，显然发生了一种新的、非常普遍的资本更新工作。生产资料的生产指数之运动便是这种资本更新工作的事实证明。（根据国际联盟的一月号的统计公报。）

生产资料的生产指数如下：

美：1929年，0；1932年，27.6；1934年（10－11月），37.4；1935年（10－11月），74.7。

英：1929年，100；1932年，73.2；1934年（10－11月），91.2；1935年（10－11月），100.9。

德：1929年，100；1932年，34.4；1934年（10－11月），75.9；1935年（10－11月），110.8。

日：1929年，100；1931年，91.3；1934年（10－11月），177.3；1935年（10－11月），190.6。

上面这四个国度在危机之前，占有全世界工业生产量的70%，因此这四个国度对于整个世界的循环运动发生有重大的影响。

在有些国度里（如德国和日本），重工业的发展差不多完全是备战狂的国家政策造成的。在这些国度里，军需通货膨胀的景气对于危机之结束曾经起有决定的作用，就是在如今的不景气时期，仍旧是推动生产继续向前发展的重要动力。

在别的国度里（如英国和美国），对于生产资料的需求之扩大，首先是资本主义经济内部力量继续行动之结果。

不管各个国度里，生产资料的需求所以增进的原因和条件是如何不同，这种增进的事实不能不影响到世界上整个工业生产量之增加。世界工业生产量的规模在最近一年内，扩大了12%～15%，而1933—1934年只是增加了4%～5%。在很多国度里，已

资本主义世界的总危机

经开始从不景气而走入活跃阶段了,这主要是国民经济中新的大规模的投资运动所造成的。

但是近几年来,世界资本主义的经济发展显然地表示出,在资本主义总危机的条件下,往前发展的可能性是极有限的。近年来的经济发展表示出,在个别国度中发生的经济活跃的本身实际就是特殊种类的经济活跃生产的新的中断,即新的危机的前提正在迅速地成熟着。

虽则同危机的最低点相比较,工业生产已经有很大的发展,但是资本主义工业生产机关停歇的仍旧很多。在德国,1935年的生产指数虽然已经达到了1929年的95%～96%,但是工业机关之不停歇的部分还不过55%～60%。在美国,钢的生产虽则发展得很快,但是制钢业的生产机关还有50%停歇着未曾被利用。

资本家们用了闻所未闻的劳动强度化和减低工资的办法,用了种种生产合理化的手段,使自己企业中的生产机关虽则停歇着一大部分,但是仍旧能够赚钱;然而因为整个生产能力之大部分未被应用,将要使普遍的新的工业建设成为不可能的事情。

不论在任何资本主义国度中,工业界总不能希望市场需求能够扩大到使全部生产机关完全开工,甚至于发生大规模的扩充现有生产规模之必要。广大的劳动人民从生产的发展中,差不多没有得到丝毫好处。千百万工人仍旧被摒弃在生产以外,虽则生产量已经达到了危机前的水准,虽则在有些国度里已经超过了这水准。所有的布尔乔亚的权威者都承认,慢性的失业比1921—1929年这时期的患难的境况,还要严重许多。

在国际联盟最近出版的一本概述中曾经特别指出,如果生产机关吸收工人的速度仍旧像目前这样迟缓,那么全世界的生产就算达到了1929年的水准,全世界的失业人数仍旧还要超过危机前人数的75%。不久前,英国出版的一部叫作《失业是国际问题》的集团著作中曾经指出,1922—1929年这时期中,资本主义世界的失业人数占到全体工人的10%，但是在目前这个循环期中，就是在经济活跃的条件下，失业人数仍旧占到15%。

既然"一切危机的最后一个原因总归是在于大众的消费力之贫弱和被限制"（马克思语），那么在现今这个时代中，无产大众的极度的贫困和他们的生活水准之低降，将要使工业生产的继续发展受到限制。

除了工业无产者的境况之恶化以外，破产而穷困的农民大众，尤其是殖民地国度的农民大众，同样也不会增加自己对于工业商品的需求。农业危机仍旧继续存在着，虽则它的形式已经缓和了一些。近年来，在许多国度的工业界方面所看到的生产改善现象，对于世界农村经济差不多是没有份的。

国际间经济联系之破裂，世界贸易之不见起色，这些事实都是现代资本主义的循环期中所存在的新的不利的条件。此外，还有通货混乱、资本输出之停顿、国际间短期信用之缺乏和其他等事实。

最后，资本主义各国中，政治形势之紧张，在资本主义世界的某些地方已经开始的战争，新的战争之威胁——这些因子虽则像我们在上面所说过的一样，创立了军需工业发展的条件，但是整个说来，给了资本主义经济很大的不稳定性。一个很大的美国银行的机关杂志 *National City Bank* 在叙述目前经济情况的一篇论文中曾经写道："全欧洲的冲突之威胁是复兴的最大危险。在对于和平的信念没有建立起来的时候，完全的实际的信任心之恢复是不可能的。"

"用于军备的费用虽则暂时地刺激了生产发展，但是这种用途是一种非生产性质的。归根结蒂（现为"底"）总要引起国度的贫困化。"

日本在中国的战争使日本的资本家发了财，但同时又促进了中国经济的崩溃，这便是减少了中国市场对于帝国主义列强的购买力。意、阿战争已经从根本上动摇了意大利的经济地位，同时使许多与意大利有密切经济来往的国度亦受到了不良的影响。

显然，在我们刚才所说的种种条件下，各国的经济复兴是极有限的。在更新工作和固定资本之扩大比较有显著发展的国度里，就已经有初期生产的过程和危期前夜的紧张现象产生出来了。这首先便是日本。所有的外国的布尔乔亚的观察者都说，最近一年间，日本的生产发展遇到了极大的困难。伦敦的 *Statiste* 杂志在追算 1935 年间日本就发展的总结的时候，曾经说过："对于新的产业设备的投资，有引起新的工业生产过剩的危险，这种生产过剩在人造丝生产部门中已经发现了。"

就是在英国的重工业部门中，改造设备速度也已经迟缓起来了。住宅建筑的规模也已经超过了人民对于新房屋的可能的（支付能力的）需求。在德国因市场容纳量之被限制，近几个月的生产指数又发生减缩，使失业人数之增加又超过了寻常的季节性增加。但同时在许多国度里，特别是在美国，工业生产量仍旧在增长着。

整个说来，对于资本主义世界，1936 年将在工业生产量继续扩大的特征下渡过去。但是当前进的活动在大多数的国度里开始迟缓下来的时候，在扩大着的矛盾达到最高度的那些国度里便要开始发生新的危机。这危机又要拉着整个世界资本主义经济往下跌落。

看来经济上升还没有普及世界资本主义全体的时候，新的危机大致又要发生了；这便是最近在个别国度里所发生的经济活跃的特征。我们不要忘记，除了上面所指出的因素以外，在好些国度里，危机仍旧继续横行着，或者只是比危机时代的最低点稍稍有了一点起色而已。在现代的经济循环中，不景气时期拖延得非常长，经济活跃的时期非常短促而不平衡，这完全符合恩格斯的指示。因为他曾说过，资本主义的继续进化，必然要使"危机和危机之间只隔开了一个短促的经济活跃时期,一个半停顿状态的经济活动时期"。

当然,要指出新的危机的确实的爆发日期是很困难的。但是我们可以注意到,在资本主义的整个历史中,经济危机平均总是10年发生一次。在帝国主义时代,危机的间隔时期又缩短了许多。在20世纪,危机曾发生于1900年、1907年,后来在1914年又开始发动,但是被战争中断了,然后危机又发生于1921年和1929年。

资本主义世界的总危机

在目前这循环中,世界资本主义又把新的危机到来之前所应有的时期虚度了一大半,这都是最好地证实了1933年年末,斯大林与美国新闻记者杜兰纪晤谈时所说的话:"至于说到经济危机,那是它的确不是最后一次危机。"

这怪不得,在布尔乔亚汜的思想界中最清醒的代表者已经在惊惶地展望着最近的未来。在危机时的资本主义的阴暗的天空稍稍亮起来的时候,他们就已经望见了远处正在挤进来的乌云。各资本主义国家,尤其是它们中间最有侵略野心的几个,就想用夺取新的市场并吞新的殖民地和新的领土来摆脱这个不可解决的困难。

"甚至就是在如今,当资本主义各国或多或少的——虽则是很不平衡地——正在摆脱近年来的经济危机的时候,它们(资本主义各国——译者注)已经不信任在自己的内部力量发展的基础上有什么进展的可能。"(莫洛督夫语)

因此,随着世界经济情况之改善,并不曾减轻帝国主义的矛盾,并不曾减少政治的紧张和新的世界大战的危险。

民族问题和农民问题[*]

民族解放和农民解放,是殖民地半殖民地的德谟克拉西(民主主义)解放运动的两大支流;这个解放运动的完成,也就是民族问题和农民问题的彻底解决。

显然,民族问题和农民问题是两个性质不相同的问题;这两个问题,各有不同的范围和不同的内容。但是同样也很显然的,这两个问题带有不可分离的连带关系。

民族问题在帝国主义时代,也就是殖民地和被压迫民族的反帝国主义斗争问题。这个斗争的实质,也就是殖民地和被压迫民族的人民大众——主要是农民大众——反对帝国主义国家的财政经济榨取和政治文化侵略。因此民族问题的基本内容也是一个农民问题。因此,农民大众便成了民族解放运动中的主力军。没有这主力军,便不能成为人民大众的运动,不能成为真正的气魄伟大的民族解放运动。也就不能解除帝国主义对于殖民地和被压迫民族的人民大众的经济的、政治的和文化的束缚。在这种场合之下——即在没有农民大众参加的场合下——"民族解放运动"将成为帝国主义国家的财政资本家,跟殖民地和被压迫民族的土著资本家,争取对于被压迫的人民大众的剥削权利的冲突。但是在事实上,尤其是在帝国主义时代,这样的"民族解放运动"是没有存在的可能的。

---

[*] 本文原载《中国农村》,1936,2(7)。

但是参加民族解放运动的不仅只是农民大众而已,也不仅只是工农劳动大众而已;除了他们以外,参加这个解放运动的还有知识分子、自由职业者、手工业者、小贩、商店老板,以至于民族资本家们,在帝国主义侵略一天复一天地露骨化且进一步而成为武装占领的时候,当亡国灭种的惨祸成为殖民地和被压迫民族的现实的威胁的时候,甚至连最反动最保守的地主的营垒都发生了动摇,甚至在他们队伍中(主要在中小地主的营垒中)也产生了觉醒的反抗侵略势力的呼声。在这个包罗各社会阶层的反帝国主义的民族解放运动的大军中,工农劳动大众当然是最坚决最彻底,因此也是最基本的一个队伍,其余的各种分子和社会阶层的反帝国主义的决心将随着他们在社会金字塔中所处地位的高贵程度而反比例地减弱下去(即是说,他们所处地位愈高,那么反帝的决心也愈小)。但是帝国主义和殖民地被压迫民族在实行最后的决生死的斗争中,殖民地被压迫民族为要孤立它的主要敌人,为要给后者以致命的打击起见,应该联合一切反帝力量,建立一个全民族的阵线。所以就是对于民族资本家,甚至对于地主们的反帝情绪也不能加以忽视,而应该把他们导入民族解放运动的洪流中去。

而在另一方面,殖民地和被压迫民族的农民所身受的剥削和压迫不仅限于帝国主义的剥削和压迫而已;他们除此以外,更身受着本国的地主、高利贷商人以至土著资本家们的剥削和压迫。换句话说,在民族问题以外,还存在独立的农民问题,即农民为解除一切束缚,尤其是本国的统治者对他们的剥削和压迫而斗争的问题。

问题就在这里发生了:一方面,农民们为要打倒外来的敌人——帝国主义者——必须同各社会阶层在民族解放运动中采取一致行动;另一方面,农民们为要获得自身的彻底的解放,又得同时反对本国的剥削者和压迫者(主要是地主),即反对参与这解放运动的其他分子。表面上这似乎是一个大矛盾。

因此，地主、资本家和他们的代言人便向农民说：如今我们应该集中力量解决民族问题，在民族的要求以外不应该再有其他的要求，因此，在民族问题之外再提出农民问题来，实际上就是破坏了民族的统一。

不用说这是一种似是而非的理论。人类社会中自从发生了一部分人榨取另一部分人的事实以后，榨取者和被榨取者，压迫者和被压迫者，不断地在冲突着。在他们之间民族的统一早就被破坏了；而破坏统一的罪人当然不是被榨取和被压迫的劳动者大众，而是榨取者和压迫者自己，是地主、资本家、商人……

然而，这似乎是说得"太远"了一些———说到基本的社会问题上去的时候，我们跟这些民族统一的"拥护者"更没有办法获得意见的统一了。因此，我们还是就目前的情形来说。我们姑且以承认现存社会制度为我们的讨论出发点，我们要问：当民族危机一天加深一天的时候，殖民地和被压迫民族的民族资本家和地主们是不是曾经为了民族"统一"而把自己的阶级利益牺牲了一些，把自己的贪婪的欲望加以限制呢？事实告诉我们，他们并不曾这样做；他们借口民族危机的加深，而要求劳动大众们多多地为他们牺牲。资本家趁此机会减低工资，延长工作时间。他们想把帝国主义侵略所给他们的损失，转嫁与工人们。地主们趁此机会加强他们对农民的非人的榨取，想叫农民们代他来支付一切税捐负担，想把现有的国家机关的一切负担统统压在农民大众的背脊上。

地主、资本家从没有把自己的"利益"丝毫放松过。不过，因为他们的利益是由榨取工农劳动大众而得来的，所以他们只好以"全民"的招牌来掩护自己阶级的利益；而工农大众的要求是维护自己的正当的利益，反对别个社会集团对于他们的榨取，所以他们可以公然提出工人问题和农民问题来。工农劳动大众的最后目标是在于要求完全废除人与人的剥削，即建立真正统一的全世界的民族。

然而在目前，当民族危机严重到了极度，全国各阶级应该动员所有的力量一致对外的时候，提出农民问题来是不是破坏了民族的统一？是不是减少了反帝国主义的力量？我们对于这个问题的答复是否定的。

农民问题的提出，非但不会减弱反帝阵线的实力，而且足以增强它的力量。我们在前面已经说过，农民是民族解放运动中的一个主力军。每个对于民族解放斗争有相当诚意的人，都应该为扩大并巩固这主力军而努力，他们应该把这个主力军的战斗力的发挥，看作是跟自己的切身利益有密切关系的事情。所以每个为民族解放运动努力的人，同时也应该为农民大众的解放而努力。因为如果不让农民大众解除自己身上的苛重的封建桎梏，那么怎样使农民大众在反帝国主义的民族斗争中，尽量发展他们的战斗力呢？

同样，民族解放运动如果没有得到胜利，那么农民解放也不会单独成功。这不仅因为农民大众就是帝国主义侵略下最大的牺牲者；而且因为帝国主义势力是跟殖民地和被压迫民族的一切封建残余的反动势力密切结合着的，如果要铲除封建残余势力，必然同时就要牵涉到帝国主义的利害关系，使后者必然要帮助前者来镇压农民的解放运动。尤其在殖民地和武装占领区域，帝国主义往往已经自己直接代替了封建势力的地位（它往往直接就是土地的占领者），所以在这些地方，农民的解放运动往往直接成了农民的反帝国主义的民族解放运动。

总而言之，民族问题和农民问题是要连在一起解决的；谁只想解决这两个问题中的任何一个，而反对解决其中的另一个，那只是表示他对于这两个问题的解决没有一方面是诚意的。

民族资本家们不应当只在增加剥削上来找他们的出路。要知道，延长工作时间和减少工资总是有一个限度的；但是帝国主义的侵略是没有知足的时候的。昨天还只是倾销而已，今天更进一步而做贩私货的海盗勾当了；昨天刚占了你一个销货市场，今天又要你的原料出产地了。一世纪以来的经济侵略促成了农民大众的破产，减少了他们对于民族工业品的购买力，如今更进一步而用大规模的屠杀政策来毁灭这些购买者了。民族资本家为了挽救自身，为了振兴民族工业，应该把自己的目光放远大一些，应该积极参加民族解放运动，铲除经济侵略，收复已失去的国内市场和原料产地；应该帮助农民的解放运动。只有使农民大众获得解放，才能增进他们的购买力，才能扩大民族工业的商品销路；只有解除了他们的一切封建桎梏之后，才能自由发挥他们的反帝力量，才能充实民族解放运动中的实力。

就是以殖民地和被压迫民族的地主而说，只要他们对于自己民族的生存，对于自己国家的独立，还是相当关怀的，那么他们也不应该只顾着自己一阶级的私的不正当的利益，而去束缚着民族解放运动的主力军——农民大众，他们应该在"亡国灭种"和"解放农民"这两条路之中选择自己的出路。为了国家民族的生存，你们就应该牺牲自己对于农民大众的封建性的榨取权，你们应该在争取民族和国家的独立发展的条件下，找寻你们的正当的生活来源。

然而民族解放和农民解放不是宗教家的宣教运动，农民大众不应当（也不会）痴望着以说服地主、资本家的方法来达到自己的目的。不过他们（农民大众）愿意向社会大声宣告：当民族危机一天深似一天，当抗敌救亡成为全国人民的第一任务的时候，他们提出独立的农民问题来，并不是想跟全民族的利益相对抗，并不是想破坏民族的统一。反之，他们是诚心诚意地想来巩固民族的统一，想来增加全民族的抵抗力；他们只不过是在全民族的共同利益的范围内拥护自己的正当的利益而已。

然而实践重过一切。任何主张和宣传脱离了实践之后，就成了空谈。当今的实践的任务就是怎样把民族解放和农民解放这两种目前最迫切的工作，很技巧地配合起来。

在配合这工作的时候，应该注意到的最基本的原则是：团结并且增强一切可能的解放运动的力量给当前最主要的敌人以最致命的打击。根据这基本的原则，殖民地和被压迫民族的解放运动（民族的和农民的）在同一时期，同一国度里，在不同的区域中，可以采用各种不同的战术。

当民族生存和国家独立发生直接的威胁的时候，整个民族的主要的敌人是帝国主义者（而且在每个具体的场合下，是某个具体的帝国主义者）和它所雇用的民族内奸。同时，反帝国主义的民族解放运动的最高的和最后的斗争形式是武装拥护民族独立，驱逐帝国主义统治的战争，但是达到这最后阶段以前，可以经过各种不同的阶段，如抵货、经济绝交等。

农民解放运动的主要敌人（除了民族的公敌——帝国主义者——以外）就是国内的封建势力。因为一切封建的势力最深奥最根本的基础是土地私有制；所以废除土地私有制也就是反封建的农民解放运动的最高形式，同时在达到这最后阶段之前，也可以经过各种不同的阶段，如减租、减税等。

无疑义地，这两种解放运动（其实，这如上面我们所已经说过的一样，是殖民地和被压迫民族的整个德谟克拉西解放运动的两个支流）的最高形式，是目前整个阶段的总战略。但是根据国内各区域的经济政治发展的平衡性，尤其是根据参加解放运动的各个社会集团的势力对比，可以实行各种不同的战术来达到这总的战略之完成。

例如在帝国主义直接用武装占领的区域中，民族解放运动早已采取直接的武装斗争，反抗帝国主义军队所建立的傀儡政府。但农民解放运动还只达到了没收帝国主义和内奸的田地，只提出

民族问题和农民问题

了减租、减税的要求。为了整个民族解放运动的利益，在这些区域内，应当以最大的势力去扩大并加强反帝反傀儡的斗争。然后随着这民族斗争之展开，随着解放运动的营垒中农民大众的势力和地位的增强，使反封建运动也逐渐导入最高的阶段，使整个解放运动能更深入地发展下去。当然，随着反封建运动的加深和扩大，使原来参与民族斗争的民族资本家和一部分中、小地主们逐渐脱离了民族阵线而向敌人投降，然而在这时候，解放运动的阵容已经扩大和巩固了，可以不至于因这一部分动摇分子之脱离而发生破坏的影响。

但是，如果在这种区域内，在运动开始的时候，不顾客观的环境，不顾农民大众的主观的觉悟程度和组织力量，马上就提出了反封建运动的最高形态，那么结果只是使一部分在第一阶段中原来可以同人民大众共同合作的反帝力量很早便跑入了敌人的营垒，使解放运动的民族阵线在尚未扩大到巩固起来的时候，便遭到敌人的严重打击。

另一方面，在离开帝国主义的武装占领区域和通商大埠较远的某些区域中，民族解放运动还没有发展到直接武装斗争的阶段；但是农民解放运动往往已经达到了反封建斗争的最高阶段。在这里，当民族解放运动向前发展的时候，中、小地主或民族资本家出身的人参与民族解放运动的可能性自然减少些，但民族解放的阵线也更单纯些，同时从封建势力下解放起来的农民大众成为未来的民族战争中的最坚强的部队之一。在这些地方，基本的任务仍旧是要尽量集中一切不依靠封建剥削为生存基础的、可能的解放力量，准备当前的抗敌救亡的民族战争。

此外，在一些区域中，民族解放运动和农民解放运动都还没有达到最高的形式；在那里，就应该依照主观的和客观的条件，把两种运动的低级形态（抵货、减租等）很技巧地配合着，推向广的方面和深的方面发展去，使达到最后的解放。这里应该注意的仍旧是：尽可能地团结一切可能的解放力量，打击当前最主要的敌人；但是不要因为姑息或害怕上层分子的动摇，而压制了解放运动的基本队伍——劳动大众——的发展。

一切解放运动都是残酷的血的斗争，同时也是一种高深的艺术。为了完成这解放运动的任务，不仅需要卓越的毅力和牺牲的精神，而且需要绝妙的艺术手腕，使能适应着现实的具体环境，技巧地运用各种策略，以达到最后的胜利。

民族问题和农民问题

关于领袖的人格问题、关于实际干和写文章[*]

答　复

樵槟先生：

先生对于梁漱溟先生的人格虽然没有什么意见，但是很不赞同他的主张；你这样把个人的人格和主张分开来观察，当然是正确的。但有许多人往往把这两件事混作一谈，往往因为受了某个领袖的人格所感动而去盲从他的主张，所以我们想借此机会来谈一谈这个问题。

这里首先要声明的就是：我们并不是轻视人格问题，更不是反对每个人要有高尚的人格，反之，我们认为这是做人的基本条件。但是正是因为如此，所以我们认为一个社会改革家仅仅有高尚的人格，还是很不够的。

我们在赞成或反对任何种社会主张或社会政策的时候，所注意的是这主张或政策的本身，而不是在提倡这主张或政策的那个个人的人格。我们批评乡村改良主义，因为它不能解决今日中国的社会问题；我们反对乡村改良主义者，因为他们想用"头痛医头，脚痛医脚"的改良办法来代替中国社会问题的唯一的彻底的

---

[*] 原载《中国农村》1936，2（8），"通讯讨论"栏目，第71—73页，署名通讯讨论组，经考证为孙冶方执笔。

解决办法——反帝反封建运动。至于改良主义者的人格问题根本不会成为我们的讨论对象。我们仅可以假定改良主义者的人格个个都是高尚的；（事实上当然并不见得如此）但是当他们一日不放弃他们的改良主义的主张，便一日不能终止我们的批评。他们的"高尚的"人格除了做推行改良主义膏药的广告以外，没有其他效用。

从前有一位意大利经济学者迦利安尼（F. Galiani）反对法国的重农派经济学者的时候，曾经说过，愈是正直的空论家，愈是危险，因为"江湖术士和恶汉骗子们是没有什么可怕的，他们很快就会把自己的真面目暴露了出来，但是你们应该当心一个走入了迷途的正直人，因为他是不知道怀疑的……"。我们的改良主义首领的"高尚人格"充其量也不过是等于这些空论家的"正直"而已。同时因为他们都是以乡村工作的导师自居的，他们不仅发表空论而已，并且还在实际地干，所以他们的影响也就更大。

先生希望我们的刊物在内容上再充实一些。我们除了完全接受先生的要求以外，更感谢先生对本会和月刊的爱护心。在二卷五期月刊上，我们发表了"为什么要批评乡村改良主义"一篇文章，这中间除了说明批评改良主义工作的意义以外，还在正面提出了我们的主张：在七期发表了一篇"民族问题和农民问题"，这里更提出了解决当前中国两个主要问题的基本方向。以后，在环境允许的条件下，我们自然应当多发表些对于这一方面的具体指示的文字。

来信要月刊编者去干实际工作。从你的口气看来，所谓干实际工作，大概是指乡村的实际工作，而且是与所谓"写文章"工作相对立着的。我们当然完全承认实际工作的重要性，但是也不看轻"写文章"的意义，更不把这两种工作机械的对立着看。我们认为"写文章"是整个实际工作的一部分。就以中国农村经济

关于领袖的人格问题、关于实际干和写文章

研究会的工作而言，其重心虽在理论研究，但也不仅以出版月刊一事为限。在会中服务的同人也不止月刊编者一人（大半都是另有职业和工作的人，在会中服务全系义务性质）。我们并不把自己工作的意义看得过高，但也自认对于社会不无小小贡献。即以月刊而论，在贵校七百余同学中，竟能每班至少有两份，且已得到大多数人的信仰，使他们不再在改良主义的影响下去盲目地胡干，那也就不能说没有多少意义。因此，至少在目前，不能叫我们的月刊编者放弃了月刊的编辑工作（即来信所谓"写文章"），而完全到乡村中去做实际工作。但是有一点，我们是完全可以答应先生的：即是以后我们将使本会同人在不放弃会中原有的工作条件下，更积极地参与乡村实际工作（本会会员大多数本来是乡村工作青年），另一方面，更希望参加乡村工作的人员而又同意本会向来的主张的都来加入本会，以充实我们的工作。此祝努力！

通信讨论组启

来　信

编者先生：

《中国农村》和我见面还不久。因为我落在这个农村兴味浓厚的乡村服务人员训练处，我才注意了农村的讨论，于是《中国农村》就和我结了不解缘。至于我个人，是不愿意来参加这个团体，因为这里的最高领袖是梁漱溟先生，我对他个人的品格虽无什么意见，但是我总以为他不会给农村什么好处，最大的原因就是因为他是一位观念论者。

先生！我承认我看的书太少，可是我的信念是不轻易变的。

我受了这六年的师范教育，在信念上并没有变更。听见别人的反宣传，气得我肚子痛；然而我没有制止他的能力。在群众间，以往我似乎能在适宜的时机干一点，可是这群众我没有方法将他们永久地抓住。所以造成了信念是信念，实行是实行的我。我看了《中国农村》以后，我心头的情绪又急剧的高涨，只要先生你的思想不变，我愿意永远地追随着你。不过我以为实际地干，比写文章有效得多，我望先生急速做起来。（这也许不难）。

先生！我报告给你一个好消息，在这七百余师范生的团体中，并且是梁漱溟领导着的，我们的《中国农村》是潮水一般地扩延着。因为经济的关系，虽不能每人买一份，然而每班里（十人至二十人）至少有两份。学生与教师常在日记上辩论。现在负责训练我们的人，是已经承认了他的失败。三个月后各人都要派到乡村服务，我们既然不对这乡建派发生信仰，当然不会再去盲目地胡干，另外就是大家虽然已经对先生有信仰，而没有从先生手里拿到办法。可说我们的目标是定了，现在只剩下怎样达到这个目标的问题。所以我希望《中国农村》在内容上要再充实一下。

先生！我热烈地希望我们团结起来，实现我们的理想。我希望能受到先生的指导，我想先生只要不是一个高调论者，一定能接受我的要求。

樵槟启

理论批判的练习

答 复

王立先生：

你的两种批评在大体上都对的。不过第一种批评还嫌不够。我们手头恰正没有二卷三期的《研究与批判》，不知道此文作者的整个意见。如果他是赤裸裸地提出了"均平分配"的口号还是不够的。因为光是提倡分配土地而不取消土地私有制，那么在目前即使"均平分配"了，但在资本主义社会的乡村分化的影响下，经过了土地买卖的过程（不取消私有制，当然就不能禁止土地买卖），必然又要形成土地所有的不平均现象。所以正确地说，土地问题之彻底解决方法不是赤裸裸的均平分配，而是土地国有（即由国家分配与农民耕种，农民仅有耕作权而无所有权）。再有，土地分配问题在目前当然是土地问题的最主要的内容，但不是唯一的内容。例如苏联在十月革命后，就实行了土地国有的政策，即是已经解决了土地分配问题；但是如果没有以后的集体化运动，那么土地问题还不能说已经得到了彻底的解决。所以，土地问题应该包括到土地分配和土地使用这两方面，但分配问题是最基本的问题。

---

* 原载《中国农村》1936，2（8），第73—75页，署名通讯讨论组，经考证为孙冶方执笔。

你的第二项批评完全正确。因手头无《进化》杂志，故不能断定是否有另作批评之必要。读者来稿可分别登载于《中国农村》现有各栏，因篇幅关系，不能再另辟一栏。

通讯讨论组启

理论批判的练习

来　信

编者先生：（前略）

我在读各种刊物上的文字时常拿自己学得的理论来批评它，借以复习及运用理论。不过，在这初起试验时，自己还没有十分的把握，不敢肯定自己推断的就对。现在列举别处几篇关于农村问题的文字并附上我自己的意见，请先生给我指导或修正一下。

1. 《研究与批判》二卷三期上一篇"中国农村土地问题的归趋"的结论这样说："最大的必然旧趋势将是变革现存的土地占有形式即'均平分配'和改换旧有的生产方法即'正常使用'。"我以为现在农业生产所以破毁，是受着生产关系的限制；而土地问题最占重要。土地成为问题的，就是分配不平均。所以唯有使土地"均平分配"才能解决土地问题，也唯其如此才能得到"正常使用"。因此，我觉得这篇文字对于土地问题的总归趋是说得很对的。

2. 《进化》一卷二期郭颂铭先生在"应如何去建设农村"一文中说的方法是这样："如劳力资本互相合作，然后再做公平分配，做有计划有系统之集团农场，从事生产，则产业既可发达，而资本主义所产生之畸形社会，亦可避免。"他又说："如以合作之方法做普通农村之复兴，则此种恐慌之扰扰攘攘现象概可免除。"他说的从合作入手去建设农村，是不是能获得这样的结果，是很成问题的。因为他说的劳力与资本互相合作,在现社会制度下,实属不可能;利益极其冲突的劳动者与资本家能根据合作原则真实合作起来吗?这除非是傻子谁也不做那样的梦。还谈什么公平分配,做有计划有系统之集团农场,从事生产呢?所以我以为他这个建设农村的方式,只是逃避重大的前提而在那里做梦呢?

先生看过上面的两项,以为我的意见如何?尤其是第二项,先生若有工夫找出他(郭颂铭先生)那篇文字全看一遍,以为值得批判时,就写一篇刊在《中国农村》上,那是我顶顶希望的。因为我试写了一篇批评那篇文字,(应如何去建设农村)。你能写一篇,我便可做绝好的参考。

同时,我对《中国农村》建议,可辟"读者论坊"或"大众习作"一栏以做广大的读者群练习运用理论,也是很必需的。

汴师王立启

都市工作和乡村工作之比较、如何克服农民的落后性、乡村工作的方式、如何达到最后手段[*]

答 复

姜度先生：

首先让我们向你和你的那些牺牲了自己的学业把自己全部精神供献给大众救亡解放斗争的同仁们致热忱的战斗的敬礼！关于你所问的问题简单地答复如下：

第一，当然，被"二十世纪的都市文明"所熏陶过的产业大众在文化程度上是比僻居乡村的农民要优越些，资本主义的工厂生活自然地又养成了他们遵守纪律的团体生活习惯，最后，他们无产者的社会地位又决定他们在任何斗争（救亡抗敌斗争在内）中都成为最坚决而又最有力的一个队伍。仅仅站在这一点上说，这个队伍的组织和训练工作自然有特别重要的意义。但是要光靠这支精锐而人数较少的队伍来孤军作战（尤其在当前广大的抗敌救亡运动中），它必然是要因孤立而失败的。所以产业大众必须另外找寻作战的友军，这种最主要的，而又最有力的友军当然就是农村的劳动大众。站在这意义上说，都市和农村的工作是同样重要的。至于都市和乡村的环境是各有困难和便利的地方。例如

---

[*] 原载《中国农村》1936，2（8），"通迅讨论"栏目，第75—77页，署名通讯讨论组，经考证为孙冶方执笔。

都市的统治组织是严密些,但是都市的大众如前面所说的一样,却比较容易组织些。反之,乡村的组织虽松懈些,但农民大众比较地不如产业大众容易组织。所以环境的问题完全要看各人自己的关系而定。例如你们在乡村中有种种关系可利用,自然感到乡村环境的便利,反之如果你们是生长在都市的产业大众的队伍中而对乡村情形完全不清楚,那么你们或者又要感觉到都市环境的便利了。

第二,农民的落后性只有我们耐心的教育解释工作和他们自己的实践经历才能克服。

第三,凡是可以帮助我们与农民接近,可以帮助我们做教育组织工作的一切团结形式,我们都可以利用。我们可以利用农村中的一切旧有的组织,用新的内容去充实它们。工学团当然是比较更适宜的组织形式。

第四,不错,一切斗争的最后手段是武装(尤其是在救亡抗敌斗争中),但武装并不是唯一的工作,亦不是主要的工作。主要的工作是组织群众,教育群众。如果没有群众,没有坚强的组织,那么就是有了现成的兵工厂也只好给敌人们去享用了。反之,优秀的组织,坚强的队伍,就是赤手空拳也能取得完备的武装,东北的义勇军就是一个实例。

通讯讨论组启

来　信

诸位先生:

我是一个从农村改良工作中逃亡出来的弱者,同时也是一个从农村改良工作中觉悟出来的醒者,自从看到了贵会编的《中国农村》月刊后，更加把我引上了坚决的认识的路，这是我要在这里向诸位先生致深深的敬礼——民族的敬礼。

我们这里有几个朋友，因为见到民族危机之严重，亡国灭种的大祸快要到来，绝不允许我们悠闲地在那牢狱式的学校里面去受那麻醉青年的教育。所以在暑假以后，我们不想再升学，而预备集合四五个志同道合的朋友，利用一些旧势力，在故乡办一个小学校，一方面做我们私生活（当然是最低的）的根据，另一方面想利用工学团的形式实行我们组织民众、教育民众的目的。

如今在人力和物力方面，大致都可以不发生问题，但是对于以后的进行，还有很多的疑问，现在写在下面，希望你们来函予以恳切的具体的解答！

第一，照现在的形势，我们要找民族的出路，找劳苦大众的出路，都市和农村两者哪一方比较重要些？哪一方比较容易活动些？据我们的经验，感觉在都市（尤其是内地的都市）统治势力稳固几乎无从活动，所以我们认为在农村旧势力掩护之下，比较容易活动，但是农民的落后性，我们是知道的，所以：

第二，我们用怎样方法去克服农民的落后性呢？

第三，我们到底哪那一种方法哪一种形式来做我们达到目的手段呢？我们想利用工学团的形式，可不可以呢？这一点也请特别注意。

第四，我们知道，我们各式各样的最后手段是武装，是把群众自己武装起来，领导他们去斗争，去和帝国主义以及一切剥削者斗争，但是我们怎样达到这一个目标呢？

敬祝！

为大众努力！

都市工作和乡村工作之比较、如何克服农民的落后性、乡村工作的方式、如何达到最后手段

读者姜度

两种敌对势力的统一问题

答 复

亚大先生：

你来信所说的问题不大清楚，我们姑且照我们所了解的答复如下：未知是否是"所答非所问"。

你的来信说："……可是在统一的时候有一方面若变作了力弱的被动，我们应取哪种的方法来运用，好得我们牺牲的代价呢！"来信且以农民作为这个"力弱的被动者"的代表。

在每一个阶段的斗争中，参与的社会集团很多（尤其是在反帝反封建的阶段中），它们的斗争的坚决心是不同的。这中间只有产业工人最坚决、最彻底；其他社会集团，或者自身内部是不统一的（如农民），或者是动摇的，是在斗争的发展中，要中途退出的（如民族资本家和富农），但是他们参与这斗争是自动的，是为了各自自身的利益。在斗争的每个阶段中，一个共同的斗争目标把它们统一在同一的营垒中。在斗争中，这些动摇的不坚决的集团，在先进集团的正确的领导下，可以被推动前进，增强他们的斗争决心，但不能因此就说它们的参与斗争是被动的。

再者，先进的社会集团在每个斗争阶段中应在一个共同的目

---

* 《中国农村》1936，2（8），"通讯讨论"栏目，第77—78页，署名通讯讨论组，经考证为孙冶方执笔。

标下联合一切可能的友军（不论这友军的力量是如何微小，它的持久性是如何短促），以便给当前的敌人以致命的打击，以最少牺牲获得最大的胜利。这种联合对于参加斗争的任何一方都有利益（可以打倒共同敌人）。故来信所说（我们的牺牲）是不对的。

通信讨论组启

来　信

通讯讨论组：

（上略）我有一个问题要求答复：

在两种势力根本对立的情境之下，遇着同一的更凶恶的敌人的时候，有许多论者都说他们这时即应当统一起来；可是在统一的时候有一方面若变作了力弱的被动，我们应取哪一种的方法来运用，好得我们牺牲的代价呢？还是根本的离开这统一的队伍而另寻他法呢？（如农民在未来的战争中的例子）

亚大启

给洪克平的信（1936年）*

漱琅：

　　星期天下午我给你写了一封信寄在学校里的，你该收到了吧！

　　前次你曾说过：过了二十号以后你又要开始忙了。那么这两天，你该是在忙了。今天是星期二，你一天有课，这时候想是疲乏得在家里睡觉了。

　　你的咳嗽该好了吧！希望你这两天的身体比最后一次和我见面的时候更康健活泼了。健康是最重要的，失去了健康，那么即使你有了最先进的思想和最坚决的意志，也是无济于事了。在这气候善变的秋天，还望你善自珍重！

　　前几次你同我见面的时候，曾屡次同我说过想学日语和社会科学等。我因为见你身体很不好，事实上连学校里的功课都干不了，何况自己读书。故此，我没有同你详细谈论这问题，这几天虽没有接到你的信和电话，但是我想你的健康一定完全恢复了，所以我想同你谈谈自修读书的问题。

　　我曾劝你不要读第二种外国语，而暂时只把英语弄精它，把英语至少学到能够看书。你当然能谅解我这意思并不是说日语没有学习的价值，更不是说我不愿意帮你忙，所以做遁词。外国语

---

　　* 1936年9月22日写给洪克平女士的信。洪克平原名洪漱琅。毅刚是孙毅刚的简称，是孙冶方的别名。"研究会"系指中国农村经济研究会。1937年9月，孙冶方与洪克平结为夫妇。题目为编者后加。

是我们接受世界学术思想的唯一工具。外国语尤其日语是应该学习的。但是应该把某一种外国语弄精，至少应该对于"听""说""读""写"都能勉强应付。如果学很多种外国语，但是一样都不精，一样都不能用，那是劳而无功。所以我劝你应该把英语当作你基本的外国语，把它继续研究。因为你对英语是比较有根底的，学精它要比较容易，并且英语的用途是比较日语要大些。把日语当作第二种外国语，暂时只求能够看书就好（日语书籍是比较容易买的，且学习看书是比较不难的。）。等到你的英语弄精了，再学习日语时一定可以事半功倍。

至于社会科学方面的书籍，当然是时时应该阅读的。经济学是比较基本的科学，所以我劝你先把《沈著大纲》一书读完。你在研究社会科学时，如果有问题发生，我当尽我能力所及帮你解答。你如觉得有必要时，每星期可以规定一个固定的时间以供讨论（这样或者容易进步些，且不至于中途停辍。）。至于在我一方面是永远准备为你效劳的。

这几天因离月刊出版期近，更忙了——忙的连望望对面屋顶晒着的阳光都没有空了。昨晚我又发了个寒热，但因为有一篇译稿非我把它校对完不可，所以迫着我不得不在寒热中工作。我坐在床上，下半身盖着一条厚被，上半身穿起一件棉衣，一面出汗，一面挥笔。到夜半 12 时左右校完了 6000 字。人疲乏得想睡了，衬衣也被汗水浸透了，可是寒热也退清了。这是新发明的退热法，未免蛮一些，但颇有效验。

今天我已完全健康了，从早上八时半工作到现在，差不多没有停顿，但并不觉得疲倦。现在我要回家去睡了。再会吧！

给洪克平的信（1936 年）

毅刚　上

22 日晚九时在研究会

我的咳嗽已完全好了，谢谢你的药！　　又及

给洪克平的信（1937年）*

漱琅：

我到苏州已经有两封信寄给你（连这一封三封），你怎么不寄一个字给我。

这几天我在埋头校对，但是进行甚慢，照目前情形推算，恐怕一个礼拜之内我还不能来申，你看如何是好？

以前我在少农家住，总不感觉寂寞的。此次不知如何心总是定不下来。但是心越是不定，做事越是不能够快，越不能够早日回来见你……这真是一团矛盾。

昨天因为多赶了一些，晚上又睡不好，今天精神来不及。一吃午饭便出去玩了两个钟头，现在又快六点了，还只校了二千多字。

昨天起日报已停工。苏州又无晚报，以致今天没有报看了。希望你买些晚报或号外寄来给我看看。

下星期你能来苏玩否？望来信告我。并且你把你的课程时刻表告诉我，这样我可以替你定选、定乘什么车来苏州。同时，你如果不来苏，我也可以根据你的时刻表决定我自己乘什么车回申。因为我愿拣你没有课的时候到上海，以便来你学校找你。

旧历年快到了，希望你很快乐地过年，但当心不要吃坏了肚子。

---

* 1937年2月8日在苏州写给在上海的洪克平女士的信。洪克平原名洪漱琅，毅是孙毅刚的简称，是孙冶方的别名。题目为编者后加。

来信希望你把这几天的生活告诉我。那册英文书读了多少？三哥等见到否？协群升学事如何了？

　　祝你快乐！！

你的毅　上
8日下午六时

给洪克平的信（1937年）

乡村运动大联合的基本认识*

张宗麟先生在 8 月号《中国农村》上，提出了各派乡村工作者的联合战线问题。这是值得全国乡村运动者赞助的。

"联合战线"在今日已经成了全国救亡运动的中心口号。但是在乡村运动方面，这样具体地提出的，似乎还是第一次。所以张先生这篇论文对中国乡村运动的前途具有非常重大的意义。

关于乡村运动中建立联合战线的客观基础，已经在张先生的论文和编者的附记中讲得很详细。概括地说就是：不管各派乡村运动者的主张如何不同，但是他们都不能否认"救国"是当前最迫切的任务；同时大家的实际工作又都把乡村选作自己的对象。当此民族生存到了生死存亡的关头，大家就应该在"救国"的共同目标下，在乡村工作的共同基础上密切联合起来，以求达到这共同的目标。

本文作者在《民族问题和农民问题》那篇论文之中❶也曾经从理论方面和实践方面指出了乡村中各级人民建立联合战线的基础，同时又具体地指出了乡村中建立联合战线的办法，具体地指出了在经济政治的发展不相平衡的各个区域中，应该怎样在联合战线的共同口号下，把民族运动跟农民运动很技巧地配合起来，以达到民族解放和农民解放的最终目的。

在这篇文章中，作者愿意从另一方面出发，即从各派乡村运

---

* 本文原载《中国农村》，1936，2（9）。

❶ 《中国农村》，1936，2（7）。

动者的对立出发，来说明农村运动中的联合战线。

如今有许多参加救亡运动的人，因为害怕联合战线的破裂，所以就讳言社会分化。其实这是错误的。社会各阶层的分化是事实。我们讳言这事实，并不能消灭这事实，而只是表示自己对联合战线缺乏坦白的诚意，其结果并不能够促进联合战线的巩固。我们应当从社会分化中去求社会团结，从对立中去求统一。

在乡村中，有地主和农民这两个截然不同的社会集团。如果请一位地主和一位农民（尤其是佃农）来解决租佃纠纷问题，那么他们两个提出的解决办法一定是不同的。就以农民本身而言，也不是统一的。这里面包括有所谓乡下财主的富农；有濒于破产的农民，有介于二者之间的中农；此外，更有专靠出卖气力来维持生活的雇农。我们如果请一位站在雇主地位的富农和受人雇佣的雇农来解决工资的增减问题，那么他们的态度也一定是不相同的。

今日乡村运动中各种不同的派别，固然有不少是门户派别主见造成的，但主要的是以上面那些不同的社会阶层为背景的；因此，我们不能简单地把它们看作是一种"宗派"分别。

乡村运动中的派别虽多，但是可以把它们归纳为两大营垒：一个是以地主和富农为背景的现状改良派；另一个是以大多数劳动农民为背景的现状"改造"派。

同时，也恰如地主和富农是隶属于两个不同的社会阶层中的，而地主内部也有比较保守的和比较自由主义的种种；所以同属于现状改良派的乡村运动者，对于改良现状的办法也会有各种很不同的主张（例如有的主张用恢复中国旧有的封建道德来维持濒于崩溃的农村社会；有的主张用灌输欧美的学术思想来改良这破烂的局面）。

然而我们要问，在这些利害不同的社会集团和乡村运动者之间，还能不能找到一个共同的立场，来作为建立联合战线的基础呢？当然是能够的。这个共同的立场就是他们都不愿做亡国奴。这种不愿做亡国奴的决心，并不是从他们主观的高尚的道德情操出发的，而是有客观的经济利益做基础的。

这里我们先从地主说起。在亡国之后，地主们的田产也有被帝国主义者吞并的危险。尤其因为在地主阶级中，以人数来说，中小地主要占一大半，他们的生活没有大地主那样稳固。他们或者是兼营工商业的，或者是当公务人员的，或者是自由职业者。帝国主义侵略、民族经济的衰落和国家的灭亡，给予他们的打击是很大的。因此站在地主阶级本身的利益上，他们是应该反对帝国主义侵略的，是会参加救亡御侮的民族联合战线的。

其次说到农民。农民本身虽然也不是一个统一的社会集团；但全体农民的大部分痛苦和贫乏之解除，必须在抗拒外力后，方有结果。农民中的富农的社会经济地位是比较优越些，但是帝国主义侵略和民族经济的衰落，使他们的农业经营不能发展成为资本主义的新式农场。所以他们的前途是跟推翻帝国主义统治和民族独立不可分离的。至于其余大多数的劳动者农民，更是帝国主义侵略下的真正牺牲者。在国家灭亡、民族丧失独立的场合之下，他们将以自己的生命，自己的血汗，去偿付全民族的损失。因此，他们是乡村中抗敌救国的最彻底的分子，是联合阵线中的基本队伍。

在目前，当帝国主义侵略一天复一天地露骨化，并且进一步而成为武装占领的时候，当亡国灭种的惨祸成了现实的威胁的时候，抗敌救亡已经成了全民族的中心任务。因此，乡村中各级人民也就应当在"抗敌救亡第一"的口号下共同联合起来，团结成一个统一的大军，去同我们当前的主要敌人决斗。农民们只有在救亡运动中去找寻自己的出路，去坚强自己的组织，提高自己的地位。

乡村中各级人民的联合，并不是取消了各级人民的独自立场。在地主和农民之间或富农和雇农之间的社会经济地位之差别没有消灭之前，要他们对于租佃纠纷问题，或工资增减问题，采取完全相同的立场，在事实上是不可能的事情。

在这里有人或者要怀疑到独立立场的保持和联合战线是否相矛盾的问题。譬如说，农民既然保持着农民解放的独立要求，那么他们对于民族解放中的联合问题是不是诚意的呢？他们对于联合问题是不是抱有利用的观念呢？又如乡村无产者（雇农）除了民族解放和农民解放之外，更保持着劳工解放的独立要求，那么他们对民族解放以至农民解放的联合问题是不是诚意呢？是不是更抱着存心利用的观念来参与这联合的呢？

本文作者在《民族问题和农民问题》一文中已经详细地说明了民族问题和农民问题的解放是不冲突的；而且农民生活的改善，是足以增强民族解放实力的。

在这里更可以打一个譬喻来说，民族解放、农民解放和劳工解放好比是一个梯子的三个阶段：民族解放是它的最低一级，农民解放是它的第二级，而劳工解放是它的最高一级。不论这三级阶段之间的距离有多远（事实上这三级阶段往往是交叉并进的）。我们绝不能机械地了解，以为一定要走完了第一阶段才能开始走第二阶段，走完了第二阶段才能开始走第三阶段等。但要跑上第二级去，当然更要彻底地跑完第一级；要跑上第三级去，当然更要彻底地跑完第一、第二两级。换句话说，要达到农民解放，必然要彻底地完成民族解放；要达到劳工解放，必然要彻底地完成民族解放和农民解放。民族解放和农民解放是劳工解放要经过的阶段，而绝不能说民族解放和农民解放是劳工解放者的利用手段。

因此以劳工解放和农民解放为最终目的的乡村工作团体和乡村工作者，真不必把自己的最终目的遮掩起来，但同时也绝不会妨碍到同那些只主张民族解放的人在现阶段上密切联合起来。抗敌救亡的联合战线不是做生意人的勾结，而是需要每个参加者在一个共同目标下共生死患难的作战同盟，在这里虚伪和客气是不需要的，而且是有害的。

各个乡村运动的团体和个人，尽可（而且应该）坦白地承认并且坚持自己对农村社会问题的不同的观察和不同的主张；但是只要认清了抗敌救亡是中华民族的唯一出路，而抗敌救亡的斗争是否有胜利的把握，是在于能否组织并动员3亿的农民大众来参与这斗争，那么就应该采取联合战线的策略，共同向当前最凶恶的敌人进攻。

乡村中的抗敌救亡的联合战线，应当以乡村中各级人民的现实的利害关系为基础，而不能以观念主义的"互相宽容"为基础，每个人和团体在社会上不能有超然的地位，而应当是属于某个一定的社会阶层的。在表面上站在超然的地位起来说话的，实际上只是把自己的独自立场掩蔽了起来而已。这种态度反而足以增加相互间的猜忌和不信任。所以参与联合战线的各个个人和团体，应该鲜明地标榜起自己的独自的立场（即对整个社会问题的独自见解），但同时又应该了解在抗敌救亡的联合战线中，大家是为着一个共同的目标而作战，应该亲密地携手共进。只有这样才能使参加联合战线的各个个人和团体不至于"同床异梦，各怀鬼胎"，不至于甲怕被乙利用，乙怕被甲利用。只有这样才能使联合战线在现实的基础上巩固起来。

抗敌救亡是全国各级人民的共同任务，因此以抗敌救亡为目的的联合战线应该是全民的。但是我们对于"全民"这两个字，不能了解得太死板、太机械了。对于那些被敌人所雇用的汉奸们，我们是不会去请他们来加入的，而那些一贯地向敌人屈服投降的不抵抗者，是不会来参加抗敌救亡的联合战线的。但是这并不损害到"全民"二字的真实性，因为受敌收买或向敌投降的人，在事实上早已自己取消了公民的资格。

联合战线既然是抗敌救亡的作战同盟，那么加入这联合战线的唯一的条件，应该是参加抗敌救亡的实际斗争。社会上一切可能的抗敌救亡的力量，当然都应该团结到这战线中来。

但是参与这战线的各个社会阶层，对于抗敌救亡的决心程度，以及他们的力量的大小是各不相同的。不用说，3亿的农民大众是乡村中势力最雄厚的抗敌救亡的大军。他们的社会地位决定他们对于抗敌救亡的斗争是最坚决的。然而在现社会中，农民们在经济上，在社会政治上，都是最被压迫的。苛重的负担使他们终年在牛马般的劳苦生活中过日子，乡村中的黑暗势力的统治，剥夺了他们的最低限度的政治权——团结和说话的自由。真如拖着锁链的、饥寒交迫的奴隶所组织的军队不能成为战斗力强大的军队一样（在古代奴隶社会中，奴隶和俘虏常被锁在战舰中做划桨、烧火等工作），我们的重重压迫下的农民，如果不把他们从经济的和政治的压迫下解放出来，也不能完全发挥他们的抗敌救亡的伟大力量。因此从事乡村运动的团体如果已经把抗敌救亡的工作当作是当前的主要任务了，那么也就应该把改善农民的经济生活和政治地位的工作，看作是整个抗敌救亡工作的一部分。

不用说，不仅是农民的彻底的解放，就是他们的经济政治生活的局部的改善，也都会同乡村统治者——地主们——的利益发生直接冲突的。如果地主对于抗敌救亡的斗争是具有十二分的决心和真意的，那么他为了培养抗敌救亡的这个主力军，就应该相当让步。但是地主不是个个这样深明大义的。在这种场合之下，有些地主就会对于整个抗敌救亡的工作发生动摇，开始退缩，以至于完全跑入敌人的营垒（汉奸队伍中的领袖十之八九是地主买办出身的人物）。

到这时候，每个从事乡村运动的个人和团体就应该决定他们的去从：跟着地主跑呢？还是跟着农民跑呢？如果对于抗敌救亡的工作是下了真正的决心的,那么他就应该毫不迟疑地跟着乡村中的这个主要的抗敌救亡的大军——农民——跑,而不应该因为姑息少数的动摇分子而牺牲了主要的实力。

国家和民族的生死存亡已经到了最后的关头。我们应该团结并集中我们的一切力量,来同我们的共同的敌人奋斗,以争取我们的生存权。一切从事乡村运动的个人和团体向来是以"复兴民族"相标榜的,那么如今就是表白自己的诚意的最好机会了。中国农村经济研究会、生活教育社和妇女生活社三个团体已经发起了乡村运动者的联合战线运动,凡是对于国家民族关怀的人们都应该来响应这号召。关于联合的具体的办法,当然可以由(并且应该由)各个乡村团体来共同讨论;但是对于这运动的怠工和不理睬,却是对于民族和国家的不可赦的罪过。

关于半封建社会的解释及其他[*]

答 复

光前先生：

我们对于先生所问的三个问题分别答复如下：

1. 我们不能说每一个社会中都包含几个以上的社会秩序（来信称为"细胞"不大确切）。同时包含几个以上的社会秩序，只是过渡时代的社会才如此。例如革命后的俄国正从资本主义走向社会主义的道路，那时俄国社会中存在有以下五种社会秩序：（1）宗法家长制的，（2）小规模的商品生产，（3）私经济的资本主义，（4）国家资本主义，（5）社会主义。但在今日的苏联社会主义的社会经济秩序已占有绝对优势（社会主义的经济已占98.5%），除了农村中还有若干私有经济的残余以外，其他三种社会秩序可以说已经完全绝迹了。

在目前的中国，我们简直可以说，上述革命后俄国所存在的五种社会经济秩序都存在着。而且除了这五种以外，更存在有革命后的俄国所没有的半封建的以至于纯封建的（后者主要存在于内蒙、西北、西南等边区）社会经济秩序。不过在中国支配的社会经济秩序不是社会主义的，而是半封建的社会经济秩序——社

---

[*] 原载《中国农村》1936，2（10），"通迅讨论"栏目，第79—81页，署名通讯讨论组，经考证为孙冶方执笔。

会主义的社会经济秩序还正在若干区域中抬起头来争取它的生存。

　　来信所问用什么社会生产关系做标准，未知是什么意义。在同一社会中所存在的各种社会经济秩序之间只有支配的和非支配的区别，而没有标准的和非标准的区别。所谓支配的社会经济秩序，就是对各该社会的发展前途有决定意义的那个社会经济秩序。

　　2. 在现实的社会中，各种社会关系是交错着的，往往落后的半封建的生产关系会同资本主义最后阶段的财政资本统治生长在一起。科学家的任务也就在于怎样从这种错综复杂的情形中，探究出各种不同的生产关系来，并且分辨出哪一种是支配的，哪一种是非支配的。

　　3. 在本会所出版的书籍和杂志上的确"千篇一律"地认为中国的社会是被半封建的生产关系所统治的社会。这因为客观的事实是如此。我们不能在承认中国社会是半封建的社会之外，同时——为了换个新鲜花样——又承认中国社会是纯封建的或纯资本主义的。

　　但是我们所了解的半封建社会，却绝不是先生所说的：50%是封建社会的生产关系，50%是资本主义社会生产关系。资本主义关系和封建关系分配得这样平均的社会，在事实上是不会存在的，而且就是存在着这样的社会，那么我们也无从去测量它是否二者各占一半。社会关系不像粮食，是不能用斗去量的，也不能用天平秤去称的。

　　所谓半封建的社会仅是指封建的社会关系已经在崩溃但没有完全消灭，资本主义的社会关系已经产生但是还没有成为支配势力的那种社会形态。在半封建的社会中，资本主义也可以恰正占了50%的比重（这是假定我们可以用一种度量衡去测量它的话，但事实如前面所说的一样是不可能的），也可以只占到40%或40%以下，也可以占到60%或60%以上。问题不在于百分数的计算，而在于资本主义已经冲破了封建的外壳而生长起来了，但是这封建的外壳仍旧束缚着这个资本主义的嫩芽，使它不能自由地长成为一棵资本主义的独立的大树。

只有这样的解释才不致使我们陷入机械的错误的观念。

通讯讨论组启

9月10日

来　信

编者先生：

读了贵刊，得益不少！贵刊发起一栏通信讨论，使读者们的意见得与贵刊互相交换，足见贵刊不是板起面孔的乡村老师。因此，读者也提出一点问题来共同研究：

1. 一个社会里的生产关系是多个"细胞"组织成的（如封建主义社会，资本主义社会，原始社会等），用什么社会生产关系做标准？

2. 在一个社会里，真有刀切两断的生产关系吗？

3. 贵会所编辑的书籍杂志里，千篇一律的半封建社会的名词。我真不懂在一个社会里的生产关系，真有封建社会的生产关系占50%，资本主义社会生产关系占50%，在这中间一点没有甲多乙少吗？

此等意见烦先生指教。顺颂

刻安！

读者张光前启

8月3日

关于农民运动中的几个实际问题

答 复

金谋先生：

我们热烈地同情你把领导并组织农民从事反帝反封建运动、争取被人夺去了的农民血汗的工作当作自己的责任。因为人手缺乏，把这封有意义的信搁到今天方才回答，我们对你觉得无限的抱歉。

你的来信中的问题大概可分成如下三点：（1）在豪绅势力足以左右乡村社会的场合，为着工作便利计，是否可以借重豪绅们的势力；（2）农民在失败后的意志消沉问题；（3）从事农民运动者的失业与行政处分的威胁问题。

关于第一个问题，在一般的原则上说，地主豪绅是农民斗争的主要对手，因此，使农民运动去依赖地主豪绅的势力，这是一件非常危险的事件。但是这并不是说在从事农民运动，尤其是在启发农民运动的过程中绝对不能部分地利用豪绅势力。而且事实上利用豪绅地主们势力的可能也是有的。因为第一，豪绅地主之间常有派别权利斗争的存在，所以当农民反对某些地主豪绅，有时（固然这些情形是极少）另一部分的豪绅甚至也可给农民利

---

* 原载《中国农村》1936，2，（10），"通迅讨论"栏目，第81—85页，署名通讯讨论组，经考证为孙冶方执笔。

用。第二，在启发农民运动与开始组织农民的时候，不一定是要求减租或直接提出反对豪绅地主的口号的。譬如，组织农民识字班，设立民众茶社，防止天灾等，对于启发农民运动和组织农民都是有极大的帮助，但是地主们对于这些事情还不至于完全站在对立的地位。又如军警地痞的专横，许多地主也感到不满意。所以反对军警地痞的专权，有时也不至于跟全体地主直接发生冲突。

在目前的阶段，救亡抗敌的工作，应该是全国各地农运工作的主要内容之一。但是这个救亡抗敌的运动，至少在初期还不至于跟所有地主发生正面冲突。而且有一部分地主——主要是中小地主——对抗敌救亡运动是相当同情的，甚至还能够积极参加；对于这些中小地主，农运工作者是应当联络的。

上面所说的，不过是抽象的例子罢了。总之，在个别的农民运动中，尤其是在农民运动的启发期，即是农民运动还没有普遍地展开而深入到一定阶段的时候，为着容易组织广大的农民，为着要公开组织广大的农民，为着启发广大的农民运动情绪起见，在许多场合，尤其是以前没有广大的农民运动地方，暂时利用地主豪绅的势力是可能的；而且利用的得法，是很有利的。但是这里必须注意的就是这种利用只是个"手段"，并不是政治上的联合。在每次应用这"手段"的时候，就应该注意到这"手段"对于我们的目的——对于开展农民运动——是不是能够给予帮助。如果这"手段"之应用不能给予帮助，甚至要成为阻力，那就应该毫不迟疑地把这手段抛弃不用。在这场合之下，就应该具体地考虑到各个豪绅对于目前运动的利害关系与其主观上的"道德"与"个性"等如何，最好不要等豪绅的态度有明显的表现之前，先确定我们的对付办法，对那些豪绅还应该暂时联络，用什么方法可使某些豪绅的阻力减小等。

反过来说，即是在某一阶段中，这"手段"还可以应用的话，那么在应用的时候，也必须非常慎重；特别是农民的领导权，不可轻易给地主豪绅夺去，而使农民组织成为地主豪绅们的御用组织。所以在进行农民运动利用豪绅地主的势力时，一方面固然将利用的程度与利用的目的弄清楚；并且为着避免农民组织变为地主豪绅的御用工具起见，还应该积极地加强农民自己领导自己的力量，务必使农民对自己的力量与运动有非常坚定的信仰，使地主豪绅们不可避免地中途突然反动时，不能给整个的农民组织有多大的损害。

关于第二个问题，农民在运动失败之后往往意志消沉，而组织也陷于不可收拾的地步，这是常见的事情。为着避免这种悲惨的结果起见，那就应该注意到如下的事情：

（A）农民运动必须在农民自发的要求上进行。即不论大的或小的运动，只有在农民自己认为非干不可，并明白地了解运动是为着什么，自己为什么必须参加这运动的时候，运动方才成熟。这样运动纵使失败，农民对于真理与利益的认识是不会动摇的，因此意志的消沉也不至于弄到"不可收拾"的地步。但是所谓在农民自发的要求上进行运动，这并不是说不去启发农民的要求与运动的情绪，而只是说不要强硬地提出农民不能接受的过高的运动口号，或强硬地拉拢若干农民去制造运动罢了。

（B）运动尽量应在可以胜利的条件下来进行。尤其是领导初次组织的，或初次发动的农民，应该特别注意这一点。但是所谓"运动尽量应在可以胜利的条件下来进行"这句话，并不能解释作放弃启发与接触农民自发的更深切的要求，或抑制农民自发的运动，而等待着"良机"。相反地，农民的要求是应该努力启发的，农民的自发要求运动是应该领导，应该组织的，但（1）切不可在不能胜利的条件下强硬地扩大农民运动的要求与范围；（2）切不可在运动的前途对于农民不利，而运动已开始并且已得到若干胜利的时候，还领导农民去坚持其他的要求来继续硬干。

换言之，当前途对于农民不利而农民已得到有若干胜利时，或甚至于没有胜利而农民的情绪已萎靡时，就应该设法结束这一运动，以减轻运动失败的程度。

（C）领导者在平时启发农民的要求与情绪的时候，应该忠实地告诉农民大众，达到各种要求的实现与农民自己的组织力量有怎样的关系，达到最高或者较大的要求实现时，农民运动须经过如何困难的努力，等等。这样可使农民眼前的运动纵使失败也不至于过于消极。

如果领导农民运动能够注意到上述诸点，我们相信失败既可减少，而农民在失败后的意志消沉也不至于认为"多一事不如少一事"吧。总之，农民运动在原则上是以能够获得胜利为前提，但是在事实上失败也是不可避免的，在失败时领导者是应该尽力减轻其失败的程度。在胜利时应该尽力扩大其胜利。但如果领导运动超过可能胜利的限度，这是可怕的危险，然而相反的，有可能胜利的前途而不去追求，将阻力估计得过大，而不去领导农民积极地活动，那一样也是可怕的危险，客观上是等于替对方恐吓自己。

关于第三个问题，这是和战争与流血一样的。在组织与领导农民运动，而要使自身绝对不受失业与更大的威胁或危险，这是不可能的事情。真正觉得解放农民是自己的责任的人，是应该自己无顾忌准备自己的种种牺牲。但是在可能范围内，即在不妨碍自己工作任务的范围内，领导者自己的危险是应该而且必须尽力避免的。因为避免无谓或可能有的危险是更能使自己多做工作，继续担负其神圣的任务。

金谋先生，关于你的来信，我们所能回答的只是限于这一些。这封回信还望你仔细地去读，如果有不明白或不同意的地方，或者还有其他的问题，也不妨再写信来，大家讨论。祝你努力！

来 信

编辑先生：

　　在农村工作的同志们，以及生长在田间、知道农民疾苦、蓄意有助于农民的人，先后在贵刊上读到不少有力量的指导农运的文字；因之我们能把握着时代的敌人，领导着农民大众，从事组织，做反帝反封建的工作，争取被人夺去了的农民血汗。这是我们从事农村工作的人应负的使命，也是我们平日在头脑中盘旋着的问题。

　　可是事实困难了。因为在半封建而列于次殖民地的中国，农村社会是整个社会的一环，当然也同样地被帝国主义以及封建势力笼罩着，许多土豪劣绅往往凭他们几代相传的恶势力，行使敲诈剥削的手段。站在民众地位，为民众谋利益的我们，应该启发农民抗斗的情绪，发展农民抗争的力量，初步使他们知道谁是友谁是敌，谁应该同他抗争，谁应该同他亲善，然后使乡村农民觉悟的分子，自行结合成一个斗争的团体，针对着现实抗战。可是这许多被我们作为目标的抗争的人，都是乡村中拥有实力足以左右乡村社会的人，他们或是乡镇长，或是旧任乡董地方士绅（乡人称"大先生"）。因为在地方上有相当的恶势力，当地的各机关各团体有的抱着做官的态度，有的抱着不闻不问的态度，因之地方上的事，只有这一般所谓大先生掌理，我们为工作的便利，易收成效起见，不得不借重他们（大先生）倡导，更有时不得不受他们的同情（因为他们的一举一动，足以破坏我们工作，动我们上司的视听），这样为着生活维持的我们，就不能不顾自己的职务，不能空着肚子同他们抗斗，即有意志坚强的人，不顾眼前的一切，依然领导农民抗斗的话，毕竟他们是官官相护，在真理没有的现在,他们领导农民抗斗的结果,走到失业群去了。社会给他们的教训是什么?民众们抗斗的结果,拘押了几个首领,许多人也因此不敢再发动,留着"多一事不如少一事"的印象,做着安安稳稳王天下的顺民,如果有人失了业再有勇气领导抗斗的话,那一定用一只大帽子盖着,用行政力量使你受苦不能动。这是一个真实的社会现象,亦是一个现实的社会问题,乡村服务的青年,处在这一个矛盾的局面,究竟应该怎样展开这一个僵局?务请裁答。

金谋启

7月4日

《中国农村》2卷10期编后记[*]

向来负责本刊实际编辑工作的薛暮桥先生在这一年来把自己的健康在月刊编辑栏中牺牲了。如今他病了,需要长期的休养。因此,这期的编辑就剩下几个生手在此做替工。这次月刊和读者见面时,读者在它的内容和形式上,如果发现到了以前所没有的缺陷,那就是替工还没有学会的缘故。我们一方面在此努力避免这些缺陷发生,另一方面希望薛先生早日痊愈,以免我们——替工们——继续出丑露面。

薛先生执笔的农村经济常识栏,在这一期也就因他的病而暂时停止了。

这一期是乡村运动联合战线问题的特辑。关于这特辑的本身已经在特辑栏的说明中讲过了,我们不再重复。不过,在这里我们应该特别向章乃器、平心二先生道谢:他们在百忙中抽空为我们写文章,使这期特辑的内容得能充实。章先生提出的几个土地纲领的检讨,实具有十分重要的实践和理论的意义,我们再一次地希望读者加以细心研究。

专论中叶民先生一篇《察绥蒙古的社会关系分析》是值得特别介绍的。"内蒙问题"已经引起国内许多人的注意,但是因为对于实际情形欠熟悉,很少有人能够给予一个明切的分析。叶民先生这篇文章以丰富的实际材料为根据,证明了今日的"内蒙问

---

[*] 原载《中国农村》1936,2(10),98页,原文无署名,经考证为孙冶方执笔。

题"是一世纪以来,王公、军阀、地主(汉人)和帝国主义者争夺对于蒙古人民的剥削权的斗争所演变成的结果。

中国经济讲座中,交通问题讲话一文在理论上指出了殖民地交通事业的特征,另一方面又说明了目前中国交通事业的现状。读了这篇文章对于今日中国一般经济现状及其社会性质之了解是很有帮助的。

最后,这次通信讨论中有一封信是讨论半封建社会的定义的,一封是讨论农民运动中的几个实践问题的;这虽说是两封信,其价值却不在论文之下,望关心此项问题的读者注意。

本刊已出到二卷十期了,三卷出版即在目前。那时我们预备再来一次大革新。希望读者对本刊内容形式的批评和希望在十一月中旬以前函告本刊委会,以便采纳。

"世界农村"和"小辞典"因篇幅关系暂缺。

《中国农村》2卷11期编后记[*]

壮丁训练（或公民训练）是目前风行各地乡村的一个重要运动。前进的乡村工作者对于这运动取什么态度呢？怎样来参加这运动呢？这想是许多读者所关心的问题。本期张西超先生的《怎样做壮丁训练工作》一文，就是答复这个问题的。

自从上期本刊发表章乃器先生的农村联合战线与土地问题以后接到许多讨论这问题的文章。但是有许多因为寄到太迟未及付排。有两篇——陈传钢先生的《论救亡运动中的农民问题》和章益先生的《国难中的土地问题和农业政策》——因篇幅关系，排好后又被抽了出去。这对于各位作者是非常抱歉的。

前两星期，薛暮桥先生的健康稍稍恢复了一些，就又动笔写了《中国农村经济的新趋势》一文，使本期农村经济常识又能与读者见面。薛先生的热心工作的精神，是我们非常敬佩的；但是，我们还是希望薛先生能够好好地休养，以备早日恢复健康，能以全力来为本刊读者服务。

本期中国经济讲座原定发表钱亦石先生的《中国农业问题讲话》，因钱先生临时身体不舒服，未能写就；故改登张德培先生的贸易问题讲话。钱亦石先生的农业问题准备在下期发表。

许多读者来信要求本刊多发表关于指导实际乡村工作的文

---

[*] 原载《中国农村》1936，2（11），54页，原文无署名，经考证为孙冶方执笔。

字。我们已经决定在第三卷中能依照这方针做去。但是我们希望各地乡村工作者对于这问题能多发表意见，因此我们发起了"我的乡村工作经验谈"的征文运动，望各地乡村工作者踊跃参加。

《中国农村》2卷11期编后记

"资本主义万岁"和"打倒资本主义"[*]

——关于中国社会经济机构的性质和当前的任务

资本主义制度曾经成为人类最先进的思想家所憧憬的理想社会，这是在很久以前，在卢梭著《民约论》和启蒙家编百科全书的时候，即是说差不多在一百五六十年以前（18世纪中叶）。

然而这没有好久。资本主义生来就是畸形的，它从娘胎里就带来了不少残疾。随着资本主义的成长，这些残疾也一天复一天地恶化起来。在19世纪初期的乌托邦（空想）社会主义者的著作中，资本主义制度就被描写成了罪恶的渊薮。

到如今，在大多数国家中，已经有好几代的人在资本主义的残酷的压迫下挣扎过。资本主义已经被绝大多数的人民所咒骂着；这制度已经成了"众矢之的"。到如今哪怕是资本主义的最忠实的辩护人也不会有勇气敢公然叫一声"资本主义万岁"。德国的法西斯党人为要支持现行的资本主义制度，不惜牺牲无数社会先进分子的生命，几乎剥夺了一切反资本主义者的呼吸的自由；然而他们仍旧要用"打倒资本主义"的假面具掩饰他们的"资本主义万岁"的本心，他们自称是国家社会主义者。这些都告诉我们，资本主义在人类历史上已经完成了它的使命，它应当从历史的舞台上被扫除出去。

这是现时代整个世界潮流告诉我们的人类社会的必然的发展

---

[*] 本文原载《中国农村》，1936，2（11）。

趋势。在我们中国，"布尔乔亚的思想代表者"或"小布尔乔亚"等头衔，虽然也已经成了摩登的骂人字眼，然而在事实上，资本主义自身还是一个可怜的被束缚着的囚人。帝国主义和封建残余势力便是这囚人身上的桎梏。

现代的机器生产是资本主义经济的主干。自从帝国主义用大炮攻开了闭关自守的中国的门户以后，以机器生产为基础的大工厂便在中国建立起来。这就是资本主义经济的开端，是它的胚芽；而且从那时候起，这胚芽是相当长大了。谁个否认了这一点，那就是否认了帝国主义侵入中国以后，这一世纪以来在中国社会中所起的急剧的变动。但是说这胚芽已经长成了一棵资本主义的大树，那也是太夸大了一些。

全中国的主要经济命脉（财政、金融、水陆交通等）是操在帝国主义者手里；帝国主义者可以左右中国的经济发展。首先说工业。殖民地民族工业的发达是跟帝国主义的利益发生直接冲突的，因此后者就利用种种经济的和政治的力量来阻止民族工业发展。中国的关税在表面上是独立的，但是在事实上，还处处受帝国主义者的牵制，而不能成为幼稚的中国民族工业抵御外资竞争的屏障。例如，日本的纺织资本家虽则要从中国运原料去，但是他们仍旧能够把用这原料所制造的生产品运到中国来倾销；使中国厂家因为花（棉花）贵纱贱，无法维持而把自己的工厂一个一个出盘给日本商人来做。

如今在中国各大都市中（尤其是沿海的）所存在的许多大工厂之中，有一大半是属于外国资本的。

从生产的种类而言，这些工厂大多是属于轻工业方面的。在重工业方面，只有一部分不能离开产地而存在的企业，如煤矿和铁矿等，而且这一类生产几乎全部握在外国资本手里。至于较高级的生产，如制钢和机器制造等在中国几乎完全不发达。原因就是在于帝国主义者不愿意半殖民地的中国拥有自己的工业化的基础——重工业；并且使后者永远成为替宗主国工业供给原料和粮食的落后的农业国度（即所谓"工业××和农业中国"的政策）。

　　资本主义工业发展的主要前提是国内市场问题。在中国，百分之七八十的人口是农民，因此要讲到国内市场问题就不能不谈到农民经济。可是这里的情形更是糟糕了。资本主义的经济规律还没有在这里确立自己的政权。乡村中的主要的统治者不是资本家，而是代表封建残余势力的地主和高利贷者。他们的剥削还不曾建立在资本主义的经济法则上面，而是建立在半封建的超经济的关系上的。资本主义生产的主要推动力是利润，可是在中国的乡村中，地主的地租和高利贷者的利息不仅吞食了这利润，而且侵占到了农民的生活资料（是在常态的资本主义经济之下被称作工资的那部分生产物）。这样就根本消灭了产生资本主义农村经济的地盘。

　　上述这种半封建的剥削和帝国主义侵略造成了中国农村经济的慢性的破产和崩溃，使农民对都市工业生产品的购买力减少到最低限度，也就是削弱了整个资本主义经济的发展。

　　其次就要说到银行。银行是资本主义时代的产物。在中国，银行不用说是很多。然而银行界中势力最大的却是两三家外国银行。这些外国银行也就是帝国主义者操纵中国经济命脉的总机关。

　　在工业资本主义时代，银行本来是聚集社会上的闲放资本以供给工商企业（尤其是工业），并促进后者之发展的一种机关。自从工业资本发展到了帝国主义的阶段之后，银行由于自己在资本主义经济中的地位之增强，从工业的辅助者而成了工业的统治者；银行资本跟工业资本之混合便形成了财政资本（或称金融资本）。但不论是工业资本主义时代的典型的银行也好，抑或是财政资本时代的银行也好；它的基础总是建立在生产事业——工业——上的。

可是我们中国的银行却就大为不然。民族工业的不发达和因此而造成的高利贷利率之存在，使银行资本的主要业务从生产事业而转入了地产买卖和公债投机等非生产事业方面去了（其实真确些说，是还没有从高利贷资本的非生产的活动范围而走入生产范围中去）。

中国的银行非但不能援助并促进民族工业的发展，而且成了民族工业的高利贷剥削者，成了民族工业发展的障碍。脆弱的民族工业往往成了银行资本的牺牲者。许多中国厂家往往因债权人的中国银行界的压迫，而把自己的工厂盘给了帝国主义者（如最近天津华新纺织厂因中国银行界不能给予救济而以 120 万元的代价卖给了日本的纺织托拉斯钟纺社。出卖契约已于 7 月 9 日签订）。在这种场合之下，中国的银行资本无形就是成了帝国主义者所雇用的摧残中国民族工业的刽子手。

更因为外商银行在金融市场上拥有最大的实力，中国本国的银行在许多地方不得不仰求于外国银行，甚至直接向后者通融款项。同时，中国的银行在政府或私人向外国举债的时候，往往以担保者的地位自居。那么，在此种场合之下，中国的银行又是尽了买办资本的职能。

此外，中国各银行的资本来源也不是工商业中的闲放资本，而是军阀、官僚、地主、高利贷者以超经济的手段剥削来的民脂民膏。

所以，中国虽然也同资本主义各国一样，具备了自己的银行——资本主义时代的产物——但实际上中国的银行不过是变相的高利贷者。同时，中国的财政资本也不是银行资本与工业资本的结合，而是军阀、官僚、买办、高利贷资本的大团结——这大团结的后台老板便是帝国主义者。

最后，顺便讲一讲中国的交通。现代的交通机关——火车、轮船、汽车、飞机等——也是资本主义时代的产物，它在资本主

「资本主义万岁」和「打倒资本主义」

义发展史上起有重大的推进作用。在中国,这些交通工具也早被帝国主义者输送了进来。在前几年,铁道和公路的交通已有相当的发展。这并且成了中国民族资本主义发展的乐观论者的兴奋剂,成了第二国际领袖樊迪文❶在欧洲招摇撞骗的工具,成了他宣传殖民地经济非殖民地化的理论根据。但"九一八"的大炮戳穿了这谣言的真相:前几年东北所建筑的几条铁道,如今已经成了日本使中国进一步殖民地化的大好基础。

本来,交通促进资本主义发展是要在民族工业自身能发展的条件下才有可能。如果工业本身在帝国主义和封建残余势力压迫之下奄奄待毙的时候,交通的单独的发展只是成了帝国主义者倾销货物和吸收内地人民的血汗的利器而已。

譬如,近年来各省公路建设很是发达。但是试问这些公路,除了军事上的便利以外,对于内地人民有何好处呢?新筑的公路是只准老爷们的汽车行走,至于农民们的牛车因为要破坏路基的关系是不准行走的;农民为要绕过公路就不得不走远路,因此交通利器反而成了交通的阻碍了。但这些公路都是农民们的金钱血汗筑成的呀。

据苏、浙、皖、京、沪五省(直辖市)交通委员会调查,五省市公路所用汽车、汽油、车胎、机件等消耗每年达 5000 万元的数目❷;试问经过这些公路而销到内地去的其他洋货还有多少呢?不用说,公路在目前的唯一任务便是洋货的推销员而已。

此外,还应该讲到的就是全国的交通机关大半在外资控制之下。航空公司不用说是以外资为主体的。内地和沿海的航业,主

---

❶ 樊迪文:王德威尔得(Emile Vandevelde, 1866～1938),比利时右派社会主义者,第二国际首领之一。第一次世界大战时起,屡次参加资产阶级内阁,历任司法、外交、卫生等部部长,曾参与缔结《凡尔赛条约》和《洛迦诺公约》。

❷ 见《申报》《申时社》通讯,1935 年 10 月 24 日。

要是操纵在英商的怡和、太古和日商的日清等外国轮船公司手里。铁道（除东北外）在名义上虽然大半为中国政府所有，但因对外国公司的债务关系，帝国主义者对铁道的经营与管理仍旧有很大的影响。这些在外资直接经营或间接影响下的交通机关，对于外国货的运销，当然给予种种便利，但中国厂家却就倒霉了。

试问这样的交通机关，对于中国资本主义的发展，能有多少推进呢？

综合上面所说的各点，资本主义社会的一切因素，在中国都已经存在它的胚芽，但是这些胚芽的发育是不健全的，所以使它们没有成长为资本主义的社会。阻止这发育的主要原因便是帝国主义的束缚和国内封建残余势力的压迫。

在今日，在资本主义已经成了罪恶的渊薮的今日，再叫喊着"资本主义万岁"的口号，那也的确是反动得太露骨了一些。然而在今日的中国，在帝国主义和封建残余势力统治下的半殖民地的中国，如果高叫着"打倒资本主义"的口号，那么说客气些是太"性急"了一点，说得老实些，是放松了当前中国社会发展中最凶恶的主要敌人——帝国主义者和封建残余。

不用说，反帝反封建工作的完成，在客观上只不过是肃清了资本主义的自由发展的阻碍，所以这工作的性质也就是布尔乔亚汜德谟克拉西的性质；但是这同"资本主义万岁"绝不相同。反帝反封建斗争是以反资本主义为其直接的发展前途的；换言之，是为了使反资本主义运动能在更广大更坚强的基础上开展起来。但是如果在目前提出"打倒资本主义"的口号，那么在事实上就是忽视了当前最迫切的反帝反封建工作，也就是事实上取消了前面的伟大的反资本主义运动，因为帝国主义和封建势力不肃清，那么反资本主义的运动也绝不能广泛地展开。

近年来，出版界关于中国社会经济机构的性质问题，曾掀起了好几次论战。可是一般人似乎对于这论争中两种不同的见解所

「资本主义万岁」和「打倒资本主义」

发生的不同的实践的结论，还极少注意。很多人似乎没有了解：如果是承认今日中国的社会经济机构是一个资本主义的社会经济机构，那么从这分析中所得出的实践结论，必然就要否认反帝反封建工作（布尔乔亚汜德谟克拉西性的工作）是目前最主要的任务。在民族危机日甚一日的当前，这种结论的害处当然是更明显了。因此，我觉得在我们研究社会经济机构时，能够同时对于上述的实践的结论加以一番考虑，那对于问题之解决是很有帮助的。

我们当前的中心研究工作

回忆本会各地的会员以及本会的机关志《中国农村》，过去的研究重心或研究的主要旨趣确是经过一度变更的。譬如在去年以前吧，我们还着重于中国农村社会性质的论战，农村调查的分类研究等等；到本年上半年，我们的目光主要就投到各种农村改良运动检讨，特别是从抗敌救国这一立场上来检讨；到最近数月来，我们的注意力差不多都集中在如何建立乡村中的联合战线这一具体课题上。研究工作的中心这样演进，无疑地是正确的必要的，因为科学的研究一定要以批判的姿态，深入具体问题的核心。在国难这样严重的今天，我们的研究使命自然非着重从农村经济的战野出发，来加强促进团结御侮的力量不可。本年八月间，本会因鉴于第四次全国乡村工作讨论会将在四川举行，特地会同生活教育社和妇女生活社发起建议全国乡村工作人员应一致团结共赴国难（原案全文见二卷九期《中国农村》），二卷十期的《中国农村》又特辟乡村运动联合问题特辑，征集各方人士对于建立乡村联合战线的意见，其目的即在完成前述的研究使命。不过第一因为全国乡工讨论会延期召集，使本会提案不能得到多方的敏捷的讨论（一部分人士之书面反响见二卷十期《中国农村》），第二因时间关系，前述特辑所征集得的意见亦甚有限，所以我们仍有努力研究乡村联合战线的必要。

---

* 原载 1936 年 11 月 20 日《中国农村经济研究会会报》第五号，71—72 页。原文无署名，经考证为孙冶方执笔。

讨论到乡村联合战线，我们所应注意的方面当然是很多的，如如何对付乡村改良运动者，如何组织并训练乡村工作人员等，不过其中最引人注意，最易引起纠纷，同时也就是乡村联合战线之焦点的问题，总要推目下土地问题的解决方式与建立乡村联合战线的相互关系。我们晓得中国农村中存有两大阶层即地主与农民，前者在乡村政治经济上所处的优越地位，后者在生产过程中和在人数实力上所占的重要性，在我们考虑到乡村中团结御侮的联合战线时，差不多是同样不容忽视的；不过问题也就从此发生了。中国农民是重重地被压迫在帝国主义（尤其是日本帝国主义）的铁蹄之下，他们抗日要求之迫切在根源上是丝毫不成问题的；同时一般地主从他们的土地和农产市场被人并吞或垄断这一观点出发，在目前有抗日的意识，大体上也是不成问题的。但是我们不能因此就说：乡村联合战线是能够顺利地迅速地建立起来，因为在另一方面还有问题的窒碍之处，简单点说，就是中国农民同时又受着国内封建地主的剥削，他们不但要求减租减税，同时还要求分得土地，然而这些要求，一望而知，是要引起地主之死命地反对的，是可能引起乡村联合战线之决裂的。于是问题就这样提出在我们面前了，为了建立乡村联合战线，农民在经济方面（主要即为土地）的切身要求应不应该提出呢？或是该用怎样的方式或是怎样的程度提出来呢？关于这点，二卷十期《中国农村》的乡村运动联合问题特辑（除章乃器先生的论文外）还不曾十分具体地谈到。譬如平心先生只说："乡运联合战线在对付某些农村问题和土地问题上，可以在不损害农民利益并不妨害乡村人民联合战线的原则之下，用协议的方式解决。"孙晓村先生只说到："这种生活（即农民生活）改善的努力，当然以不破坏乡村中各阶级的联合战线为限度，我相信这个限度，乡村运动者可以用说服并压倒地主等方法使它扩大的。"但是所谓"不损害的原则"或"不破坏的限度"到底如何，"限度扩大"以后又怎样等问题，还是不曾具体化。现在，先将对这些问题已经有的具体意见，扼要介绍于后，以备大家查考：

1. 全国救国会的意见——"大会认为为使占有人口80%以上的农民了解保存国土的重要，认识国家存在的利益，必须使耕者有其田，……大会认为在共同抗日的基础上，对于地主的合理生活，可由国家给以保障。"

2. 章乃器先生的意见……"我们可以采用丹麦的办法，由政府发行公债，收买全国的土地，而以之分给农民，……既然我们已经把地主归在联合战线里面……我们便不能规定农民可以用暴动手段没收地主的土地。"（详细请阅前述二卷十期《中国农村》特辑。）

我们当前的中心研究工作

3. 章益先生的意见——"汉奸卖国贼的土地和财产，应当无条件予以没收，救济联合战线中的贫苦农民；一切荒地不论有主无主，应即全部没收，奖励贫苦农民自由垦殖；对于地租和利息等类的剥削收入，应征累进所得税；地主富农们的大规模的农场，它的合法利益应受法律保护。"（见本会《中国农村》读者最近的一篇来稿，全文三卷一期《中国农村》将予发表。）

4. 孙冶方先生的意见——孙先生早在二卷七期的《中国农村》上就发表《民族问题与农民问题》一文，主张"驱逐帝国主义统治"的反帝战争，与"废除土地私有制"的反封运动，应该根据国内各地的实际情形，用各种不同的战术，经历几个阶段，使之同时达到总的完成。在二卷九期《中国农村》中，他又撰文说到当农民得到经济解放之际，地主会起而反对退出联合阵线，这时我们"不应该因为姑息少数的动摇分子而牺牲了主要的实力（抗战的实力）。"

5. 中国共产党为执行联合战线而修改后的意见——"一切汉奸卖国贼的土地财产等，全部没收；对于地主阶级的土地、房屋、财产，一律没收。没收之后，仍分给以耕种份地及必需的生产工具和生活资料，地主耕种份地之数量与质量，由当地农民群众的多数意见决定之。"（详细见章乃器先生前述论文之引用文中。）

　　上列五种意见虽有不同，但都肯定农民的经济利益（主要即为土地分配问题）是必需加以考虑。此外还有一种意见则与此相反，以为在国难如此严重的今天，我们所应努力的先是集中国力，抵御外侮，至于土地等问题是不应在这时提出以谋解决，因为它要引起地主的反感，破坏乡村中的联合战线。

　　前述各种意见，究竟谁是谁非，以及乡村联合战线的建立和农民土地问题的解决究竟应该保持何种关系，希望各地会员自己并发动有关系的人士来详细讨论一下！讨论结果，请即整理寄交本会发表，以供全国乡村工作人员和关心土地问题的人们参考。

会务报告*

一、组织情况

1. 会员人数。因为理事会不能如期举行，请求入会的新会员也就无从通过，所以会员人数依旧和前次报告时一样，是495人。从第四次理事会到现在的两个多月里面，请求入会的非常踊跃，共有141人，平均每天总有两个以上的人来请求入会。

2. 会员登记。在这期间，已登记人数又增加59名，先后登记的会员合计已达334人，其余未登记的111人中间，有一部分人是一向不与会内发生关系，也不履行会员义务，我们认为这是很可惜的事情，希望以后逐渐来改正。至于最近通过尚未超过三个月期限的，或有特别事故可以稍延时日的，我们仍盼望他们及早登记，使会务进行更可顺利。

3. 会费。本会的经济基础完全是建筑在全体会员的会费上的，全仗一些热心爱护本会的会友们来支持的，可是到现在为止，连最近通过的新会员在内，总计未缴入会费的还有249人，未缴当年会费的312人，这对于本会最近一年来的开支，因为会员的增加而日益扩大，确是一大困难，同时对于会务的发展，当然也是一大障碍。要打破这些困难和障碍，必须各地会友要尽了

---

* 原载1936年11月20日《中国农村经济研究会会报》第五号，第76—77页。原文无署名，经考证为孙冶方执笔。

会员的责任，按章缴纳入会费及常年会费。

4. 会员生活。本会最近从好多会友的来信和报告当中，得悉他们，都积极地在充实并运用自己的集体力量，使他们的生活丰富起来。他们不独在理论上打基础，有的已经进行到纯熟的实地的工作的阶段了。

在组织上特别显出成绩的，除了上海本市以外，还有温州和日本东京两处的会友。至于活动范围最广且有不屈不挠的奋斗精神，对于文化事业并有显著贡献的，那要算河南开封一带的会友了。他们除掉自己相互间有联系，谋进步以外，还更注意到本身以外的社会，他们成立立报分馆和小书店，并在进行特约销售处，以促进中原地带的文化。上海的会友能在座谈会的领导之下，组成小组分别研究，尤其注重读书和生活两方面，也是值得各地会友仿效的。

二、研究情况

1. 中心问题。在前一期会报上，我们曾提出"乡村工作人员大联合与今后乡村工作应含之内容"这个异常重要问题，作为全体会员在最近一二月内研究的中心，但结果只收到十几篇文章，这和将近五百会员的总数比较起来，不能不说是非常微小。我们在以前各期的会报上，都曾提出一个中心问题，但反应这个中心问题的研究运动的，总是异常之少。这个原因，一方面固然由于我们提出的中心问题不够适当，然而最主要的一面恐怕还在全体会员的忽视和"怠工"。这个现象如果继续下去，实在会使本会变成一个死气沉沉的虚设机关，所以，本会渴望全体会员鼓起精神，大家热烈地来讨论研究，这种研究对于当前的实践是十分需要的，此后，希望会员们对于这点特别注意。

2. 农村通讯。在过去将近两月的时间以内，本会所收到的通讯稿子，共有47篇，这在数量上说，不能不算是相当多的，可在质量方面检查一下，大多数的来稿是落在标准之下，所以有时依然要发生稿件的恐慌。因为通讯的稿件，除了中国农村月刊自己采用一些外，大部分是介绍到其他特约刊物上去的。最近稿件的出路比以前多了一些，因而人家来要稿子的时候，间或就要交不出货了。

因此，在月刊二卷十一期上登了一个"征求农村通讯"的启事，希望全体会员及月刊读者踊跃投稿。我们迫切地要求全体会员站在报道中国农村的真实情况这一立场上，担负时代所赋予使命。特别是散布在陕西、甘肃、云南、贵州、绥远、东四省等地的会员，更要多寄一些稿子来，因为过去从这几省寄来的稿子特别少，而这几省的农村情形，有的还没有给人们一个清楚的认识呢。

3. 通讯讨论。通讯讨论比起中心问题的研究，虽然是热闹一点，然而还没有达到理想的地步。本会负责答复通讯讨论的人，虽然是"严阵以待"，可是前来挑战的还是寥寥无几。我们相信各地会员在研究过程中，一定会碰到许许多多不能解答的问题，这些不能解答的问题，我们希望以后能够全部以书面提出。通讯讨论是本会和全体会员作集体研究的主要方式，希望全体会员今后继续来扩大和充实这个园地！

三、出版情况

1. 月刊。目前的总销数，还是不到4000。新知书店报告，目前实销总数，共有3700多，定户共有1400多，十一月份的定户，新增加了94个，平均每天约有三个新定户。原有定户之中，跨到第三卷的只有350左右，到二卷十二期满期的，却有800多。如果这800多的原有定户，不在本年年底或明年年初续定的话，那么在第三卷开始时的月刊销路，就要大大地缩小了。因此，我们希望全体会员：如果已定月刊而到二卷十二期满期的，就赶快续定,如果还不曾定的,就赶快设法从三卷一期定起。此外还得尽力向别人推销,因为维持月刊的稳固和发展是全体会员的共同责任啊!在前期会报中,我们曾经号召会员们来推销,有很多会员已经尽过很大的力,然而还有许多会员没有什么响应。此后,我们还十分希望全体会员热烈地负起推销的责任!至于月刊的减价和内容的改进,推销的优待办法等,请参阅本报第四页和第八页。

2. 中国农村季刊。许多人关心着的季刊,现在没有问题的可以准时出版了(明年一月十五日)。有许多会友已经预定了专题限期交稿,而且还有几篇稿子,已经寄来了。季刊归黎明书店发行,定价每期四角,全年连邮元半,亦望各地会员订阅并推销!

四、财政状况

九、十两月份经常收支简报

收入项			支出项		
	九月份	十月份		九月份	十月份
上月结存	82.28元	136.38元	干事津贴	40.00元	40.00元
月捐	81.20元	43.00元	房租	15.00元	20.00元
常年会费	80.95元	8.90元	文具纸张	13.50元	1.85元
入会费	9.80元	4.00元	邮汇	20.65元	5.80元
稿余	5.00元	—	电灯电话	5.77元	7.00元
			什费	10.73元	8.80元
			会报印刷费	14.80元	—
			提案印刷费	2.40元	—
			小计	122.85元	83.45元
			结存	136.38元	108.83元
总计	259.23元	192.28元	总计	259.23元	192.28元

附注：1. 邮票：九月份存邮票10.65元并入十月份用完，十月份存邮票4.20元。

2. 收入项下：九月份中，陈翰笙先生由美国一次汇回114.75元，内70元归还自去年至今年积欠的月捐，其余概为常年会费，所以九月份的收入，顿然增加了许多。至于5元稿余，是由发表在申报周刊上的稿子而来的，版税和稿余，这两月来没有拿到一个钱，（除那5元外）因此正常的收入，便远在预算之下。

3. 支出项下：九月份超过预算22.85元，（除10.65元邮票外，实际超过12.20元）在文具纸张中，因印了5000信笺（10元）故数目相当膨胀。其他如提案印刷费及会报印刷费超过预算一点，都是构成超过预算的原因。十月份的房租，因为原住的人搬走，所以不得不由会内多负一点。

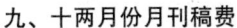

九、十两月份月刊稿费

收入		支出	
八月底结存	159.10元	第二卷九期稿费	34.40元
饶振廉经募	1.00元	第二卷十期稿费	21.00元
		小计	55.40元
		结存	104.70元
总计	160.10元	总计	160.10元

《中国农村》2卷12期编后记*

钱俊瑞先生初从国外回来,在百忙中抽空为本刊写了一篇《关于乡村服务人员大团结的一个建议》提供了许多关于乡村运动大团结的宝贵意见,这是编者和读者都应该向钱先生同声道谢的。钱先生在这篇文章发排之后一日,又送来了一段补充,说明了他所提出的六条具体建议与各派乡村工作者的向来主张,不仅不相矛盾,而且是暗中符合的道理。但是因为他把补充送到的时候已经太晚,未曾来得及插进去,这是编者应该向钱先生和读者道歉的。

据说,今年国内各地都是丰收的。粮食是抗敌作战时最不可缺少的东西,当此全国丰收的时候,我们理应趁此机会,好好地储积一些才对。但是,我们只听到负责者高喊其准备,而让人在各地搜刮了我们的粮食去;以致虽在丰收年头,我们还听到各地闹着粮食缺乏和粮价飞涨的风潮;所谓储粮积谷的运动,不是成了一种空谈,便是成了白糟蹋粮食勾当,关于此事内容,请读本期徐雪寒先生的《抗敌战争和粮食准备》。

本期农村通讯中的《傀儡组织统治下的商都农民》一文,说明了商都的豪绅地主们,卖国求荣充当汉奸的经过。在此抗敌救亡声中,颇足以帮助我们认识汉奸的真面目及其社会基础,希望读者注意。

---

* 原载《中国农村》1936,2(12),88页,署名编者,经考证为孙冶方执笔。

薛暮桥先生此次又在病中写就了最后两篇的农村经济常识：一篇就是本期发表的《农村合作运动与农产统制》，一篇是《知识分子的乡村改良运动》，后一篇因篇幅不够未及排入。好在预定的12个题目，都已写完，不久即可刊行单行本问世，故《知识分子的乡村改良运动》不再在第三卷本刊发表了。

我们在上期编后记中已预告本期的《中国农业讲话》，将请钱亦石先生执笔，钱先生也早已答应在先；但临时因工作太忙，抽不出空来，故代为转请王渔村先生写就此文，使本期讲话未致停顿，这是我们应向钱、王二先生道谢的。

《中国农村》2卷12期编后记

编　者

苏联的经济建设*

一、导言

1917年11月7日，正当俄国资产阶级的临时政府被颠覆的那一天，有一个孟什维克党人洪堡向美国社会党新闻记者约翰·里特说过："……这有什么，布尔什维克党人或者是会取得政权的，可是他们三天都维持不了。他们没有管理国家的人才。最好让他们去试一试：他们自然会坍台的……"（约翰·里特著：《震动世界的十天》）。然而，三天过去了，三星期，三个月过去了，初次握取政权的革命民众，不仅没有坍台，而且把国家管理得好好的：他们在短短的时期内，居然创造了一个世界上最新的政权形式——苏维埃政府；而且这政权正在一天一天地巩固起来。

于是从前主张"让他们去试一试的"，希望他们自己坍台的人们，如今有些焦急起来了，他们知道这个新政权是不会自然坍台的。他们便在外国帝国主义的直接援助之下，发动内战，企图推倒新政府。在1918年年初，俄罗斯苏维埃共和国已处在外国的武装干涉军和白党的反革命军重重包围之中。然而被反革命者视为不会管理国家的人物，不仅显示出了他们管理国家的才能，而

---

* 原载大众文化丛书，单印本，1辑12种，1937，1。

且更证明了他们是天才的军事领袖和军队组织者。1918年新政府以工人和贫农出身的人为基础，组织成了正式的军队——工农红军；这军队经过了4年英勇残酷的斗争，战胜了14个国家的武装干涉，消灭了无数反革命的军队。他们凯旋了。于是那些希望新政权"自然会坍台"的人们失望了。

1921年年初新政府得到了军事上的胜利之后，接着就取消了内战时为集中财力（尤其是粮食）应付战争需要而采取的军事共产主义制度，颁布新经济政策；在政府统制之下允许存在私人企业和市场活动。全世界资本家莫不拍手称赞；他们说，共产主义到底自己坍台了，布尔什维克党人不得不自动地向资本主义经济投降了。

苏联的经济建设

然而，没过多久，他们又第三次失望了。新经济政策的采用不过证明了：新政府把作战阵线从战场上移到市场上来了。新经济在某种意义上，也可以说是对资本主义经济的让步；然而这让步只是新的另一种形式的进攻的开始。在整个新经济政策时期，社会主义的经济部门（国家经营的和合作社的经济）不断地巩固起来，私人的经济不断地被排挤着。到1928年，苏联的经济大体上已经恢复到了战前水准，并且在若干重要部门中已经超过了这水准。这时苏联已经从经济复兴期而转向经济改造期了。社会主义经济部门的任务已经不是排挤私人的经济，而是彻底铲除私人经济了。伟大的第一个五年计划就在这一年提了出来。

全世界各国的资本帝国主义者所希望的资本主义在苏联复辟的计划，像梦一般消逝了。因此，他们诅咒着这五年计划的出现，他们抓住了苏联经济发展中的每一次波折，把它说得像天样大的难关。他们预言着，苏联的"经济冒险政策"的失败。

在1928年第一个五年计划刚发表以后不久，便有一位德国的教授宣布说"其实就是能够完成了这五年计划1/40也已经是了不起的奇迹了，然而这完全是一个乌托邦呀！"

可是被教授所视为1/40都不能实现的五年计划竟在四年之间完成了。接着一个规模更伟大的第二个五年计划又出现了，这计划如今正在胜利地进行着。

铁一般的事实迫着最倔强的敌人都低头了。美国的大富豪都承认苏联已经从革命前的一个落后的农业国家而变成一个伟大的工业先进国度了。法国的陆军参谋总长都承认苏联的陆军是世界上最强大的武力。国联卫生部的官僚们都承认苏联人民享受着世界上最完善的社会保险制度。

不过，铁一般的事实虽然可以迫着富豪和将军官僚承认它；但是这些富豪和将军官僚却保留有解释这些事实的全部自由权。他们可以依照有利于自己的方法来解释这些事实。在他们看来，苏联经济建设成功的秘诀似乎仅在"节衣缩食，埋头苦干"而已（这解释另一面就说明资本主义国度里的雇佣奴隶们还不够苦，他们应该把衣食消费减少一些，以便为资本主义建立繁荣的局面），在他们的解释中，似乎那个跟资本主义各国根本不相同的苏联的社会经济机构本身，对于这成功是没有一点关系的。

不用说，这是曲解了事实，每个敢于向真理直视的人们都不会不承认苏联的特殊的社会经济机构是苏联经济建设成功的主要原因。所以，我们在谈到苏联经济建设的时候，首先就应该来分析苏联的社会经济机构特征。

其次，我们要进一步谈到苏联经济建设具体情形的时候，当然就脱离不了统计数字引用。统计数字是表示经济发展的最客观的材料。如今世界各国的报纸和杂志上也都充满着关于苏联经济发展的统计材料。我们如果把这些数字——即使是最重要的总数——统统搜集拢来，那么非但我们这本一两万字的小册子里容纳不下，就是把这册子扩大到一二十万字的一本巨著也没有办法把它们容纳下去的。

退一步说，即使我们把五年计划的所有统计统统引证来了，亦不能使我们了解苏联经济发展的全貌。譬如我们说，1935年间，苏联一共出产了1252万吨钢，2510万吨煤油。这两个都是很具体的数字，然而这数字还不足以使我们对于苏联的五金工业和煤油生产规模有一个明确的概念。但是如果我们说，现今苏联工业生产在全世界占第二位（次于美国），而在欧洲方面是占第一位，那么这里虽没有具体的数字，却是可以使我们清楚地知道苏联在全世界工业生产中所占的地位。

苏联的经济建设

然而，如今每一个研究苏联经济的人所要了解的主要问题却不是苏联目前的经济势力（我们知道，关于苏联经济势力的发展，连资本家帝国主义者都已经承认了），而是资本主义经济制度和苏联经济制度的优劣问题。仅仅说现今苏联已经占有世界工业生产第二位和欧洲第一位，还并不足以证明苏联经济制度的优点，反过来说，这正是证明了苏联的经济制度还不如资本主义制度，因为它到底还没有赶上那个资本主义制度健全者——北美合众国（例如1935年苏联的煤油生产量虽然只次于美国而占了世界的第二位，但是全年一共只产2500余万吨，跟美国的1.42亿吨的产额相差还很远）。但是如果我们考察了1935年的苏联经济现状之后，再回过头去看一看前几年的情形，那么我们就可以知道在1928年时，苏联在世界工业生产中还是只占着第五个位置。这就是说在不到十年的短短的时期中苏联已经赶过了欧洲三个最先进的工业国家（英、德、法）。根据这样的发展速度，在不久的将来，世界第一富豪的美利坚合众国也就要成为经济的落伍者了。这样的打破历史纪录的发展速度，就不能不说是那个新的社会制度的优点了。

所以，我们在分析了苏联社会经济机构的特征之后，接着就来分析苏联经济发展的几个历史阶段和每个阶段中的经济政策的内容，最后才对苏联建设现状做一个最概括的叙述，并且指出它最近的前途。

因此，这本薄薄的小册子所牵涉的问题确实很多，我们对于其中每一个只能给予一个最简略的说明。

二、苏联的社会经济机构的特征

在我们说明苏联的社会经济机构的特征之前，我们应该先来说一说商品资本主义经济机构的内容。因为苏联的社会经济机构是在资本主义社会的躯壳中生长出来的；我们明白了资本主义的社会经济机构之后，就更容易理解苏联的社会机构的特征。

在商品经济社会中，每个商品生产者所制造的生产品是供给社会上其他人的需要的，也就是说，每个商品生产者为着社会而服务，他的生产是带有社会性的。这一点是商品经济跟其他一切社会形态相同的地方。但是商品经济是建立在私有财产制的基础上的，每个商品生产者以自己私有的生产资料（工具，原料等），独立地经营着生产，生产的结果是生产者的私有物。生产者不能白白地把自己的生产品交给消费者享用，消费者必须拿了同等价的生产品或货币去同他交换，否则生产品跟消费者便永远不会连起来的。所以在商品社会中，生产的社会性（每个生产者都是为供给社会的需要而生产）跟生产的私有形态（每个生产者私人占有生产资料和生产结果）发生了直接冲突，为社会而生产在表面上便成了为市场（为出卖）而生产。这是商品经济的第一个特征。

另一方面，在商品经济中，每个商品生产者虽然是为社会而生产的，可是社会并不会给他们任何指导。他们所生产的东西，社会是不是需要，生产的数量是否过多抑是太少——这在生产者没有拿着自己的商品跨进市场的时候，谁也不会预先知道的。因此建筑在私有财产制度上的商品生产是一种盲目的无政府状态的生产。这是商品经济的第二特征。

生产的社会性跟私人占有的矛盾使消费跟生产分裂了开来，

而无政府状态的生产又时常使商品经济失去平衡——在这里，就已经孕育着资本主义社会的经济危机的胚胎。

自从单纯的商品经济（即是以交换其他使用价值为目的的小商品生产者的经济）发展成为资本主义的商品经济（即是以取得利润为目的的资本主义经济）以后，庞大的生产资料成了少数资本家的独占的私有财产，而生产者是成了除开自己出卖给资本家的劳动力以外，什么也没有的无产者。

苏联的经济建设

资本主义社会的生产迅速地扩大着，但是同时，人民大众的消费力（购买力）却是被他们的收入（工资或薪金）所限制着的。资本家希望大家多多地去购买他的商品，可是他不愿意多付一个铜元给工人。生产力的迅速发展和购买力的被限制成了一种不可调解的矛盾。于是经济危机的爆发就成了不可避免的事情。

市场上充满了卖不掉的商品，物价一天一天地惨落下去，以至于剥夺了资本家的利润。但是利润是资本家生产的唯一目的（这是资本主义经济跟单纯的商品经济，即独立的小商品生产者的经济根本不相同的地方）。如果资本家得不到利润，那么他就宁可把工厂停闭起来，甚至把已经生产好的生产品设法销毁掉，以企图减少市场上的过剩商品，以提物价。至于工人是否要因此失业饿肚子，社会生产是否要因此遭失损失是资本家所不管的，而且站在私有财产神圣不可侵犯的原则上，是谁也没有权力去干涉他们的。

这种矛盾的现象在帝国主义时代更加明显，财政资本的垄断组织（如托拉斯、新提嘉、卡德尔等）为维持自己的高额利润，它们就限制着生产的发展。一切新的技术发明，只要不能为资本家创造利润，那么即使它是很有价值的，是能够节省人类的劳动的，也只能永远被收买去锁在保险箱里搁起来。资本主义已经成了生产力发展的桎梏，生产力已经对它揭起了反叛的旗帜。

以上是讲商品资本主义经济机构的特点。然则苏联的社会经济机构是怎样的呢？

最近公布的新宪法草案第一章第四条载明："颠覆资本主义经济体系，废除生产工具和生产资料的私有制以及消灭人与人的剥削制度的结果，所确定的社会主义的经济体系以及生产工具和生产资料的社会主义的所有制，构成了苏维埃社会主义共和国联盟的经济基础。"同章第六条："土地、地下的富藏、水、森林、工场、工厂、石炭坑、矿山、水上和空中的交通机关，银行、电信机关、国家所组织的大规模的农业企业（苏维埃农场，机器曳引机站和其他，）以及都市和工业中心的主要住宅都是国家的所有物，即全人民的财产。"

所以，生产资料的私有制度在苏联已经被取消了，一切生产企业直接或间接地受中央政府节制；全国生产完全依照中央政府（即人民委员会）之下的国家计划委员会的指示而进行着。全国应该生产多少粮食、多少原料、多少日常生产用品、多少机器、多少交通器具——凡是这些问题都是由国家计划委员会根据精确的统计材料所编制的详细计划规定好的。这个国家计划委员会就好比经济建设中的总参谋部，它的任务就在于研究并规划全国经济建设计划，而中央政府所属的各个"人民委员部"❶也就是经济建设中的各路总指挥部，它们的任务便是在指挥直属的生产部门去完成总参谋部（国家计划委员会）所规定的作战计划（经济建设计划）。这些人民委员部就是各个经济部门中的最高管理机

---

❶ 在苏联的中央政府——人民委员会——之下，除了国民经济没有直接关系的苏维埃监察委员会、艺术事业委员会、最高学府事业委员会和国防外交、内政、司法、保健等人民委员部以外，其余大多数的委员会和人民委员部都是国民经济中各部分的最高管理机关，如国家计划委员会；食粮储积委员会；对外贸易人民委员部；陆路交通人民委员部；联系人民委员部；水上交通人民委员部；重工业人民委员部；食品工业人民委员部；轻工业人民委员部；木材工业人民委员部；农业人民委员部；谷物和畜牧苏维埃农场人民委员部；财政人民委员部；国内贸易人民委员部。

构，每个经济部门中的每个企业的活动应该完全直属人民委员部的支配。因此，苏联社会经济机构的第一个特征就是以生产资料公有制为基础的有计划的生产（非无政府状态的生产）。

不错，在今日的苏联，仍旧还保持着商品交换、工资、利润等名目。但是这些范畴的内容跟资本主义社会的完全不相同。苏联的商品交换只不过是生产资料和生活资料持一种社会主义的有计划的分配方式。工资和利润已经不是资本家剥削工人的一种形态，因为在苏联，资本家已不存在了，工人们自己已经成了工厂作坊的主人。所谓利润就是为发展社会生产，增进人类福利所必需的社会财富的积累，而所谓工资也不过是社会生产品总量中供给劳动者私人消费的那一部分生产品。

苏联的经济建设

在资本主义社会中劳动的生产效力（生产率）的发展只是增加了资本家的收入，而劳动大众是永远处在贫困的境况中的。在苏联，劳动生产效力的发展就可以相应地增加工资，因为在这里除了扩大生产所必需的积蓄以外，全部生产品都是用于供给全体人民直接消费的。例如在1930年每个产业工人的工资为991卢布，在1933年增加到了1519卢布，即是差不多增了1/2（事实上，因于这时期中物价的一般的低落以及社会保险事业和文化设备——医院、托儿所、图书馆等——的扩大，工人的实际工资尚不只增加1/2）。工资增加得这样快当然绝不是资本主义国家做得到的。

因为劳动在苏联还没有从生活的手段而变为生产的需求，因为智识劳动和体力劳动的差别还没有完全消灭，社会生产力还没有发展到"各尽所能各取所需"的程度，所以劳动生产资料的分配在表面上仍旧取工资的形式，而且各个劳动所得的工资仍旧有高低大小的分别，所以目前苏联还是"各尽所能，各取所值"的社会，即是说，大家有按照自己的能力而劳动的平等义务，有按照自己的工作而取得报酬的平等权利。不用说，熟练劳动和简单报酬的差别在苏联已经不像在资本主义国家那样厉害，而且这种差别是在一天一天地缩小。

因为苏联的生产是有计划的生产，所以，绝不会像商品资本主义社会中一样，各生产部门之间的比率会失去平衡（如某一部分的生产品感觉到缺乏，而另一部分生产品又感觉过剩），即使偶一失去了平衡，也可以有计划地自觉地来调节它，而不会像商品资本主义社会中一样遭受种种无为的损失（商品跌价、破产、倒闭等）。又因为苏联的生产以直接增进社会生产力、改善人民生产为目的，而不以追求利润为目的，所以生产力的发展不受利润限制，而大众的消费力也不受购买力所限制。生产品增加了，就可以用自觉的和有计划的减低价格和增加工资的办法来扩大人民的消费。在苏联，绝不会像资本主义社会中一样，一方面会有饥饿的劳动者，而另一方面有找不到买主的粮食。利润既不是生产的目的，也就不会成为生产力发展的束缚。新的机器，只要是能够节省人类的劳动的，就马上被社会采用了，至于这机器之采用是不是会增加利润，是不是要造成生产过剩等问题是绝不会放在考虑之中的。

此外，因为在苏联没有剥削存在，劳动者不是为剥削者做工，而是为自己，为着社会而劳动。为剥削者做工，只是增加了剥削者的财富，自己是没有分的，而且要听雇主的指挥，自己完全失去了自由。为着自己，为着社会而劳动，那么劳动越多，就越能增加全社会的福利，自己就愈被大家所尊重而成为劳动英雄。同时，在苏联，劳动者自己就是工厂和农场的主人，他们在工作中有尽量发展自己的才能的机会。在这种条件下，劳动的效果当然远胜于资本主义社会。最近的斯泰汉诺夫运动就是这种优点的具体表现（关于斯泰汉诺夫运动，我们放在末一段详细谈）。

生产资料的社会化，使生产本身也合理化了，最明显的例子便是生产力的分配。譬如在革命前的俄罗斯全国工业的主要部分都是分配在中央工业区域——即彼得堡和乌克兰的。在1912年时，全俄工业的66.2%集中在这两个区域中，而在地域广大的东部（包括乌拉尔和中亚细亚，以面积而论比上述的二区要宽大数十倍）只占有8.2%的工业。并且就是在工业区域的内部，生产力的公布也是很不平衡的，例如在彼得堡区中，95%的工业是集中在彼得堡城（即现今的列宁格拉特）的。

俄罗斯纺织工业的原料出产地是在中亚细亚，可是纺织工业的中心是在俄罗斯中部，即是说，把棉花运到工厂中去，要经过2000千米路的路程，把棉花制成生产品以后，又有一部分仍旧要经过同样的路程运回中亚细亚去。譬如1912年时，全俄机器制造业的64.4%是集中在旧工业区，可是生铁的生产在这区域只有4.2%，钢的生产只有8.6%。

这种不合理的生产力分配完全是帝制俄罗斯时代的必然产物，这一方面是由帝俄的民族政府所决定的，另一方面是受盲目的资本主义经济发展的不平衡所决定的。

在革命后的苏联，新工厂的建设完全打破了这种限制。如今许多新的大规模的纺织工厂已经在中亚细亚建立起来，而乌拉尔早已成了苏联的第二个重工业中心。

这种合理的生产力分配对于生产之发展自然是一种新的推动力，但是毫无疑义的，这只有在资本主义制度废除以后才能实现。（例如在资本主义的法兰西，5个工业省份的面积占全国总面积的1/17，可是集中了全国工业生产的一半左右。）

在最近这次新世界经济危机中，资本主义世界中没有一个国家能够逃出那个厄运，可是苏联的经济建设在这时期却有突飞猛进的发展。这里就已经显然证明了这种社会经济机构的优劣。

但是苏联的新的经济制度是以十月革命后的新政权为保障的。没有十月革命便不会有新的政权产生，没有十月革命后三年间国内战争的苦斗肉搏，新政权便不得巩固，新的经济制度也不能发挥其效能。所以赞美苏联的经济制度，便不能否定十月革命和这革命所建立的政权,否则也就等于赞美蔷薇花而要斩除它多刺的树干一样,是一种不智的行为。

苏联的新政权的实质如何呢,新宪法草案第一章第一条载道:"苏维埃社会主义共和国联盟是工人和农民的国家。"

同章第二条载道:"由于地主和资本家的政权颠覆和普罗列塔利亚特政权的获取而生长并巩固起来的劳动者代表会议(苏维埃)便是苏联的政治基础。"

第三条载道:"在苏联,一切政权属于都市和乡村的劳动者,即属于劳动者代表会议。"

三、苏联经济建设的几个主要阶段

在上面,我们已经说明了苏联的社会经济机构的特点,说明了它跟商品资本主义的社会经济机构的区别。

如今,我们就要来谈一谈苏联经济发展所经过的几个重要的历史阶段,即是说,我们要来谈一谈,今日苏联的胜利的社会主义建设是在怎样的艰苦困难的环境中奋斗出来的。我们只有明白了这一段历史过程之后,才能彻底了解目前的苏联经济建设的全面的意义。

A. 新政权的建立和军事共产主义

革命前的俄罗斯是欧洲最落后的一个国度。新式工业只集中在少数几个工业区域中,而且这些工业的78%是外国资本家所建立的。❶ 国民经济的基础还是建立在原始的农业生产上面。

---

❶ 在1914年大战之前,俄国国民经济的最主要部门是在英法两国的大资本家手里;这也就是俄国所以会参加协约国一方面作战的原因。譬如重要的五金工场有55%在法国资本家手中,22%在德国资本家手中,10%在德法合组的公司手中。在煤矿业中,法国资本家占了75%左右的产量,德国资本家占13%。石油业有20%左右在英国资本家手中,有半数左右在英法合办的公司手中。

1914年爆发了第一次世界大战，在英法银行资本影响下的沙皇俄罗斯参加了协约国的军事集团。但是俄罗斯落后的国民经济经不起现代战争的惊人破坏，到1917年十月革命的前夜，经过了三年多的战争的摧残之后，全国经济已经破旧不堪，工业生产指数低落到了1913年战前水准的69.9%。

苏联的经济建设

1917年11月（旧历十月）爆发了震动世界的十月革命，俄国的劳动大众推翻了沙皇、贵族、地主、资本家的统治之后，首先就废弃了旧政府所订的帝国主义的军事协定，退出了协约国，而与同盟国单独议和。所以，十月革命所产生的新政权不仅是本国的贵族、地主、资本家的死敌，而且从诞生的那一天起，就成了各帝国主义者——首先是英法帝国主义者的眼中钉。国内的旧统治者想举行仪式复辟，恢复自己的统治，英法帝国主义便极力促成这种复辟运动，企图恢复沙皇俄罗斯帝国主义，使它继续成为自己在帝国主义分赃战争中的帮手，而德奥帝国主义者的目的则在占领乌克兰和白俄罗斯，以取得战时所必需的粮食和燃料（煤）的来源。

于是劳动大众的新政权建立后还不到一年就被迫着牵入了国内战争和抵抗帝国主义者的武装干涉的战争中，旧统治者的反革命军队和外国帝国主义者的武装干涉队伍把俄罗斯割据成了无数独立的军事政治区域。在最紧急的时候，革命政权的势力所及的地方只限于中央区域，有一个时期，反革命的军队已经迫近了革命的策源地——彼得格拉特（即现今的列宁格拉特），使新政府不得不从那里迁移到了莫斯科。

为了保证军事上的胜利，击退反革命军队，不得不集中全国的资力尤其是粮食以供应前方的军队和后方的劳动者的需要。但是新政府没有充足的现金和大量的工业品，不能以商品交换的形式去取得农民的农产品。于是采取了一种粮食征发制，实行严格的粮食独裁。这个时代就称作军事共产主义时代。这时期是从

1918年夏季起到1921年春季为止。

这时候，新政权的经济政策主要在于：①继续施行工业国有化的政策；②动员现有的各种资源；③以粮食征发制集中粮食以供应前方的军队和都市的无产者。

这三种政策之彻底执行当然会引起城市的资产阶级和乡村富农的死命反抗，但是这种反抗被产业无产者和乡村贫农有组织的坚决的意志所镇压了下去。因为这三种政策的完成，使新政权能够：①在全国经济完全被破坏的条件下，保证了军队和都市劳动者的给养，使得在前方获得了军事上的胜利；②取得了全国经济的领导地位（由于土地、工业企业、交通联系机关、银行，主要住宅等之国有，对外贸易之垄断，合作社的和国家的国内贸易之建立）；③在工商业、银行、交通等经济部门，建立了国家的经济管理机关，④因为上述这三种胜利使新政权本身也大大地巩固了。

不过这时期有非常严重的缺陷。因为多年的帝国主义战争和国内战争的破坏，因为原料产地粮食区域和燃料产区受了白军占领，工业生产陷于极度的衰落中。在1918年，全国工业产额已经跌到了1913年战前水准的35.4%，到1919年跌到了17%，1920年跌到了13.8%。在若干重工业部门中，生产的跌落更加厉害。例如钢铁工业是重工业中的主导部门，可是生铁的产额在1920年已经降到了1913年战前水准的2.7%，而钢的产额降到了1913年战前水准的4.6%。这就是说这个主导的重工业部门的生产在这时期中几乎停顿了。同时，各种交通机关也完全被破坏。这当然更影响了各种工业部门的生产。因为工业生产之紧缩，交通机关的停滞使产业无产者的队伍也削弱了。

在农业方面因为粮食征发制的施行，征发掉了农民们的一切多余的农产物，有时甚至剥夺了农民们的必要食粮，因此就使农民们失去了发展生产力的动机。整个农村的生产力大大地低落。

在1921年时,农民生产已经跌到了战前水准的55%左右,而且几乎完全自然经济化了。更因于通货膨胀的结果,使纸币的购买力几乎跌到了分文不值的程度。货币的职能已经由面包和食盐等类的商品来代替执行了。

由于战争和经济封锁的结果,苏俄的对外贸易也在大为减缩。入口贸易从1913年的13.74亿卢布而减到了1921年的2.8亿(即1913年入口额的20%),出口贸易从1913年的15.2亿而减到了2020万(即1913年出口额的1.3%)。

上面这些统计数字已经充分地表明了军事共产主义时代的国民经济的破坏情形。所以,在内战时代,为了镇压反革命势力和巩固苏维埃政权的一种必要的政策,然而"这决不是什么'理想的制度',而是一种苦痛的伤心的必要。如果对于这事情发生了相反的见解,那就是很大的错误"(依里奇的话)。所以前线的炮声一终止,内战时期一过去,军事共产主义政策的取消和新经济政策之采用就成为必然的事情了。

B. 新经济政策——复兴时期

从军事共产主义时代转向新经济政策的关键便是废除粮食征发制,实行粮食税制度和恢复商品交换的市场关系。

在前面我们就已经说过,新经济政策在某种意义上说,是苏维埃政权对于资本主义势力的一种让步,是社会主义的暂时的退却。然而这绝不是投降,这只是新的进攻的准备,也可以说是一种包抄式的进攻。这只是表示两个体系——资本主义和社会主义——的战争已经从战场移到市场和工厂中来了,也就是说这斗争已经从军事政治的斗争,而变为经济政治的斗争了。

在新经济政策实行的时候,苏维埃国家已经握有经济的领导中枢——这就是国有化的大工业、交通机关、银行、土地(包括地下的富藏)以及相当发展的国家的分配机关(这就是后来的合作社的国家的商业机关的前身)。因此,虽则在新经济政策之下,

苏联的经济建设

允许有商业流转存在，允许有私人资本主义的生产存在，并且相当地发展了小布尔乔亚的势力，但是同时社会主义的大工业生产和普洛列塔利亚本身在新经济政策之下却得到了更大的发展和巩固。

在整个新经济政策时代，也从没有允许富农和资本家所希望的完全的自由贸易存在。新经济政策下的自由贸易只不过提高了农民对于生产的兴趣，使农村经济得到了发展的可能性。这政策至多只能满足中等农民的需求，但是并不会损害到普洛列塔利亚的利益。

新经济政策的基本任务在于恢复工业、农业、交通和整个国民经济，在于建立城市和乡村间的正常的经济关系，在于巩固健全的币制。因于这些任务的性质使这个时期得到了复兴时期（1921—1927年）的称号。

这里所说的"复兴"仅是意味着：在这时期以内，经济的发展主要是（然而不仅仅是）以利用旧有的生产机关为基础的，而且在这时期以内，工业和农业的总生产量在大体上只不过是恢复了战前的水准而已。然而工业生产是以社会主义的形态恢复起来的，而不是以原来的资本主义的形态恢复起来的——这是非常重要的一点。

在复兴时期，在各种社会因子的比重上已经发生了重大的改造性的演变：社会主义工业和合作社商业流转的迅速发展，使国民经济中社会主义因子的比重大大地增强了。同样各个工业部门之间的对比也变动了，然而从大体上说来，这些改造性的演变还不能算是工业和整个国民经济的技术基础的根本改造（除了少数工业部门——如煤油类以外），在乡村中也仍旧是由小商品生产统治着，社会主义的农民经营还在萌芽时期，资本主义的根苗还没有从那里铲除掉。

在新经济政策的初期，扩展商业是主要的一个环节。因于实行粮食税并且准许商品交换存在的结果,使农民可以把自己的剩余的农产品拿到市场上去出卖。这样一方面增进了农民发展生产力的兴趣,另一方面使工业得到了原料和粮食的保证,也即推翻了工业本身的发展。同时,因为商品交换的恢复,小手工业者的生产也复活了起来。在都市和农村之间的经济联系密切起来以后,工业和农业的本身也能够得到进一步的发展。于是国家财政也能够健全起来,通货也稳定了,这样才有可能从事积累,以便推进重工业,奠定社会主义的基础。

苏联的经济建设

所以,如果在资本主义制度之下,商业是布尔乔亚的工具,可是在苏联,便成了普洛列塔利亚政权的工具,它对于社会主义建设和铲除资本主义有非常大的贡献。

在1922年(即新经济政策颁布后的第一年),新经济政策的基本任务的完成就得到了极大的成功。在1922年,工业生产已经达到了战前水准的26%,农业达到了75%。对外贸易也开始活跃起来。在这基础上面,市场也扩大了,财政也逐渐稳固了。国家预算也从1921—1922年度的10亿卢布的数额而增加到了1922—1923年度的13.32亿卢布。预算中的自然物部分从55%减为10.5%。1921年成立了国家银行。这银行所发行的乞耳户涅茨票(值10个金卢布的纸票)也获得了很稳固的地位。

不过,在新经济政策颁行之初,马上就要振兴重工业是不可能的:第一,重工业的复兴需要大量的资本;第二,在战争中,重工业被破坏得最厉害。所以,在开始的时候,只能先从劳动力和原料起主要作用并且能够直接以生产品供给工农大众以搞高他们的物质生活的轻工业开始复兴起来。

但是当复兴事业逐渐完成,而且开始走向改造时期的时候,重工业(尤其是五金工业)的意义也就随着扩大起来。

在1923年,苏联的执政政党就提出了"把重心从农民经济转移到工业方面去"的任务。在1926年时,更具体地提出了

"在最低限度的历史期限以内,赶上并追过先进资本主义国度的工业发展水准"这个口号。在1925—1926年度,大工业已经达到了战前水准的94%,而在1926—1927年度,就已经超过了这个水准。这时期内的苏联工业生产的发展可以从下列统计数字中表现出来(依照1926—1927年度的价格估计,单位为百万卢布):

	1921年	1926年	1927年
全部工业生产	2004	11083	12664
内中包括:			
重工业	898	4998	5720
轻工业	1106	6085	6944

在6年之间,工业生产量差不多增加了6倍以上,在这里已经完全表现出了苏联的经济制度的优点。

随着国家经营的大工业生产的巩固和发展,国家经营的和合作社的商业机关也大大扩展了。

在1922—1923年度,国家经营的零售贸易只占整个零售商业的总流转的14.4%;合作社占10.3%,而私商占75.3%。

经过4年之后,在1926—1929年度国家经营的贸易扩大了3倍多,即从1922—1923年度的4.12亿卢布增加到了18.17亿卢布,然所占百分比却只有13.3%。

在这期间合作社的流转量增加了19倍(从368万卢布增加到了6838万卢布),所占比重增加到了49.8%(跟国营商业合在一起所占比重共为63.1%)。私人的商业流转量所占量增加的数目还不到2倍(从26.8亿卢布增加到50.63亿卢布),但是因为流转总额已经扩大了4倍,所以私人商业所占比重便从75.3%跌为36.9%。

自从1926—1927年度起,私人商业的绝对的增加已经停止,到1927—1928年度私人商业的流转量就从50.63亿卢布跌到了36.49亿卢布,所占比重则降为24.8%。

同时，乡村中的合作社网也扩张了，农村经济合作社的社员从 1924 年的 114.6 万人而增加到了 1927 年的 737.9 万人。

在援助贫农和排挤富农的政策之下，农村经济在这时期内也特别兴盛。

新经济政策初期农村经济的复兴过程：

耕地面积	1922 年	1923 年	1924 年	1925 年
全部耕地面积（单位：百万公顷）	77.7	91.7	98.4	104.3
谷物耕种面积（单位：百万公顷）	66.2	78.6	82.9	87.3
棉花（单位：一千公顷）	70.0	221.0	447.0	591.0
糖萝卜（单位：一千公顷）	179.0	263.0	379.0	534.0

苏联的经济建设

国民经济的恢复是苏联的伟大的成功，是社会主义的胜利。但是在这胜利中又发现了新的困难和新的矛盾，克服这些困难和矛盾也就是苏联经济建设中的新的任务。

这些困难和矛盾便是：

（1）随着农村经济的复兴，发生了乡村中的阶级分化和富农经济的绝对的和相对的增长；

（2）随着贸易的扩大引起了私人商业资本的发展；

（3）重工业的落后。

在我们说到苏联农村中的富农问题之前，先让我们来说一说资本主义制度下的农村社会分化现象。在资本主义各国，随着资本主义经济的发展，有大批农民破产而沦为贫农和雇农，只有极少数的一部分较富裕的农民在这过程中巩固了起来，成为乡村中的剥削阶级——富农或农业资本家。所以，在任何资本主义国度中，农村的发展是两极化式的，一方面形成了少数富强的农村剥削者，另一方面是大批破产的贫农和雇农，处在中间地位的中农相对地和绝对地都在日益孤单起来。

但是在苏联，农村社会的发展就是在新经济政策时代也不是这样两极化式的。在小商品生产的基础上，因为市场交换之存在，富农得到了发展的机会。然而因为土地国有制度之存在，租用田地和雇佣工作之被限制以及苏维埃政府的赋税政策和放款政策，富农的发展是大受限制的。另一方面，中农和贫农（尤其是贫农）因为得到苏维埃政府的种种优待和帮助，能够大大地巩固自己的地位。各级农民的相互关系演变可以从下面这个统计表中看出来：

各级农户在农户总数中所占百分比（％）：

年份	无地农民	1 俄亩以下的	2 俄亩至 4 俄亩	4 俄亩至 6 俄亩	6 俄亩至 10 俄亩	10 俄亩至 25 俄亩
1922 年	4.1	50.5	30.6	9.9	4.3	0.6
1923 年	3.3	45.4	31.7	12.3	6.2	1.1
1924 年	3.1	40.1	34.6	13.9	7.0	1.0
1925 年	1.8	36.3	36.9	15.7	8.0	1.3

从上面这个表格中可以看出，无地农民和 2 俄亩以下的农户从 54.6% 减为 38.1%，乡村中的资本主义上层分子增加了（由 4.9% 增加到 9.3%），而同时，中等农户的地位和户数更巩固了。

在资本主义制度下，中等农户是命中注定破亡的，但是在苏联，中农却是乡村中的"中心人物"。所以，现在苏联的执政政党，在二月革命（布尔乔亚德谟克拉西革命）以前对于农民的基本口号是：联合一切农民反对地主和沙皇政府；在十月革命和新政权建立的初期，这个口号是：联合贫农，使中农中立，反对富农；但是等到新政权逐渐巩固，内战快要得到胜利的时候，这口号就改变为：依靠贫农，联合中农，反对富农。这不仅仅因为在这时期中新政权的军事政治上的胜利已经打破了中农的动摇观望的态度，而且因为中农的社会经济地位也根本改变了，他们的地位已经由动摇而趋于巩固，以至于成为乡村中的"中心人物"了，执政的普洛列塔利亚政党如果不跟这乡村的"中心人物"联合起来，那么社会主义的建设就根本没有希望。

当然，富农是乡村中的资本主义分子；所以，富家的发展以至于存在始终是社会主义的心腹之患。但是在复兴时代，苏维埃政府还没有实力足以摧毁资本主义的这个最后的壁垒。在那时候，主观的力量和客观的条件还不足以克服小商品生产的经济，而小商品生产却是资本主义的最好的滋长地。

所以，为铲除乡村中的最后的资本主义态势，先必须以社会主义的集体农村来代替小商品生产，可是没有重工业——首先是生产农业机械的工业的发展，集体农场是建立不起来的。因此，从复兴时期的第一个困难和矛盾中便产生了两个新的任务：发展重工业，施行农村经济集体化。

如今，我们再来说复兴时期的第二个困难和矛盾，即私人商业资本的发展。在经济复兴时代，为了发展生产力，增进商品流转，允许有私人资本存在。在经济复兴过程中，这个私人资本是相当地发展了。私人资本的势力扩大当然是社会主义建设的一种威胁；对于这一点，苏联的执政政党在实行新经济政策之初就看到的。但是克服这些危险的保障统统在政府手里。大工业十之八九是国家经营的，因此私人资本在工业方面的活动地盘非常狭窄；在农业方面，因为土地国有化和租佃之限制，外面的私人资本要侵入进去几乎是不可能的。所以，私人资本的主要活动地盘是在贸易方面。然而，贸易也是非常重要的一个经济部门。这是联络都市的无产者和乡村农民的一条大道。在这里，私人资本的无限制的发展可以影响到过渡时代的两个主要阶级——工人和农民——的联合；也就是说，可以威胁到苏维埃政权的生存。

但在复兴时期，私人资本的营养地——小商品经济——还是继续存在着；国营和合作社的商业机关还不足以供应日益扩大的国内商业流转；所以私人资本的取消非但不可能，而且足以妨碍到商业流转的扩大间接地也就是足以阻止了生产力（尤其是农村经济的生产力）的发展。

所以，在复兴时期，苏联政府对于私人的商业资本只取一种限制的政策。因为十之八九的工业生产品是在国家手里，对外贸易国家独占的，实际上，私人商业资本的命脉完全操于国家手中。在生产资料的流转中，自始至终没有被私人资本侵入，私人商业资本的主要活动地位仅限于消费品——尤其是农产品——的流转中。

在农产品市场上，私人资本的势力比较巩固。合作社和国家的商业机关的发展虽足以排挤私人商业资本的势力，但是私人资本的根本铲除只有在小商品经济消灭之后。所以私人商业资本的铲除问题归根结底仍旧是集体化和工业化的问题（铲除富农阶级的口号在1929年就提出了，但是铲除私人资本的口号直到1932年工业化和集体化的政策获得巨大成功之后才提出）。

最后，我们要说到复兴时期的第三个困难和矛盾，这就是重工业的落后。大家知道，重工业是一切工业部门的基础，也就是整个国民经济的基础。但是我们已经说过，在复兴时期，主要只是恢复了轻工业。例如生铁的生产量在1921年只有战前水准的3%，1922年为4.5%，1923年为7.5%，1924年为17%，1925年为31.1%。在复兴时期初期，甚至连生产过程中消耗掉的工业基金都没有能够恢复，工业生产之恢复全靠旧的生产机关之利用。

然而，没有重工业的发展，非但整个工业以至于整个国民经济的继续发展是不可能的，而且连国家的国防都受到严重的威胁。

总括起来说，复兴时期的基本矛盾和基本困难就在于：一方面苏联的政权是建立在大规模的社会主义的工业上的，而另一方面是建立在成为资本主义的滋长地的，分散的小农经济上的。这就是说，在复兴时期，还没有铲除全国的技术经济上的落后性。

为了苏联的国民经济的继续发展必须扩大集体农场化运动，实行农村经济的社会主义改选，必须坚决地向都市和农村的资本主义分子进攻，必须执行工业化的政策，消除全国的技术经济上落后性。基本的任务就是建立强有力的重工业——即整个国民经济的社会技术的改造的物质基础。

于是，苏联的经济建设便从复兴时期走进了改造时期。

C. 改造时期的开始和两个五年计划

苏联的经济建设

还在1925年的时候，即是当复兴时期还没有终了之前，苏联政府就已经提出了扩大工业化的任务。在1926年时，在这一方面已经完成了不少工作。在1926—1927年这个经济年度，就已经有10亿卢布投入在重工业方面。当时约瑟夫说过："一般工业的高速度的发展，特别是生产资料生产的高速度发展，是全国工业化的基本的开端和关键。"发展工业生产——尤其是重工业生产——在当时就已经成了苏联经济建设的中心任务。

然而，真正伟大的转变是在五年计划实行以后开始的；1929年（第一个五年计划的第一年）被称为伟大转变的年头。

五年计划诚然是人类历史上空前巨著。这计划的发表惊动了全世界。布尔乔亚的经济学者恶意地宣布说："能够完成了这计划的1/40已经是了不起的成绩了……"然而苏联的劳动大众却把这计划在四年零三个月中完成了（苏联的经济年度是每年第四季度起到明年第三季度为止的。第一个五年计划原定自1928年第四季起至1933年第三季为止；但是在第四年间就已经把这计划全完成。因此在1933年1月起就开始第二个五年计划。就此以后，苏联的经济年度便改从每年一月开始）。这更是惊倒了全世界的事件。

199

第一个五年计划特别着重于重工业的发展。在第一个五年计划中，投资于整个国民经济的资本达505亿卢布，其中有213亿卢布是投资在重工业方面的。重工业方面的投资占到整个国民经济（社会主义部门）的42.2%，占全部工业投资的86%，比1923—1924年度到1927—1928年度这整整五年之间的重工业投资总额（36亿卢布）差不多增加了5倍。

结果，使得苏联的重工业在四年零三个月之间增加出157.1%，达到了战前水准的419%。重工业生产品在整个工业生产品之中占了优势（由1928年的44.3%到1932年的52.5%）。

重工业的发展在机器制造和电力生产方面最为显著。机器制造是每个国度的工业化的重要指标。在第一个五年计划完成之后，苏联的机器制造业就可以用本国产的钢材设计并制造任何种复杂的机器和国防用的军械。

电力生产在这时期中增加了2.4倍，达到了450万千瓦的数目，即超过了1913年战前水准的4.1倍。

在第一个五年计划的四年零三个月的时期中，苏联的整个工业生产量增加了118.5%，占欧洲第一位和世界的第二位（美国第一）。

在第一个五年计划中，无产者的队伍大规模地扩大了。工人和职员的总数增加了96.6%，即从1928年的1159.9万人而增加到1932年的2280.4万人。农村中的国营农场和机器曳引机站中的无产者增加了200万人。同时，工程师、技师和机匠的人数也增加了好几十万人。

在1928—1932年这个时期中，代表农业经济方面的特征就是全地域集体化的运动。在这时期内，一共组织了20万个以上的集体农场和5000个左右的苏维埃农场（即国营农场）。在第一个五年计划的末期，有60%的农家和70%的耕地被包括入集体农场了。在复兴时期中，商品谷物（即农民出卖的谷物）只有五六亿普特，可是第一个五年计划之末，这数目已经翻了一倍了。

大规模的先进工业之建立，全地域集体化之施行，富农阶级之消灭，苏维埃贸易（国营和合作社的）的开展和私商之根本铲除（这是1932年开始的）——凡此种种都表示："在国民经济的各部门中，社会主义的阵地已经巩固起来了，资本主义的分子已经从那里驱逐出来。"苏维埃政府已经有直接领导整个国民经济的可能。

自从十月革命以后，直到1928年为止，在苏联整个国民经济中，社会主义的部门只是主导的一个部门，而不是压倒一切的部门。自从"伟大转变"的一年（1929年）之后，社会主义部门开始在国民经济中成为压倒一切的部门，1931年之后，就是在农村经济中也成为压倒一切的部门了。这就是说苏联已经走入了社会主义的阶段，已经建立了社会主义经济的基础。

第一个五年计划结束之后，又来了一个更伟大的第二个五年计划。第二个五年计划的任务就是完成技术上的改选，消灭阶段的区别和经济机构的区别，使社会主义的生产方式成为国内唯一的生产方式。

第二个五年计划的总投资有1334亿卢布，较第一个五年计划的505亿卢布增加了1.5倍。仅从这一点上就足以充分显示出它的伟大性来。

在第二个五年计划中，特别注意于交通事业和轻工业的发展。轻工业的增长速度规定为269%，重工业的增长速度为209%。因为轻工业的发展和农产品的增加，更因为零售物价之减低（第二个五年计划中规定零售物价减低35%～40%），一般人民的物质享受大大地改善了。

按照第二个五年计划规定，在农村经济方面，应该达到全体农民加入集体农场，要完成整个农村经济的技术改造，使所有的农业劳动全部或绝对大部分能够机械化。根据这计划在1937年时，农产品总价应该增加到 266 万卢布（照 1926—1927 年度的价格估计），即是比 1932 年的 131 万卢布增加到 2 倍以上。

以上述的工业化、集体农场化和国民经济的根本改造为基础，应该完成第二个五年计划的基本任务——消灭社会上的阶级划分，建立社会主义的社会。

四、苏联经济建设的现状和前途

今年——1936 年——是第二个五年计划的第四年。在这 3 年多的时间，苏联的经济建设又发展到了什么程度呢？为要明了目前的情形，我们不得不简略地举一些数字来说明。第二个五年计划的基本的经济任务是完成整个国民经济的技术改造。为了完成这任务，对于新企业的创办投入了大批资本。在 1933—1935 年这 3 年间，总共已经投了 646 亿卢布，超过了整个第二个五年计划的总投资额（505 亿卢布）1/6 以上。还在 1935 年年初，整个工业界的生产资本就有 73%，这是属于 1928—1934 年间设立的或彻底改造过的新工厂的。在某几个产业部门中这百分数达到了 90% 以上。大工业的生产资本的总值在这几年的增加如下：

年份	大工业生产资本总值
1913 年	68 亿卢布
1928 年	99 亿卢布
1932 年	216 亿卢布
1935 年	375 亿卢布

工业的发展使苏联得到了完全的技术上和经济上的独立。下面这个统计说明了在若干主要生产品的供应中苏联本国的生产品所占的百分数：

(单位:%)

	1913 年	1928 年	1935 年	1936 年
煤油	100	100	100	100
石炭	80.3	100	100	100
铁矿	100	100	100	100
锰	100	100	100	100
电气炼钢	0	8.9	95	98.1
铅	9.7	6.4	97.1	100
铝	0	0	85.3	100
树胶	0	0	40.1	56.0
过磷酸盐	44.5	70.9	100	100
织维素	78.0	70.0	99.1	99.3
棉花	44.4	63.8	100	100
曳引机	0	24.6	100	100
铬	100	100	100	100
糖	100	100	100	100

苏联的经济建设

　　机器制造业的发展对于苏联整个国民经济的改造有非常重要的意义。在第二个五年计划的执行过程中，苏联建立了自己的先进的机器制造业。如今苏联不仅可以自己计划并制造任何种类的机器，而且全国各产业部门对于机器的需要，有绝大部分是由本国生产品来供应的。在1933—1935年期间，苏联机器制造业的产量增加了75%，比1913年大战前的水准超过了15倍。

　　由于新的技术之采用和新工厂之设立，苏联的工业发展速度逐年在增高。在1933年时，整个工业生产量比前一年增加6.2%，在1934年增加18.7%，在1935年增加20.7%，在1936年，照计划规定可以增加到23%，但事实上，根据预计，在1936年上半年已比上一年同时期增加了33.7%。在一年以内，全国的工业生产量增加1/3以上——这简直是打破了历史上的一切纪录！

　　由于这种迅速的发展，使苏联得以在许多主要的产业部

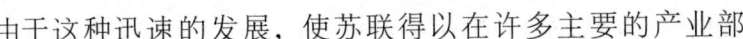

门——尤其在重工业方面——在4年之间（即在1936年间）就可以完成这个更伟大的第二个五年计划了。

在第二个五年计划中，轻工业的发展较以前更加迅速。在1933年到1935年这三年间，新开工的消费品工厂值52亿卢布，但在第一个五年计划中，这种新开工的消费品工厂只有25亿卢布，这就是说在这三年间新设立的工厂比整个第一个五年计划增加2倍以上。

跟工业的发展相适应着，技术人员的数量也增多了。在第二个五年计划的前三年中，有14.42万个受高等教育的技术人员和24.3万个受中等教育的技术人才新加入国民经济的建设工作。在大战前，俄国工业中的技术专家只有4.65万人，如今却有35万人了。

重工业——尤其是农业机器制造厂——的发展，使苏联的农村经济在这三四年间完成了它的技术改造。

在苏联各地的乡村中有一种叫作"机器曳引机站"（M.T.S.）的组织。这是国家经营的一种机关，在这里有一切农业机器和各种农业技术上的设备，供给全区域内各集体农村的需要。在"机器曳引机站"之下，更附设有政治部，指导全区域内的社会主义建设工作。所以"机器曳引机站"也可以说是苏联乡村中的技术中心和政治的参谋本部。

这样的"机器曳引机站"在第二个五年计划的前三年间增添了1930个，从1932年年底的2446个增加到了1935年的4376个。在1935年，"机器曳引机站"包括了集体农村耕地面积的72.8%，到1936年，这个百分比可以增加到80%。

在1933年1月，苏联乡村间的曳引机共有222.5万匹马力，到1935年年底就增加到了654.3万匹马力（因损坏而停止工作的不在内）。按照这样的速度增加下去，五年计划中关于农村经济曳引机化的大网也可以在4年中完成了。

农业经营面积的广大（集体农村和苏维埃农场）和经营本身的有计划，使得苏联利用曳引机的成绩超过了世界上任何国度。虽则苏联所用的曳引机的平均马力要比美国的小 2 倍，但是在 1935 年间每一个曳引机平均所耕的面积却多出了 2 倍。

1935 年间，全苏联出产的割打两用机有 20200 架，但照第二个五年计划的规定到 1937 年只要出产 20000 架而已。在 1935 年年末，全国的割打两用机已经有 52500 架。由于使用合理的原因，用割打两用机所收割的田地面积已经跟美国——农业最机械化的国度——在 1930 年间的数量相等了。照计划预计，在 1936 年间，将生产 61000 个割打两用机。

农业机械的增多，使苏联大部分的农业劳动机械化了。至于苏维埃农场（国营农场）实际上早已成了机械化的农产品制造厂，这里的劳动有全部或绝大部分已经机械化了。

在第二个五年计划的过去这几年间，苏联的交通事业——尤其是铁道交通——成绩更大。

在第二个五年计划的前三年间，在铁道事业方面的投资有 86 亿卢布（在整个第一个五年计划中仅仅为 64 亿卢布），在这 3 年间，开始利用的新建筑总共值 81 亿卢布（在整个第一个五年计划中为 56 亿）。在 1932 年时，全国铁道运货量是 267.9 百万吨，在 1935 年是 390 百万吨，照 1936 年的预定计划将增加到 457 百万吨。

此外，水上的运输（内河航业和海洋航业）在这几年中也很迅速地发展。如今在这一方面投资很多。最近的将来，苏联的航业就要在世界海运业界露出它的锋芒来了。

汽车的运输是第一个五年计划中新成立的一种事业，在这几年来的发展速度简直是非常惊人的。如今汽车已经成了短距离运输的一种基本工具。

在 1932 年 1 月 1 日，全苏联还只有汽车 75400 台，到 1935

苏联的经济建设

年年底就已经增加到了 26 万台，照预定计划到 1937 年年初将要增加到 40 万台。

由于整个国民经济迅速发展，苏联一般劳动者的物质境况和文化水平也迅速地提高了。表示全国人民的物质境况改善的一般的指数就是国民收入的增加，尤其在苏联，国民收入直接是归劳动者支配的。苏联的国民收入增加如下表（以 1926—1927 年物价为坐标）：

年份	（国民收入 10 亿卢布为单位）
1913 年	21.0
1932 年	45.5
1935 年	65.7

全国的工资总额从 1932 年的 327 亿卢布增加到了 1935 年的 562 亿卢布。每个工人每年平均的工资从 1932 年的 1427 卢布增加到了 1935 年的 2271.5 卢布。这就是说，在三年之间，每个工人的平均工资增加了 59% 以上。在任何资本主义国家中，某一个个人的收入（尤其是薪水阶级的人），由于职业的更换或其他等原因，在两三年之间，增加 50%～60% 是颇有可能的，这也就是劳动者对于资本主义制度有时会发生留恋或幻想的原因。但是整个劳动阶级的收入要能够普遍地增加这么多是绝对不可能的。

对于工人生活的改善，除了直接工资的增加以外，国家对于文化娱乐保健等事业上所花费的金钱也有极大的帮助。用在这些事业上的经费在 1932 年是 43 亿卢布，在 1935 年是 67 亿卢布，在 1936 年是 83 亿卢布。

此外，再加上第二个五年计划中一般物价之低落数（平均降低 35%～40%），那么苏联工人的物质生活在这三四年来实际上已经改善了一倍了。

在乡村方面，集体农场的现款收入在 1935 年间增加了 83%。据苏联中央统计管理处的调查，在 1936 年 1 月 1 日，集体农场社员的谷产储蓄比前一年增加了20%，马铃薯增加52%，肉类和脂肪增加了46%。同时，在集体农场的市集（贩卖农民的日常必需品）上，一般物价较前减低了2.5倍。

随着物质生活改善，文化教育事业也有惊人的进展。

依照第二个五年计划的规定，要实施七年级的综合技术（Pol－ytechnic）强迫教育。在革命前，农家的子弟只在小学读两三年，工人子弟只在小学读三四年。如今全部的都市儿童和67%的乡村儿童都读完了四年级以后再升入五年级去了。全国儿童在五年级至十年级读书的在1932年还只有360万人，在1935年就有645万人了。

在1935年时，在高等学府或高级技术学院读书的学生有50.99万人，在1932年还只有47.72万人，而在1913年时只不过12.4万人而已。

在前面已经说过，第二个五年计划的社会政治任务便是消灭社会上阶级的区别和经济机构的区别，使社会主义的生产方式成为全国唯一的生产方式。

剥削阶级的最后的残余——富农和商人——在第一个五年计划时代就被铲除尽了。

在1936年年初，全国基本的生产基金中，社会主义的经济形态所占的比重为98.5%，只有1.5%的基金还在私人经营中。90%的农家已经加入集体农场（在若干区域中，有95%以上的农家已加入集体农场了）。在从前，全俄国有2000多万分散的农民经营，如今代之而起的成立了24.91万个集体农场，这种大规模经营的集体农场平均每个包括60～200个农家。有耕地250～3500公顷。

农村经济中集体化运动的成功，工业、商业和交通事业中社会主义经营形态的巩固——这些都足以表示出社会主义在苏联的胜利，表示出人与人的剥削制度在这个国度里已经被铲除了，表示出一切寄生生活的可能性在这里已经根绝了。1935年出现的斯泰汉诺夫运动更表示出人类意识中最后的资本主义残余已经被克服了，表示出人类对于劳动的态度已经发生了根本的转变，表示出了新的社会意识的成立。

所以，我们如果在末了不把这个新的运动的内容和意义简略地说一说，那么还不能了解苏联社会主义建设的全部胜利，更不能了解它的最近的前途。

斯泰汉诺夫是顿巴斯煤矿区域的一个矿工。他在1935年8月30日至31日的晚上创造了一个空前的掘煤纪录：一个普通工人在6小时的工作时间中只能采掘7吨~8吨煤（德国鲁尔矿区的最优良的矿坑中，也不过采掘16吨~17吨煤）；但是他在那天晚上，应用了新的方法竟采到102吨煤，后来斯泰汉诺夫本人和其他许多工人把他的掘煤方法加以改善之后使6小时之内的采煤量竟增加到了200余吨，即把原来的劳动生产率增加了20余倍左右。于是斯泰汉诺夫便成了苏联的民族英雄，这种提高生产率的运动从一个煤矿蔓延到了另一个煤矿，从一个经济部门蔓延到了另一个经济部门，在这一年来，工人把生产率提高五六倍以至于十几倍的事情，成了惯常的现象。于是便形成了轰动世界的斯泰汉诺夫运动。

约瑟夫在1935年11月间的全苏联斯泰汉诺夫运动者的会议上曾经说过：

"为什么资本主义会摧毁并且征服了封建制度呢？因为资本主义创立了更高的劳动生产率的标准，它使得社会有可能比在封建制度下得到多出不知多少倍的生产品。因为资本主义使得社会更富了。为什么社会主义能够而且应该一定要战胜资本主义的经济体系呢？因为社会主义能比资本主义的经济体系产生更高度的劳动典型，更高度的劳动生产率。因为社会主义能够比资本主义经济体系给予更多的生产品，能够使社会更加富足起来。"

苏联的劳动生产率的发展速度本来就快过于任何资本主义国度。譬如在第二个五年计划的前三年间，苏联的劳动生产率的平均发展速度为10%，但是美国在1920—1930年这时期以内的生产率发展速度只有3.9%，德国在1925—1929年这个时期以内为5.7%。但是革命前的俄国的劳动生产率是非常落后的，所以1935年时，苏联的劳动生产率比1913年时虽然已经增加到125%的程度（即增加1/4），可是苏联的劳动生产率的绝对的水准还赶不上先进的资本主义国度。

斯泰汉诺夫运动的出现可以使得苏联的劳动生产率的发展相对和绝对都胜过了资本主义各国，使得苏联新的社会秩序能够建立在一个新的、更高级的——资本主义国家所望尘莫及的——经济技术基础上。在过去，没有人与人的剥削的、真正自由平等的、富足和快乐的社会只存在于先进思想家的理想中，而如今这样的社会已在地球1/6的面积上，在苏联，实实在在地建立起来了。

抗战的胜利和民众运动[*]

在"八一三"抗战爆发前数天，我遇到了一位朋友，他是一个血性男子，他是向来主张对日强硬政策的，他在那时也主张立即对日宣战，认为再不宣战有立即亡给日本的可能；可是他对于抗战的胜利，一些也没有把握。他说，据专家的估计，全面抗战发动之后，每日需要多少万发子弹和多少万吨钢铁。但我们没有一家像样的钢铁厂，何况主要的煤铁矿早已被敌人占领了。我们没有海军，战争一开始，海口即被敌军封锁，外来的接济也无从入口。我们的要塞设备和空军实力又如何陈旧幼稚。我们唯一的优点即是激昂的民气，然而这只能发生壮烈的牺牲，不能以此打胜敌人。以血肉建筑长城跟敌人的枪炮拼命只能在文章、诗歌中说说而已，绝不在军事专家的计算中。从专家的眼光看来，我们是必败的。唯一的希望就是能够勉力维持一二年之后，国际间能发生有利于我们的变化，或者日本国内会发生革命。然而这种希望是太渺茫了。所以，他认为中国的前途是：战亦亡，不战亦亡。不过他是主战的，因为与其不战而亡，亡了国也见不得人；倒不如战而亡，使得亡了国还能像阿比西尼亚国王一样，受国际人士敬仰。

这是十足的唯武器论者。在这位朋友的目光中看来，决定战争胜利的只有一个物质的因素——军备；人在战争中所起的作用

---

[*] 本文原载《半月》，1937（1）。

至多只有主帅的作战技能这一点而已。我想如果这种唯武器论者的议论正确的话，那么胜负大可不必决之疆场。每到两国国交紧张到要诉之于战争的时候，尽可请一批国联专家之类的人物来把两国武器作一精确的统计和比较就好了。主帅的作战技术也可以用纸上谈兵的会考方法，（普通军事学校常如此考试学生的。）来代替流血牺牲。然而大家知道，古今中外绝没有用这种方法来决定胜负的。不用这方法来决定胜负，只因弱国方面是绝不因军备的薄弱而自甘屈服的；对于每个弱国除了军备以外，一定另有别的因素可以来帮助它取得胜利。不用说，这因素便是人的意志，或者就是所谓民气。

抗战的胜利和民众运动

我们现在具有十分激昂的民气，这是谁也不能否认的。现在的问题是在于怎样把这激昂的民气培植起来、训练起来、组织起来，使之成为现实的力量。我曾经说过，民气好像是同天然的富藏一样的。天然的富藏一定要加以开发以后才能成为财富，被人类利用；民气也一定要加以训练和组织之后才能成为力量。个人的热情和血肉做的身体不足以抵抗日帝国主义者的枪炮；然而集四万万五千万个个人的热情，那就成为不可轻侮的一种势力了。那时血肉之躯将比长城还巩固，足以抵御敌人的任何飞机、大炮。那时四万万五千万同胞将以自己的血汗积蓄来供给军费；英勇的战士将会从敌人手里取得我们必需的武器。（这是假定敌人将能完全封锁了我们的边境的话，然而这是不可能的。我们的海口可被封锁，然而我们的西北和西南的边境却绝不是敌人所可封锁的。）

所以我们所应焦急的倒不是我们的财政的贫乏或军火的不足，而是民众运动的不曾展开。如今大家都知道要保障抗战的胜利必须实行全民动员，但是如果没有民众运动的展开，那么所谓全民动员至多也只是社会上层分子的动员而已。所以展开民众运动，训练民众，组织民众——应是当前最迫切的任务。有了民众运动才能有真正的全民动员；有了真正的全民运动才不致使抗战成为纯粹的军事行动。

没有民众运动的展开，那么抗战的胜负主要将取决于物质的因素——军备——了。然而大家都知道，单就军备而论，我们是敌不过日帝国主义者的。如果是这样，那么我们只好同意于唯武器论者的中国必亡论了。大多数的中国人不是面子主义者，他们不为保持面子而抗战，也不妄想做一个亡国君王在西洋绅士面前出风头。他们如果明知道中国必亡，那么他们是绝不会来参加抗战的。他们是抱了必胜的信心，才肯为国牺牲，也只有这样才能使抗战取得胜利。

总之，不信任民众力量或不主张开展民众运动的唯武器论者即使是主张抗战的，但是实际上同主张对敌投降的公开的汉奸，只是五十步与百步之差而已！

反映在外国报纸上的莫斯科审判案（一）

  莫斯科的审判案件在中国大多数读者还是一个谜，而倪江先生这篇文章却能用各国的报纸说明案件的真相及其严重的意义。本文分上、下两节，第一节指明该项审判案的真实，并不是冤狱；第二节说明叛逆们理论的演进，及其国际政策，说明他们愿意牺牲苏联，牺牲中国、捷克、波兰等国，完成他们同德、日侵略国家的妥协。本期先登第一节。

——编者

  在过去，是国际工人运动中著名人物，有过二三十年的革命工作的经历，为了自己的信仰，曾经在沙俄的反动政治下坐过不知多少次牢监，不知多少次几乎牺牲了自己的生命；在"十月革命"后，曾在苏联党政机关中占过领导地位，甚至在不久以前还在政府机关中或新闻界担任重要的职务——有着这样经历的人会被苏联检察当局以叛逆、奸细、暗杀等罪名提出公诉，他们同法西斯主义的德国和日本勾结着密谋推翻苏联的政府促成资本主义的复辟。根据"常识的推断"，这的确是太离奇了。所以当最近关于苏联毕答珂夫、拉狄克等17人的反革命案的消息传来的时候，就有很多怀疑者：这案件也莫非就是中外古今的历史上常有

---

* 本文署名倪江，原载《现世界》半月刊，1937，2（2）。

的，像德国国社党初上台时所导演的"国会纵火案"一样的，排除政敌的"冤狱"吧。然而，如果说这是"屈打成招"的"冤狱"吧，也似乎是不合于"常识的推断"。冤狱只可以关着大门制造，怎么可以在职工会大厅举行，允许数千个本国人民、外国新闻记者和外交团来旁听，而且各被告更是有条有理地供述自己的犯罪行为，拒绝了律师的代辩，而发表他们的最后答辩词呢。总之，这案情是太离奇了。我们国内报纸上所披露的简单的消息，绝不能说明这案子的复杂的内容；为了急于知道究竟，我急待阅读各国报纸对于这事件的详细记载。各国的左派报纸，如法国的《人道报》、美国的《劳工日报》之类，或许有袒护"莫斯科"的嫌疑，还不足为凭；因此，我特别注意着各国的"中立"报纸的记载。

达特莱·高拉特是在英国很有地位的一个法律家，是全国公民自由协会执行委员会的委员，是刑罪法典改革协会的会员。他出席旁听了此次莫斯科反革命案以后，在《每日导报》上发表了一篇文章。他在这篇文章中写道："在我对于这审判案件发表意见之前，我静观了三天，因为我愿意先把事实理解清楚。我独立地、不受拘束地注视着审判的进行；我研究这案件，主要的不是从政治的观点出发，而是从法律的观点出发。……"

"当我第一天出席旁听的时候，我还是受着关于'苏联法庭制度'的传说的影响。当我看见17个被告，一个一个坐入被告人席，而且预料死刑的判决大致是在等待着他们的时候，我对于他们不禁发生了若干同情心。这是在我未曾听到宣读公诉状的时候。"

"如今，在听了被告们的四天的审问（各被告人已经无条件承认了自己的罪状。）之后，我可以毫不踌躇地相信他们是有罪的。我从没有听到过这样的，关于叛逆、暗杀、奸细、怠工、恐怖行为的故事，如像被告们以完全冷酷无耻的态度所供述的那样。据我看来，这绝对不能说是得到了被告们同意，或者根本未得同意而'制造'起来的冤狱。每个人都可以看出，被告们（他们说的话最多，而检察官维盛斯基则仅限于发几个问题而已。）的供词完全是出于自愿而发表的。如果这些都是预先安排好的，那么17个人绝不会这样精彩地表演他们各自的角色，而且绝不会在好几天之间，一次都没有露出马脚。完全显然地，他们这是能够全部支配着自己的智力的；他们完全不像受过惊吓的样子，在外表看来神气也很好。同时也没有什么足以阻止他们当众宣布说，罪状是'假造的'。"

"至少，拉狄克个人对于听众中间有外国新闻记者出席这件事是知道的；他曾经把自己的目光时常扫射到这些外国新闻记者身上去。任何种关于赦免刑罚的诺言都难于骗得他们来承认罪状，因为前一次案子的被告者都已被枪决了，在那时候本案被告者有一大半还没有失去自由，是知道那判决的。

"审判是公开的，一切审判手续都依照法律的规定。在这里应该指明一点：苏联的审判手续在形式上跟大多数大陆国度的审判手续在外表上有类似的地方，而跟英国的审判手续有显著的不同。在一切大陆国度中，预审是秘密进行的，对于这种制度有许多赞成的理由。在本场合之下，牵涉到国家的秘密，和外国的外交官吏，秘密的预审大概在任何国度都是不可免的。"

"在英国，当被告承认了自己的罪状之后，法庭仅以国家公诉员数述犯罪的事实为限。然而，在苏联，除此以外，更照例要传问证人，并且再详细地询问过被告。……"

"被告中有各种不同的人物，其中大半都是有力的人物。因此他们中间只有三个人是接受了关于辩护律师的提议，这当然也不是什么出人意料之外的事情。辩护律师中的白拉马特是莫斯科律师界有名的人物。"

接着高拉特便叙述各被告的个性。

"毫无疑义地,毕答珂夫是这批党徒的'头脑'、就是如今,他还是独个儿很技巧地应付着,除非不得已,他不会多肯定一件事实,不会多供出一个人名。"

"狄拉克给人的印象好像一个卖弄风采者。他自己得意地微笑着,并且常注视听众,以便观察自己的答话是发生了怎样的印象。摄司督夫是典型的强盗。他完全沉着地讲述着他的冷酷的暗杀行为和劫取银行的故事。司脱洛伊洛夫和安诺尔特是自己让其他的同党勾引了去做这些犯罪行为的。大概,司脱伊洛夫是这些人中间追悔自己的行为的唯一个人。"

"在英国,如果犯着被告们所犯的某些罪状,如像制造铁路肇事和放火焚烧工场以致伤害人命等,大致也要受死刑的宣判的。"

"维盛斯基以绝大的耐心和谦和的态度对待着被告。或许他是太想精密地确定所做的犯罪行为了。他为要使得被告们肯定他们的行为已走上了叛逆祖国的途径,曾经费了很多的时间。这种肯定的本身是没有什么大意义的,因为叛逆的事实早就充分地确定了。"

裁判官乌尔里赫很少打断审问的说话。

伦敦的《晨邮报》(*Morning Post*)载道:"在起先,所有的被告都否认了自己的罪状。只经过了 90 天的光阴,把拉狄克底一切犯罪的证据都提示给他自己看过以后,他才承认了自己的罪。所以说被告们都是同时承认自己罪状的那种消息是不可靠的。同样,说是以保障性命为条件强迫他们供出虚伪的口供的说法也不是对的。"(据《人道报》称,最倔强的被告木拉洛夫不开口了九个月以后才招口供的。)

"虽则对于被告所起诉的罪状,如勾结德、日等,初看起来好像是有些怪诞似的,然而要知道:这些人们已经把斯大林看作是不共戴天的死敌,他们已经决心以任何牺牲来达到自己的目的了。他们挑选了这样的一条道路，但是到后来，连自己都没法摆脱这道路了。"

《巴黎回声报》（*Paris Echo*）是法国的一家右派报纸，台·盖里里司是法国的一个有名的右派记者。他常在这报纸上发表攻击苏联政府的文字，为脱洛茨基派作辩护；然而他承认：

"关于'葛司太保'（现译，"盖世太保"，下同）（德国秘密政治警察局）同脱洛茨基主义者有联系这件事实，我是同意于杜克洛的。法国的总参谋部对这事情是知道得很清楚的。"

《小巴黎人报》（*Petit Parisian*）说："毕答谷夫、拉狄克、苏谷尔尼谷夫和他们的同党曾经有颠覆斯大林领导的阴谋——这是不容争辩的事实。"

《共和国报》（*Republique*）在起先曾经断言，检察官提出的公诉状是没有根据的。但是到末了却承认："在大体上，检察官所定的罪状是有根据的。拉狄克、苏谷尔尼谷夫和他们的朋友们确实同脱洛茨基是一个样的叛逆。"

接近于赫礼欧的急进社会党报纸《事业报》（*L'oeuvre*）在《苏联有十分的理由保护自己的安全》那篇论文中有一段这样的话："莫斯科的脱洛茨基派的审判案件在法国引起了各种不同的态度。不过我们对这案件应该客观地来考察。从这审判中见到了什么呢？这就是一些法律手续和法律形式的总合，这些手续和形式同法国的是不同的。"

"然而在手续和形式的背后还有审判的内容存在。而我们觉得对于这点内容我们不能再有不同的意见了。因为当我们细心地研究了案情以后——而且不是根据苏联通信社的官方电报，而是根据出席此次审判的大多数法国报纸和外国报纸特约记者的报告——可以看见事实是非常明白地摆在我们的面前。"

"但是，既然如这些报告所记述的那样，各被告是犯了叛逆祖国的罪，那么——即使他们是苏维埃制度的创造者之一，或者

是这制度的最初的领导者之———他们如今必然会成了人民公敌和法庭审判的对象。"

"这些人们的供词和证人的证明允许我们可以确定他们是同某些国家的代理人发生了联系，而这些国家的政策就是对苏联作不断的威胁。他们不仅同那些祖国的敌人们开始了谈判——将威胁到他们的祖国的安全和独立的谈判。他们还在祖国的领土以内组织恐怖行为，以便引起骚扰和舆论底不安；他们把许多对于国防有重大意义的文件交给了别的国家。"

"他们的供述和第一天审判时所揭露的罪状应该同某几次的肇祸惨剧相对照着看；而当这些惨剧初发生的时候，大家还只以为是偶然的不幸事件。"

如果类似的危害及祖国国防和安全的事实发生在我们国内，难道这些被告在我们中间就不引起同样的愤怒的袭击吗？难道就不会遭受法律上的最严重的处罚吗？"

重工业和煤炭业机关报《时报》（*Temps*）在起先对审判案表示怀疑的态度。但是后来也说：在某几点上，罪状的论据是有坚强的基础的。无疑义地，被告对于他们自己为要夺取政权而想铲除的现政府和党内的领袖是组织了恐怖的暗杀行为。

《巴黎回声报》的特约通讯员的报告有几次用了这样的标题：《公诉状确定了脱洛茨基同希脱勒派的联系》（脱洛茨基现译"托洛茨基"，希脱勒现译"希特勒"，下同。）《脱洛茨基和赫斯（希脱勒的亲信）的密约》《乌克兰和多瑙河各国让给德国，中国让给日本》《德国促成苏联军事失败的准备工作》《为德、日作间谍工作》，等等！

从法国各报的言语中看来，除了极右派的《法西机关报》以外，对于莫斯科审判还表示怀疑的只有社会党和同党主办总工会的机关报（但也没有提出反证。）据《人道报》（*L' humanite*）

的分析，社会党之所以采取这种政策，除了由于第二国际的一贯反莫斯科政策以外，更有其特殊原因。这就是因为法国的脱洛茨基主义者因人数过少，势力孤单，解散了自己的独立组织以后，已经全体加入社会党而成为后者的一部分了。

美国的报纸；除了赫司脱系（法西系）的报纸以外，也都承认被告的罪状是事实。《纽约泰晤士报》（New York Times）而且说道，反苏联的脱洛茨基派的审判案件"更肯定了苏谷尔尼谷夫的声明，即脱洛茨基的面目已经在苏联和全世界的工人面前被揭穿了，他成了一个法西主义的同盟者和战争的挑拨者。于是，他在国际上也就是完结了。

据法国报的消息，巴尔干半岛和多瑙河流域各国的报纸对脱洛茨基党表示了非常的忿激。因为据各被告的供认，脱洛茨基已承认了国社党的德国在这些国家内扩张势力的权利。

甚至《日本泰晤士报》都承认："至于说德、日二国想获得关于苏联的有军事价值的情报，那是事实，只有蠢东西才不这样做呢。"因此，"不论是德国或是日本，在苏联最高法院的供词中要受到牵连，那是没有办法的"。

德国的报纸关于这案件只发表了官方通信社的简略的电报，有的报纸甚至根本就不提此事。但是这些报纸和美国赫斯脱系的报纸大半都带着脱洛茨基的声明，说莫斯科的被告都是屈打成招的，或是受到了催眠术以后的胡供。

从各国报纸的言语和记述看来，莫斯科审判案的被告的罪状，大概可以认作是事实的了。然而我们的疑问仍旧没有得到解答：即到底根据了什么逻辑，这些被告怎么会得在他们自己所参加建立的新政府之下，又冒了很大的危险来密谋推翻这新政府呢？他们到底不是狂人或小孩子，他们对于自己所做的事情，对于这种前后矛盾的政治主张，至少在自己是应该有一个逻辑上的论据的。然则，他们的逻辑是怎样的呢？即是说，他们的理论是

怎样的呢？同时，他们对于自己胜利以后，所拟实行的政策是怎样的呢？他们对于国际问题的态度又是怎样的呢？对于这些问题，各国报纸关于本案件所发表的材料也可以给我们一个大概的解答。

反映在外国报纸上的莫斯科审判案（二）

欧美各国的报纸已经帮助我们解答了问题的半面，即此次莫斯科的审判案并不是一个凭空制造起来的冤狱。但是问题的另一半面还没有得到解答，即是这些过去的革命战士苏联现政府的创始者之一，为什么会成了国际法西主义的盟友，成立后者的反苏联战争的先锋呢？

伦敦《晨邮报》编者对于自己的驻莫斯科记者的通信，曾经做了一段说明，这中间有一句话说："如果不把被告们的过去追述一下，那就不能理解莫斯科审判案的意义。"这次审判案中的被告们，"也同齐诺维埃夫和他的同道者一样，向来是进行着反对苏联政府的斗争，而且反对列宁和斯大林的"。

《晨邮报》的说明提醒了：我不知道被告们的过去，的确很难理解他们目前的行为。报纸上发表的检事维盛斯基的最后的演词中，曾经说到本案被告的过去，可是对于他们这一派的整个过去的历史，和他们的领袖脱洛茨基和齐诺维埃夫等人的向来的政见和活动却是没有提到。我为了明白一个究竟起见，不得不在报纸以外去找寻材料。在一本关于俄国历史的书籍中，我对于俄国共党中所谓反干部派的形成和这一派的主要首领——脱洛茨基、齐诺维埃夫和卡加米涅夫——的过去，找到了很详细的材料。为

---

* 本文署名倪江，原载《现世界》半月刊，1937，2（3）。

使读者明了这审判案的真相起见，我把这历史方面的事实在这里简略地介绍一下；但是要请读者诸君恕我暂时越出了本文题目所规定的范围——"反映在外国报纸上的……"

1905年，在俄国发生了第一次革命运动。它失败了；然而它对于俄国历史有非常重大的意义；它是1917年的前奏。

当时的俄国社会民主党已经分裂成为两派：一是多数派，即现今苏联的执政党；一是少数派，这派的后系大概在上海的白俄侨民中可以找到很多。少数派说：当前的（1905年）运动是资本阶级性质的，因此应该让资本家去干，工人们只要在旁摇旗呐喊好了。多数派说：不差，这运动是资本阶级性质的，因为这运动中所要解决的任务是推翻贵族地主政权，解决农民问题；这运动的胜利，仅仅是建立了资本主义发展的前提而已。可是资本家已经没有劲来干了，所以工人应该起来执行这历史的使命；他们的同盟者是农民。当时的脱洛茨基向两派观望着，既不赞成多数派也不跟少数派走；他提出一个口号："去掉皇帝，政府就是工人的。"他认为只有工人政府才能解决当前的任务，农民非但不足以成为工人的同盟者，而且是未来的敌人。因此，工人革了皇帝的命，革了地主贵族的命，革了资本家的命，更要革农民的命。可是幼稚的落后的俄国无产者怎么革得起这么许多的命呢！脱洛茨基认为，俄国的工人只好到国际间去找帮手，只有希望着全世界的无产革命。这么一连串的革命便造成了脱洛茨基的"不断革命论"，也就是他这次企图革苏联现政府的命的理论根据，而这理论的基本出发点就是不信任农民可以做工人的同盟者。所以，脱洛茨基的理论跟少数派有些不同，可是他为要攻击多数派却常跟少数派订立攻守同盟。

脱洛茨基在1905年以后跟多数派交过不知多少次锋。直到1917年时，他才同多数派合作，并且积极参加了"十月革命"。可是他并没有放弃他的一贯的主张。他赞成"十月革命"，正因为他认为这就是他所理想的工人革命；这革命就是世界革命的先声。彼得堡的义旗一举，柏林、巴黎、伦敦、纽约……都起来响应了。于是他的一连串的革命也就大功告成了。但在俄国本身，他不曾看到有什么力量可以维持革命的胜利。

可是事情往往不能尽如人愿，十月以后，欧洲有许多国度虽然也爆发了革命，然而总是被血洗清了。于是脱洛茨基失望了。

当时苏联的大多数领袖认为，世界其他各国既然不能起来响应俄国，那么新政府应该同国内的大多数农民大众手拉着手来建设自己的社会，即是说，先把自己的内部建设起来再说。而脱洛茨基就认为这是对于世界革命的叛逆。他否认在一个国度内可以建设社会主义，他反对农民参加新政权。他更主张增重农民的税捐负担（脱洛茨基和他的同党称这种榨取为社会主义的原始积累。）他要求新政府动员所有的物力、人力来强行世界革命。可是苏联大多数的领袖不同意脱洛茨基这种制造世界革命的冒险政策。他的主张失败了，于是先是被革去了红军总司令的职务（列宁在世时），后来革去了党中央的领导职位，以至于被开除党籍，驱逐出国。

至于齐诺维埃夫和卡加米涅夫二人是反干部派中间的仅次于脱洛茨基的两大台柱。他们两个一向也同列宁等一派常有冲突，可是他们并非一向就跟脱洛茨基在一起的。多数党中人认为，在他们两个的过去反党历史中最难宽容的就是他们在"十月革命"时的行为。他们是反对"十月革命"的。当革命前夜，多数党已经决定了起事日期和计划之后，他们就把这日期和计划在一家反动报纸上公布了出来。因此在当时，他们就被党内同志称为"叛逆"，列宁当时曾称他们两个是"工贼"（Striko Breaker）。

列宁死后，脱洛茨基就同齐、加二人联合了起来，以便集中火力攻打党内的领导，此时，多数党已经以斯大林为领袖了。可是脱洛茨基并不把齐、加两人看作真正的心腹，他们的联合仅仅是一种作战同盟而已。所以要在齐、加两人领导的"行动中心"以外，再组建一个以毕答珂夫和拉狄克为首的"并行中心"，一半就是因为不信任他们二人的缘故。

在报纸上公布的检事官维盛斯基的演词中对于本审判中各被告的历史有一个简略的叙述。以下我们摘录最重要的几段，关于毕答珂父、拉狄克、苏谷尔尼谷夫的一部分。

"在脱洛茨基以下，毕答珂夫便是这批匪徒的第一个首领。……"

"在1915年，关于民族自决权问题同布哈林站在一起，……骂列宁是'自决的泰尔木特主义者'（Tulmnotrst——犹太经典的信奉者）。"

"在1916年，他已经是一个成熟的脱洛茨基主义的思想家……。他证明社会的改革只有成了各国普洛列塔利亚的联合行动，破除了布尔乔亚氾国家的境界，掘去了国境上的界碑，才有意义。……在这里，毕答珂夫完全是重复了脱洛茨基的一个国度内不能建设社会主义的提纲。"

"1917年，他又起来反对列宁的关于民族自决权的提纲。……反对列宁的《四月提纲》。"

"1918年他又起来反对列宁。……他们甚至于曾经说过，不惜以牺牲那个已经变成了形式上的概念的苏维埃政权作为代价，以便解除《布列斯特和约》。"

"在1918年对于苏维埃国家是千钧一发的危险时机，而这位毕答珂夫和他的同伴们竟同社会革命党进行谈判，密谋反革命的政策并拘捕列宁，以便毕答珂夫自己来担任政府的领袖者职位——人民委员会主席。这些政治的冒险主义者是用拘捕列宁的方式，用政变的方式来取夺政权的……"

"对于毕答珂夫所说的话有很多可以适用于拉狄克的，在革命以前，以至于在革命以后，拉狄克曾屡次起来攻击列宁。"

"苏谷尔尼谷夫的反对列宁和反对多数党的历史并不浅于毕答珂夫和拉狄克二人。自从苏联党内,形成了以脱洛茨基为中心的反干部的小组织活动以后,他们三个便是这小组织中间的领导者。1917年后这小组织完全失败了;领袖们是被开除了党籍,以至于被放逐了。他们为继续自己的秘密活动起见,先后向党提出了自己的《悔过书》,承认了自己的错误,要求恢复党籍。他们的要求是达到了,可是他们的新的反党的反政府的活动也就在这时候同时恢复了。"

这是他们的过去的活动,如今我们要来说他们的构成此次审判案内容的犯罪行为的本身了。关于这一部分我们可以把各报所转载的公诉状和各被告的口供作为根据。

被告他们的一切反政府的行动,主要的还是从脱洛茨基的一个国度不能建立社会主义的原则出发的。

脱洛茨基认为:"希脱勒的上台,证实了:他的一个国度内不能建设社会主义的理论是完全正确的。"(1934年脱洛茨基给拉狄克的信中所说的话,见《毕答珂夫供词》。)

在1935年底,毕答珂夫乘了德国的飞机从柏林往挪威去向脱洛茨基作报告的时候(毕答珂夫是因政府公事往柏林去的)。脱洛茨基因为他的信徒们对于工作执行不力,对着毕答珂夫大发雷霆。他骂道:"你们还离不了斯大林的脐带。你们把斯大林的建设当作是社会主义的建设了。"毕答珂夫在审判时,对于他同脱洛茨基的谈话情形说得很详细。这一段供词很足以帮助我们理解脱洛茨基的政策的演说经过。所以我们把这一段话解义如下。

"他(指脱洛茨基)说:社会主义是不能在一个国度内建设的。而在另一方面,资本主义已经从危机中恢复了元气,开始巩固起来了;所以显然地,绝不会忍受苏维埃国度的强大,特别是不能忍受国度的军事工业和国防的强大。军事的冲突是不可避免的,如果我们是消极地来应付这事变,那么在斯大林国家废基

上，连全部脱洛茨基派的干部都会葬送掉的。因此他认为破坏损害工作不简单地是可以采用也可以不采用的一种尖锐的斗争手段而已；这是从他的立场的本质中产生出来的完全不可避免的东西。

"问题就是在于脱洛茨基派的干部应该采取怎样的立场：他们还是把自己的命运去同斯大林国家的命运连在一起呢？还是跟它对立着，而且为着别的任务，为着颠覆政府和准备另一个政府——脱洛茨基政府——的上台而从事组织工作？"

"接着他又说到，在我们脱洛茨基派之中，有好多人直到现在还有一种幻想，以为可能采用什么群众的工作方法，群众的组织等等，群众工作的组织是不可能的，这首先因为工农大众都在国内所进行的庞大的建设工程的催眠之下，他们把这建设当作是社会主义的建设了……"

照脱洛茨基的意见，战争就在眼前，……他在当时，简直就说，战争就在1937年爆发，既然，这不是他自己个人的杜撰。……至于说到国际经济形势，那就是无产者革命运动的消灭和法西主义的凯旋。如果我们想握取政权，那么国际环境中的现实的势力主要便是法西斯主义者，而且无论如何，无论以什么形式，都应该同这势力建立关系，帮助这势力，保证这势力对于我们在未发生战争之前（尤其是在战争中苏联失败的场合下——脱洛茨基认为：苏联的失败是不可避免的。）握得政权的时候，保持友好的关系……

"脱洛茨基更说，也就是从这观点出发（从他所进行的或者已经达到的谈判出发）。我们必须加强积极的、军事牵制活动，破坏损害工作和恐怖暗杀行为，使得外国政府可以看到他们的对手并非只是代表自己个人说话的一个人，而是一种具体的、现实的力量。"

在1915年年底，脱洛茨基给了拉狄克一封信，在这信里，他也曾指出说，脱洛茨基派握取政权的两种途径："第一是在战争发生以前，这是苏联的许多党政治领袖同时被暗杀的结果。第二条途径照脱洛茨基的观点看来是可能性比较大的，这就是军事的失败。……"（毕答珂夫供词）

脱洛茨基主义者认为，战争和这个战争中苏联的失败是不可避免的，而且可以促进他们握取政权的；所以他们就采取了败北主义的政策，用种种方法促成这失败，并且先同这个未来战争中的敌人联起来，希望在上台后，得到后者的帮助。所以他们的破坏工作主要的也就集中在军事工业（特别是化学工业）和交通机关方面。因为脱洛茨基的指令要他们"在最感觉得到的地方给予最感觉得到的打击。"（毕答珂夫供词）但是除此以外，他们的破坏工作更有其他两个目的：（1）由此训练干部；（2）因他们的破坏工作引起的惨祸和人的牺牲，可以引起人民对政府的反感。（毕答珂夫和破坏工作执行者李甫希茨的供词。）

脱洛茨基在1935年年底给拉狄克的一封信中，具体地指明脱洛茨基主义者因苏联在战争中的失败而取得政权之后，必须实行的政策，关于这些政策的内容，拉狄克在供词中说得很详细。

在对内政策方面认为："一般地讲，我们如果想维持政权，那么不可避免地要把苏联的社会制度同法西主义的战胜国相平均一下。"所以，不仅要把帝国主义所视为重要的工业企业租借给它们；而且要把若干企业出卖给私人。脱洛茨基更提议了公债的办法，即是允许外国资本来经营那些在形式上还算作是国家产业的工场。

"在农业政策方面，他（脱洛茨基）明白地提出了解散集体农场的问题；而且主张把曳引机和其他复杂的机器出让给私人经营，以便复兴新的富农阶层。最后，完全公然地提出了必须复兴都市中的私人资本。显然地，这已经是资本主义的复辟了。"

脱洛茨基认为，这种资本主义的复辟是"苏联在战争失败后

的不可避免的结果,是在这失败的基础上形成的社会后果和协定"。

除此以外,在那时,苏联还要履行其他许多经济上的让步,例如,规定在"好多年以内,以供给粮食、脂肪、原料的形式支付赔款,保证战胜国在苏联入口贸易内一年占若干百分数……"

在政治上的事件就是"苏联的瓜分,以乌克兰供给德国,以沿海州和沿黑龙江州让给日本。"

"对于日本不仅说要把库页岛的煤油送给它,而且要在对美战争时供给它煤油。并且指明对于日本占领中国的行动,必须不给予任何阻碍。"

"关于多瑙河流域各国和巴尔干各国,脱洛茨基在信中说:德国法西主义正在向那里扩张,所以我们不要去妨碍这些事实。显然地,这就是要我们断绝对于捷克的任何来往,因为这种来往对捷克是一种保障。"

苏谷尔尼谷夫在法庭上的口供中,更说明了脱洛茨基所以要走向资本主义复辟的另一原因:"我们知道在自己的政纲中,我们应该退向资本主义去,而且提出资本主义复辟的政纲,因为这样我们便可以把国内若干阶层作为自己的基础。"检事官问道:"具体地说,你们在国内预计依靠那种势力呢?是工人吗?"答:"不是。"问:"是集体农场农民吗?"答:"当然不是。"问:"谁呢?"答:"老实不客气地说,我们预计依靠农民布尔乔亚氾分子……"

脱洛茨基派的活动经费是由德国供给的。办法是如此的:脱洛茨基要毕答珂夫(当时在重工业人民委员部任要职)多向指定的两家公司定货,所付货价要高过普通市价。这多付的数目由该公司转交给脱洛茨基。所以实际上他们用的还是苏联国家的公款。

毕答珂夫和拉狄克同布哈林领导的秘密组织有联络。据拉狄克供称：布哈林也亲自组织了自己的暗杀团体。

国际脱洛茨基主义者的言论行动，有许多地方是跟各被告口供相符合的。

法国《人道报》在荷兰脱洛茨基主义者卡泰的一部分著作中引证了这样一句话："西欧应该用尽可能的方法使德国的破坏力量转向东方去，以便引起苏联和德日之间的战争。"

据美国《劳工日报》消息，美国脱洛茨基主义者把西班牙的政府和叛军都称作是"工人阶级的敌人"，他们号召西班牙人民"把武器对准两个营垒的帝国主义"。脱洛茨基命令他的西班牙的信徒：（一）反对人民阵线；（二）反对苏联。信徒们感觉，这命令实际上在群众中是行不通的，因此要他重新考虑过，可是他的答复是：应毫不踌躇地执行这指令。美国的脱洛茨基主义者更喊出了："把帝国主义战争变为反苏联战争"的口号。

"老的脱洛茨基主义者的出发点是说一个国度之内不能建设社会主义，因此要在西欧强行革命。如今又向他们说：在西方什么革命都不可能，因此，你们就把一个国度内的革命破坏掉它，把苏联的社会主义破坏掉它。至于说在我们国内，社会主义者是已经建设起来了，那是谁也不会看不到的。"

这是拉狄克在最后的答辩词中表示悔悟时所说的话。我们就把它借用来作为本文的结论吧。

（本文所引各报材料均载于1月24日至2月3日的各报。为省篇幅计，未个别注明日期。审判记录以法国《人道报》和美国《劳工日报》所载最为详细。论文（一）所称急进社会党报纸《事业报》系《新世纪报》之误。——作者）

关于国民经济建设和国家资本主义[*]

读了最近钱俊瑞先生在《现世界》杂志（2卷1期）和《自修大学》上（1卷3期）发表的《国民经济建设方案》和《我们要建设国家资本主义》这两篇论文，以及他所著的《中国国防经济建设》那本小册子之后，我觉得钱先生是提出了很有意义的一个问题：他指出了中国在抗敌战争过程中以及抗敌战争胜利以后在一定时期内应该采取的而且可能采取的经济形态——国家资本主义形态。然而我对于钱先生对国家资本主义的前途的估计，以及对于他的"国民经济建设方案"的本身却有不敢赞同的地方。

如今，先来说国民经济建设问题。

如同钱先生所说的一样，"国民经济建设"运动已经高唱了好几年了，如果我没有弄错，那么这运动大概是同"国难"这名词同时在《新闻》杂志上出现的吧。

当然，在过去，提出这问题的人是跟钱先生完全不相同的人物，他们的国民经济建设的内容和出发点也是跟钱先生的不相同的，真如同钱先生所说的一样，这些"国民经济建设"或者是"适应于中、日经济提携的国民经济建设"，或者是"适应于英、美对华政策和国联技术合作的国民经济建设"，这些国民经济建设运动有一个共同点，这就是要人民相信：民族的出路除了抗战以外，还有别的更太平的出路存在呢！

---

[*] 本文原载《自修大学》，第1卷，第1辑，第4号，1937年3月6日。

钱先生的"国民经济建设方案"是以抗战为第一前提的。然而这方案的一个漏洞也就在这里。

钱先生的这个方案是作为我国抗敌战争的一种准备工作而提出的，所以认为这方案的第一个前提就是抗敌；❶ 这方案的实施环境之一就是："我国国民抗敌救国之心日切，统一政治机构之初步条件粗粗具备，全国对敌抗战可能爆发。"这方案的实施期定为6年，即1937—1942年。❷

关于国民经济建设和国家资本主义

钱先生的方案称为"国民经济建设方案"。按照这方案所包括的方面和内容来说，也够得上这样的称呼；因为它包括了所有的国民经济部门，如重轻工业、对内对外贸易、农业、金融、交通运输等。因此，我不禁要发生疑问：这样巨大的国民经济建设能够在帝国主义统治未被推翻、民族解放未竟成功、"统一政治机构之初步条件"仅仅"粗粗具备"和"全国对敌抗战"仅仅"可能爆发"的环境之下，即能够在今日的中国实施的吗？

钱先生说："中国与帝国主义的斗争绝不是机械地采取战争的方式。"然而钱先生的"国民经济建设方案"中的重工业发展计划，是以东北和华北的煤铁矿为基础的，所以主张收复失地，无条件地没收被敌人所占据去的这些资源；而在轻工业方面，则主张"停止或限制日本在华工厂之工作……"那么我们不经过抗敌战争的阶段，而且不在这战争中取得胜利，难道就可以实现钱先生的"国民经济建设方案"吗？我敢相信，对于这个问题，谁也不会给一个肯定的答复（连钱先生在内）。所以钱先生的"国民经济建设方案"的实施，应该看作是抗战胜利、敌人被我们驱逐出境、我们自己获得有真正的民族解放以后的事情了。

老实说，在目前的情形下，非但收还敌人已经占领去的资源，限制敌人在中国开设的工厂没有可能；而且就是我们苟延残

---

❶ 钱俊瑞：《中国国防经济建设》，第45页。
❷ 《现世界》，2（1）。

喘，想同敌人划河为界，订一个互不侵犯条约，在这半壁江山上建设国民经济也不会得到我们的"友邦"的谅解的；否则，中国的民族资本主义早就发扬光大了，我们也早就不做半殖民地的奴隶了。关于这些基本的原理，钱先生当然知道的，而且他在上面所引的那本小册子中自己就曾经讲到的，然而钱先生的"国民经济建设方案"怎么又会越过了这些原理呢？

同时，我也并不是"因为要排斥'长期准备'的理论，有意无意之间就以为我们的对敌抗战，真正可以不必准备"❶的"那些朋友"之一。

不，我绝不是这样的朋友，赛球尚且要经过几多次的练习、多少的准备；何况是战争，更何况是同一个在军事上、经济上和技术上（连军事技术在内）比我们强过几倍的帝国主义国家战争。然而，准备有几等几样的准备。在任何革命的民族解放战争中，被压迫者在军事上、经济上和技术上总是比它的敌人软弱，但是被压迫民族的解放战争所以能够时常取得胜利，主要的原因不是在物的因素中，而是在人的因素中，即社会的因素中，所以我们对于未来的抗敌战争的准备，主要的也应该向这一方面着想。说明白一些，目前我们的抗敌准备工作还是在唤起民众、组织民众和训练民众。同时我们更希望有一个真正统一的、强有力的、以人民大众为基础的政府来积极领导未来的抗战和当前的抗战准备运动——至少它应该给这准备运动以绝大的自由。

其次，我也并不否认经济上的和军事上的准备工作的意义。相反地，我对这准备工作是非常重视的。但是，我们不应该把这种准备工作看得比前一种准备工作更重要，尤其不应该把这一种准备工作来代替了前一种准备工作。这是第一点。第二，我们不能够把经济上的和军事上的准备工作达到同敌人相等的水准作为

---

❶ 钱俊瑞：《中国国防经济建设》，第11页。

我们决心抗战的前提。因为如上所说的一样，在未曾获得真正的民族独立之前，我们在这一方面是永远赶不上我们的敌人的。我们如果要这样来做我们的准备工作，那么就同我们的"唯武器论者"和"唯经济论者"一样，准备了一辈子也等不到可以抗战的一天了。

在未来的抗敌战争中，胜利无论如何是属于我们的。这不仅因为真理和正义在我们这一边的缘故，而且因为我们在这战争中，全国各阶层是团结一致的，并且战争越是长久，我们的团结越是坚固。而在这战争中的敌人，却不是一个团结一致的民族，而是内部矛盾非常尖锐的一个民族，并且战争越是持久，这矛盾也越是尖锐。敌人在国际上，除一两个法西斯国家外找不到同盟者。但是在我们一方面，可以保证得到全世界爱护和平的国度的同情，可以保证得到全世界的劳动大众和被压迫民族的积极援助。最后，我们同我们的敌人，在经济上和军事上的国力的相差也没有阿比西尼亚和意国〔1〕那样厉害。我们要从事经济上的和军事上的准备工作，并不是为要解决在未来战争中能否有取得胜利把握的问题；而是希望能够以较少的牺牲取得这胜利的问题（我们在这未来的抗战中的牺牲，毫无疑义要比敌人大过不知多少倍）。

所以，目前我们，至多只能有一种动员全国物资充实军需、改组全国经济组织使之适应战时需要、改善人民大众的经济境况以便把他们吸引入抗敌战争中来，增强他们的战斗力，以及其他类似的经济上的备战工作，而不是钱先生所提出的，那种在抗战未获胜利之前无实现可能的、大规模的"国民经济建设"。

我们试具体一些来谈这个问题，钱先生估计自己所提出的方案是 6 年以内完成，需要资金 50 亿元。我们假定这 50 亿元资本

关于国民经济建设和国家资本主义

---

〔1〕阿比西尼亚：第二次世界大战前对埃塞俄比亚的一种称呼；意国：当时对意大利的简称。——编者注

已经足够完成钱先生的这个巨大的"国民经济建设方案",而且这50亿元资本又能够如愿地筹得。但是我们还会再有几年的工夫(即使以6年说吧,那是最短促的了),来供给我们从从容容地从煤铁采掘、炼钢、机器制造、军火制造……这样从头到尾地建设下去吗?在目前比较可能的,至多只是能够把旧有的兵工厂加以整顿和扩充,或者在较易防守的地点添设一两所而已。这是我们在重工业方面所能做到的。

在轻工业方面,钱先生的方案中所提出的对于民族工业的保护和对于日商企业之限制等政策,的确是在备战时期内就可以做到的,然而这又说不上是什么"国民经济建设",只还是一种抗战的准备而已。

在农业方面,改进农业生产和改善农民生活,当然是充实战时粮食和吸引农民参与抗敌战争的必要前提。但钱先生在这里所提出的达到这目的的主要途径是以公债收买土地的政策。关于这种政策,提出来讨论的已不止一次。我在这里愿意指出两点:(1)在这政策实行的初几年(即应该增加生产力和发动农民的最重要的准备抗战时期)农民生活不会得到何种改善,而地主对于公债则抱不信任的态度;(2)所以,如果政府已经有决心实行以公债收买土地的政策,农民的力量也相当发展,可以推动政府来执行这样的政策,那么就是实行更进一步的土地改革政策,也不至再有何种障碍了。如果力量还不足以完成这样的改革,那么还是减租、举办农村放款、废除高利贷等改革政策来得切实而可靠一些。

此外,如金融的管理、对外对内贸易的统治、交通运输机器的修理和兴筑(只是以国防抗战为目的的,还谈不上以发展全国经济为目的大规模的建筑),都是目前为巩固国防和适应抗敌战争的一种必要准备工作,但说不上是"国民经济建设"。

钱先生为要反对那些企图以长期准备来把对敌抗战无期延宕

下去的"唯武器论者"和"唯经济论者"，为要反对他们的同敌人讲"经济提携"的"国民经济建设运动"，所以提出了以国防为前提的"国民经济建设方案"。但是在事实上陷入类似的错误，因为钱先生的方案在无形中告诉人家说：在民族解放运动未胜利之前，国民经济建设还是可以进行的。事实上，钱先生的这方案同钱先生所反对的那些"国民经济建设运动"者可以起着同样的粉饰太平的作用。

所以，我向钱先生提议，把这方案中一部分在抗敌战争未取得胜利之前或未发动之前不能实现的那一部分删去，同时也不要把它称为"国民经济建设方案"，而换一个其他比较妥当的称呼（当然，从上文可以看出这不是简单的争名位的问题）。

此外，还要谈一谈钱先生所提出的国家资本主义问题，这是一个很重要的问题。但是因为篇幅关系，我在这里只能很简略地提出。

钱先生很认真地指出，国家资本主义比无政府状态的、小规模的商品生产是一种进步。伊里奇在革命后的俄国曾经竭力主张推行，因为这种国家资本主义乃是"社会主义的最完备的物质的准备"。所以，对于今日的半殖民地的中国，我们更有权利把这种经济形态介绍出来。国家资本主义可以在我们同敌人作战的时候和准备抗战的时候尽极大的作用，帮助我们取得完全的胜利；在抗敌战争胜利之后，可以成为我们建设国民经济的主要形态之一，或者甚至于是最主要的一种形态（在最初期）。

但是钱先生对于中国在抗敌战争胜利以后的经济发展前途的估计是错误的。钱先生说："在中国的生产力还没有进步到近代资本主义的水准之前，我们绝对谈不到社会主义的建设。"照钱先生的这句话的字面的意义讲，获得民族解放后的独立自由的中国的经济发展，仍旧是一个资本主义发展的前途；而且这发展是相当长期的，即在"中国的生产力还没有进步到近代资本主义水

准之前",这个资本主义发展的前途将一直继续下去。

钱先生这估计是不正确的、机械的看法。严格地说,就是革命前的俄罗斯——尤其是它的殖民地——的生产力也没有进步到近代资本主义水准。然而革命后的俄国的经济却以另一个更高级的社会形态向前发展了。

在中国,生产力的发展水准不用说更比当日的俄罗斯低下。但在中国的民族解放运动获得胜利的那一天,恐怕不仅地球1/6面积已经不是资本主义的世界,就是其他许多资本主义国度的资本主义秩序也在倒塌了。处在这样环境下获得民族解放的自由独立的中华民族,还是按部就班地跨过资本主义的整个阶梯,那也是不可想象的事情。社会科学大师告诉我们:在先进国的胜利的先进社会层的援助之下,落后的殖民地国度的社会经济发展是可以越过资本主义的途径的。

乡村工作人员应走的道路[*]

只要没有被某一社会阶层的主观利害关系所蒙蔽,不戴有色眼镜去观察事物,那就绝不会看不到中国农村经济以至于整个国民经济破产和衰落的原因是在于帝国主义侵略和封建榨取。有了这个基本的概念,也就不难得出一个结论,把驱逐帝国主义侵略和铲除国内的封建残余势力作为解决目前中国一切社会问题的主要关键;而在某一帝国主义者想独个儿并吞我国,民族危机最迫切的今日,也不难知道我们要把驱逐这某一帝国主义作为当今唯一的最迫切的任务。有了这样的基本认识以后,必然就会把头痛医头脚痛医脚的改良主义的乡村改进工作,看作是有意无意地阻挠农民自觉,妨碍反帝反封建运动的一种障碍。我们在过去,所以要不客气地、无情地批评种种改良主义的乡村改进工作,也就是为了这个缘故。关于这一点,本文作者在《中国农村》第 2 卷第 5 期所发表的《为什么要批评乡村改良主义工作》那篇短文中已说得明明白白了。

然而批评改良主义的乡村工作,并不是鄙视乡村教育机关、合作社、改良农场和其他各种所谓乡村改进机关中的实际工作本身;更不是要乡村工作人员脱离了这些机关而来组织彻底的反帝反封建的团体(或救亡团体)。关于这一点,作者在《为什么要批评乡村改良主义工作》那篇短文中,虽然已经约略说过,但是

---

[*] 本文原载《中国农村》,1937,3(3)。

还欠详细和具体;在这里,笔者愿意较详细地较具体地来说明这个问题。

一个纯洁热情的青年,抱着"救国救民"的大志,跑到农村中去做种种艰苦的乡村改进工作,当他的信仰没有被动摇以前,他们是勇往直前地向前奋斗的;但是,或者由于实际工作中"碰壁"以后反省的结果,或者由于人家的批评和理论研究的结果,猛然地觉悟到他们的事业不足以"救国救民",而且是有阻挠人民自觉,妨碍反帝反封建运动的作用的,于是他们懊丧了,灰心了。他们之中,有的人是"改行了",即完全离开了这种"乡村改进工作"而去做别的职业了;有的人就索性把这种工作当作是吃饭赚钱的职业,领薪水,办公事,把一切"改进工作"马马虎虎敷衍过去,能够骗过乡村改进运动的"专家""领袖"们就算了事(这样的人恐怕是占最多数);最后,有的人便跳出了这种"乡村改进工作"的圈子,索性做彻彻底底的救国事业去了。

救国事业当然是重要的,然而目前的环境是不是允许彻头彻尾的救国事业存在呢?同时,离开了原来的机关(学校、合作社、农业改良场、乡村自治组织、各种训练所和其他乡村改进团体)是不是再有同大众接近的机会呢?或者即使仍旧有这种机会,然而能不能有原来的那样好呢?只要对于乡村实际情形稍为熟悉的人,对于这两个问题的答案,必然是否定的。

我们不是"戴着白手套"的"洁癖者"。穿着洁白的外衣的人并不就是真正"洁白的"人;真正"洁白的"人是处在污泥中也不会被浸染的。

教农民识几个字,散发些改良谷种,介绍一些新式的农具,办一个合作社,以及诸如此类的所谓"乡村改进工作",它的本身并没有什么不好。重要的要看乡村工作者自己对于这些工作的估量如何,以及他们是怎样来做这些工作的。"鸦片落在瘾客手里是毒,落在医生手里是药。武器落在法西斯手里是杀人,落在前卫手里是救人……"❶改良主义者把上述这些"乡村改进工作"看作是"救国救民"的唯一大计，想把成千成万的农民拉到识字班、改良农场、合作社等组织中，叫他们专心去识字，改良农业技术，办理合作等，要他们忘记了自己的真正的痛苦来源，永远离开他们的争取解放的道路，甚至以自治保甲等新的桎梏去束缚他们——在这样的宗旨下进行的乡村改进工作，无疑是阻挠农民们的自觉的，是妨碍农民们的解放的。但是如果把这些工作看作是整个农民解放事业的一环，看作是整个救国事业的一部分，那么这种工作的意义就得要完全重新估计了。

乡村工作人员应走的道路

同样是一个农民识字班，如果所用的教本是汉奸"政府"审定的、宣传我们的"友邦"的"王道主义"的教科书，那么，这识字班无形中便成了"友邦"军队的特务机关的喉舌了。反之，如果这识字班所用的教本是觉悟的爱国分子自己编的讲义，例如内中包括有我们中华民族的简括的历史地理知识（当然是站在民族意识的立场上写的），帝国主义侵略我们的经过情形和现状，农民们的痛苦来源和解放的道路等，那么这个识字班无形中便成了极有意义的爱国事业了。甚至就是同样应用汉奸"政府"所审定的教科书（如在伪国和冀东），逐字逐句地照着书本讲和离开了书本照实际的情形讲，所发生的影响也是完全不同的。

譬如又就改良技术和组织合作社来说，如果把这种工作看作是挽救农村经济破产的唯一的——或是主要的——良策，想把这种工作来代替铲除帝国主义侵略和封建剥削的运动，那么就如前面已经说过的一样，这种事业便变成为阻挠农民自觉，妨碍农民解放的事业了。因为在农村经济一天复一天地衰落下去，大多数的农民连简单的再生产都不能维持下去的时候，当人力比机械，甚至比畜力都要便宜若干倍的时候，新的技术是无从发展的（它

❶ 郭沫若：《国防、污池、炼狱》，《文学界》，1936，1（2）。

至多只能在地主、富农的经营中被应用）。在资本主义制度下，合作社只是整个资本主义生产的附庸；在殖民地国度，合作社往往成了推销洋货、为帝国主义收买原料的机关，而许多信用合作社便往往成了地主、富农、高利贷者利用人家的（合作社的）资本去盘剥贫农的一种新形式。而且纵使"从事乡村工作者费了九牛二虎之力，使每亩农作物的田地增加半担以上的收获，这是了不起的成绩了。如果一旦洋米倾销，或麦棉大量进口，每担作物可以跌到原有价格的半数"。这是我们时常背诵的基本真理，可惜至今还有许多人不曾理解。

但是如果技术改良运动者和合作社运动者不把这种事业本身看作挽救农民经济的唯一良策，不想利用这运动来模糊农民的观念或使他们永远脱离解放的道路；反之，如果把这种事业看作是整个农民解放事业的一个环节，一种手段，那么这种技术改良运动和合作运动的意义便大不相同了。

使每亩田增加半担以上的收获（注意！在农村问题未彻底解决之前，这不是可以普遍办得到的事情），固然还挽救不了整个农村经济的破产，更解决不了今日中国的民族社会危机；在整个社会秩序未有变动之前，任何形式的合作社都不能根本铲除人榨取人的不合理的经济机构；然而，为农民增加半担（哪怕只有半斗，甚至于半升）收获，减少一层中间人的剥削，对于农民终究是有好处的。许多幼稚的人们对于大众的经济改善，往往发生一种错误的见解。他们以为农民所以要求解放，正是因为他们在经济上受压迫、太穷苦；一旦他们在经济上得到了改善，他们便不想求解放了。由此就得出一个结论：要使农民得到解放，就要反对农民生活的任何改善。这种"越坏越好"（越坏是指民众的经济生活，越好是指解放运动的开展）的"理论"不仅在我们中国存在，而且在国际劳工运动中也曾经发生过，然而这种"理论"不用说是错误的。错误的根源就在于把经济情况和解放运动的关系看得太机械了（照这样机械的推论，那么殖民地的解放运动的力量应该比宗主国强大）；这种错误的根源也在于没有理解到劳动大众的解放运动的动力发源地是在于社会上一部分人剥削另一部分人的那种社会经济机构（在殖民地半殖民地还有帝国主义的民族压迫）；在这机构未曾被铲除之先，解放运动的动力永远不会枯涸的。在这种社会机构下，劳动大众的生活的局部改善（尤其是奋斗中得来的改善）非但不足以挫折他们的勇气，而且足以提高他们的战斗力。所以，我们非但不能在原则上一般地反对农民的生活改善，而且是应该为争取这种改善而奋斗的。这是第一点。

第二点，如果把农业技术改良运动和合作运动剥去了改良主义的外衣（阻挠农民自觉，妨碍反帝反封建运动的毒素），那么这种运动也可以作为深入农民大众，破除他们的迷信和使他们认识自己的团结力的一种手段。

农民是劳动大众中知识最落后、最闭塞、最迷信的一部分。他们处在经济的和政治的、土著的和外来的重重压迫之下，他们往往对于自己的前途失望，把自己的命运任凭"神明"去摆布。他们的这种听天由命的迷信的成见，是妨碍他们觉悟的最大的障碍。所以破除农民的成见是启发农民解放运动的第一步重大工作。然而，你要是同他们的迷信的成见去做正面冲突，你是准定会吃力不讨好，以至于受他们的敌视的。在这里，技术改良工作倒是很好的一个帮手。乡村工作人员可以从简单的技术改良中证明人力是可以抵抗"天意"（即水、旱、虫害等"天"灾）的，证明在大自然间，人类的劳动力（智力和体力）是最重要的一种生产力。这样，便无形之中把农民的听天由命的迷信观念打破了一大半。当然，在现社会制度下，尤其在农村破产的现状下，大规模的技术改良是不可能的；因此，我们正可以趁此机会，向农民说明新的机器新的技术不能在中国农村中普遍应用的原因，指出阻止农村生产力发展的基本障碍（帝国主义侵略和封建剥削所造成的农村破产），这样不是很自然地向农民指出了他们真正的解放道路吗？

譬如，再以合作社来讲吧。现在各色各样的人物和团体都在提倡合作运动。洋商想把合作社作为替自己推销洋货、收买原料的工具；土著民族资本家或许也想利用合作社来同洋商抵抗；金融资本家想把都市中的游资通过合作社投放到农村中去；地主、商人和富农想利用合作社来操纵农产品；高利贷者更想借着合作社的招牌，向政府和各种公私团体骗取现款以从事他们的重利盘剥的勾当。从事合作社运动的觉悟的乡村工作人员，当然应该努力使自己所组织的合作社不被这些人们去利用，而为农民大众服务，使农民经过了消费合作社和运销合作社而在购买消费品和生产资料以及出售生产品的时候，尽量减少中间人的剥削，打破地主、商人和富农的操纵；经过了信用合作社取得廉价的收款；经过了生产合作社，收取合力经营以提高生产力的利益。而合作社运动的主要意义还不在这些经济的利益上（我们已经说过，在整个社会经济机构未有变更以前这种经济机构是极有限的），主要的是可以经过合作社来组织农民，来教育农民，使他们理解团结力对于反抗帝国主义侵略和对于他们自身解放的意义。

譬如又以办理乡村自治和公民训练来说，这种事业往往就是直接维持乡村旧有秩序的工作，是加在农民大众身上的一种新桎梏；然而只要主办的人是觉悟的乡村工作人员，一样可以利用它作为教育农民和团结农民的一种机会。尤其是在这国难当前做公民训练工作，正可以利用机会把抗敌图存的政治军事知识灌输给一般的农民大众。

所以，我们非但不反对上面所列举的各种"乡村改进事业"，而且是不应当反对这些事业的；我们所反对的不是"农村改进事业"的本身，而是把这种事业当作"救国救民"的唯一大道，想利用这事业来蒙蔽（自觉的不自觉的）农民，阻止他们走上彻底的解放道路的改良主义。所以，对于原来在乡村改进机关中服务的、觉悟过来的乡村工作人员，我们非但不劝他们脱离原来的服务机关，而且劝他们留在这些机关中，以更大的劳力，更坚强的信心，去从事这些机关的工作。我们所希望的就是他们应该尽量减除这些事业的毒素，把新的内容来充实这些事业，应该把这种事业看作是接近农民、团结农民、教育农民以达到最后目的——农民彻底解放——的一种手段。

乡村工作人员应走的道路

总之，事情在于人做。会做事的人，只要把握住了总的方向，处在任何环境下，在任何形式下，都能够完成他的事业，达到他的最后目标。一个觉悟的乡村工作人员，他只要认清了农民解放的真正的道路，就是在改良主义的（甚至比改良主义更不如的）机关中，可以做很有意义的民族解放和农民解放的工作。改良主义的工作形式绝不是束缚住他的工作能力，他可以用先进的工作内容来充实这种形式。反之，不会做事情的人，往往只会在形式上做功夫；在表面上，什么会什么团体闹得轰轰烈烈，但是实际上，什么事情都没有做成，突然引起许多人的注意，树立了无数敌人，结果自己的脚还没有立定，就给人家连根铲除了。

尤其在目前的局势之下，我们的民族敌人——在经济上和军事上都比我们强大不知多少倍的敌人——正在企图亡我们的国家，灭我们的种族；决生死的肉搏就在当前，我们正应该利用一切机会，团结所有的力量（不论这力量是大是小、是暂时的或是永久的）来粉碎敌人的侵略计划。而回顾国内的环境还不允许在彻底的抗敌的立场上，如大家所愿望的那样自由团结起来，做抗敌救亡的事业。我们既然不能照最理想的去做，就只好照目前所可能的做了。陈洪进先生在《中国农村》第3卷第1期上的《国难期中的乡村团体组织》一文中主张透过现存的各种乡村团体——甚至是宗教的、宗法的团体——来做抗敌救亡的团结教育工作。陈先生的这种主张是完全正确的。然而在现存的各种合法的乡村团体中，乡村改进机关当然是最先进的一种。不管对于整个民族解放和农民解放的见解是如何，在敌人想把它连皮带骨地吞进去的时候，就是最保守的改良主义团体对于敌人的侵略计划，也不得不想法来"临时应付"一下了。敌人的进一步的侵略促成了我们内部的团结，虽然似乎是觉悟得晚了一些，但是还来得及。我们希望在乡村改进机关中服务的同胞们，趁此机会在自己能力所及的范围内多做一些抗敌救亡的准备工作。在农民中培植反帝国主义的民族意识，养成团结的习惯和能力。

关于当前中国社会运动的性质[*]

答 复

胡兰成先生：

我们很感谢先生在来信中"率直地指出"了本刊"对于中国社会本质与革命的认识是错误的"。可惜的是先生并没有具体地指出：到底我们对于中国社会本质的认识是错误在哪里，以及先生对这问题的认识又是怎样。好在我们对于这问题的见解在本刊第一卷各期的论战中，在来信所引证的本刊二卷十期的通信讨论中（关于半封建社会的解释），在二卷十一期的《资本主义万岁和打倒资本主义》一文中已经说明很多；而先生的主张虽则在来信中未曾明白说明，但是从先生对后一问题的认识中，也已经可以见其大概（例如来信中说："封建不是束缚中国资本主义的嫩芽，而是衰老的中国资本主义的拐杖。"）可见在先生目光中中国社会非但是资本主义的，而且资本主义在这里已经太成熟以至于衰老了！然而大多数的读者因近数年来，对本问题几次论战的结果，已经能够把握住了正确的结论（至于抱有成见的人，是没有希望可以改变他们的成见的了）。所以，我们对于这一问题还是不谈吧。在这里，我们愿意同先生谈的就是先生所指出的，我们

---

[*] 原载《中国农村》1937, 3 (3)，第 91—95 页，署名通讯讨论组，经考证为孙冶方执笔。

的第二种错误认识，即对于当前中国的社会运动的性质问题的认识。关于这问题的争论虽则也已经很久，而且也有了一定的结论的了；但是在一般的刊物上还是谈得很少的。

先生在来信中列举了布尔乔亚汜民主主义运动的四个前提；而认为在中国便没有这样的前提存在，因此也不能有反帝反封建的布尔乔亚汜民主主义的（即先生所称的资本主义的）运动。先生所列举的四个前提是不用复述了。主要的就是说：代表封建势力的地主同代表资本主义势力的民族资本家和富农的对立，是布尔乔亚汜民主主义运动的重要前提；但是在中国，这种对立已经不存在，地主同民族资本家和富农已经打成一片，后者非但不愿打倒封建势力，而且"即使没有封建势力……也要创造出一个来的"。

先生的一切错误的根源就在这个不正确的出发点。先生把运动的动力（即是参与运动的社会阶层）错认是决定运动的性质的因素。这种见解是错误的，因为运动的性质不是由参与这运动的社会阶层决定的，而是这运动所解决的任务，它所的推翻的和它将建立的社会经济制度来决定的。先生认为布尔乔亚汜民主主义的运动不一定要由布尔乔亚汜来领导，这意见是对的，也是先生比了许多抱有同样见解的人们高明的地方；然而先生认为布尔乔亚汜运动"绝对不会有打倒布尔乔亚汜这一回事"的说法仍然是错误的。

俄国1905年的运动是布尔乔亚汜民主主义的运动，然而这运动非但不是布尔乔亚汜所领导的，而且是反对当时俄国的自由主义的布尔乔亚汜的。然而先生却偏不信"世界上有打倒布尔乔亚汜的资本主义革命"！

当然，我们不能把目前中国的社会运动和俄国1905年的运动视同一物。这中间，主要的不同点就在于当时的俄国是压迫其他民族的一个帝国主义国度，所以那里的布尔乔亚汜自始至终是反动的；但是中国是被帝国主义侵略的半殖民地国度，在这里，民族布尔乔亚汜在某一阶段中是可以参与反帝反封建运动的。尤其在目前某帝国主义想吞并中国，中国的国家主权和民族生存受到绝大威胁的时候，也就是民族布尔乔亚汜本身的利益受到绝大威胁的时候，民族布尔乔亚汜也有参与抵抗侵略的共同战线的可能的。而这个抵抗侵略的民族运动当然是布尔乔亚汜性质的，而不是社会主义性质的，如先生等所想象的一样。

先生取笑陶直夫和孙冶方把中国同红人和黑人的殖民的相比拟。当然，中国和阿比西尼亚是不能一视同仁地看待的，然而可以相互比拟的地方还是很多的。先生认为这些红人黑人的殖民地"将永远不会经过什么资本主义革命，和俄国的西比利亚一般"（先生把中亚细亚来代表革命前俄国的殖民地较西比利亚要确切些）。然而阿比西尼亚的反帝战争，以及非洲其他各地的民族解放运动，在先生看来是什么呢？如其不认为这是布尔乔亚汜性的运动，那么难道这是社会主义的运动不成？或者这也是阻碍民族资产阶级的统一运动的，农民的反动战争不成？（如好些人对中国目前某种战争的估计。）先生以为前俄罗斯帝国的殖民地是曾经跳过了布尔乔亚汜民主主义运动的阶段的。但是，先生！你同另外一件事情缠错了，而且错得太远了！先生！你总知道俄国本身都没有跳过布尔乔亚汜民主主义的阶段（直到十月革命前为止，俄国都在布尔乔亚汜民主主义的阶段中——连二月革命前后的一个时期在内），难道俄国统治下的殖民地倒能跳过这阶段不成！社会运动的 ABC 告诉我们，在先进国的社会主义运动胜利的条件之下，而且在它的直接帮助之下，殖民地半殖民地国度在布尔乔亚汜民主主义运动胜利之后，是可以不经过资本主义发展的阶段而直接建立更高一级的社会的。先生！你是同这件事弄错了吧！

末了，关于土地运动的性质。普通所谓土地运动就是推翻那种建立在土地所有权的基础之上的榨取制度的运动。这是一种布尔乔亚汜民主主义的运动，也是当前中国社会运动的主要内容之一。俄国在第一个布尔乔亚汜民主主义阶段内的社会运动也是以这土地运动为主要内容的，而且这土地运动直到走上了第二个阶段（十月）以后，才得到彻底的完成。在1918年没收富农的一部分土地，以及五年计划期间消减富农阶层，施行集体化等等政策，虽然在土地关系上完成了根本的改造，然而一般所谓土地运动并不是指这些改造（这当然是社会主义性质的改造）。可是退一步说，先生如果愿意把俄国在1918年以后的土地政策称作是土地运动，我们也感觉到有反对之必要，重要的是：在目前的中国所存在的不是1918年以后俄国所施行土地运动，而是1917年以前的那种土地运动，而这恰如陶直夫先生所说的一样，不是社会主义性的，而是布尔乔亚汜性的。

先生认为当前中国的社会经济机构不是半殖民地半封建的，而是资本主义的。因此目前（或将要）动荡全国的社会运动应该是社会主义的革命！社会主义的革命——这是多么高超的彻底理想呀！"但高超固然是可敬佩的，无奈这高超又恰恰为日本侵略者所欢迎，则高超仍不免从天上掉下来，掉在最不干净的地方。"如若不信，请先生看一看你这种高超的"理论"在实践中的反映。

通讯讨论组
1937年2月20日

来　信

编者先生：

　　我钦佩贵刊的努力，并认为你们追求真理的态度是忠实的，虚心的，不至于以什么派头自矜，故愿意提供一点批评，盼望能在贵刊发表，并公开答复。

我应当率直地指出贵刊对于中国社会本质与革命的认识是错误的。你们认为中国是半封建社会，需要反帝反封建的资本主义革命。但你们忽略了资本主义革命的条件是什么。

中国资本主义革命（或者更加以美丽的名词曰"工农民主专政"，或曰"资产阶级性的民主革命"等）是不可能的。只有在下列的条件下，资本主义革命才能实现：

1. 地主与资产阶段对立并且与富农对立。

2. 城市资产阶级与封建的政治及经济的制度对立，其对于民主的需要与中下层民众有共通的利益。

3. 富农在要求土地解放这一点上与中农贫农的利益共通。

4. 资本主义尚有它的前途。代表新兴农业资本家的富农与城市资产阶级尚有力量来执行开发经济的任务。

我们再来看一看中国。中国没有和买办阶级对立的民族资产阶级，没有与资产阶级对立的地主，也没有与地主对立的富农。民族资产阶级已经买办化，资产阶级已经"土地化"富农也已经地主化。他们与大众的利害已无共通之点。他们在金融资本的整个体系之下已经与大众对立了。资产阶段有意加强封建关系，以掩护自己的弱点；即使没有封建势力，他们也要创造出一个来的。

资本主义革命可以不一定要资产阶段来领导，但资本主义革命绝对不会有打倒资产阶级这一回事。中国的资产阶级整个买办化了，他们与帝国主义与封建勾结，成为最重要的一环。在反帝反封建的斗争中，还是打倒它呢？还是不打倒它？如果不打倒它，它会来打倒你。如果打倒它，世界上会有打倒资产阶级的资本主义革命吗？

你们也承认中国有资本主义的生产关系，但是发展不充分，如孙冶方所说的，这就是中国必须来一个资本主义革命的理由吗？资本主义究竟要达到什么标准才够得上非资本主义的革命？

从前有人这样麻烦过伊里奇，伊里奇说这是不能定的，因为这是一个的死标准。

你们的"半封建"社会从何断定其支配势力是封建的呢？陶直夫只说些中国的封建势力与有产阶级结了"联盟"，是"兄弟行"，是"同辈"等；而在贵刊二卷十期则说："但是这封建的外壳仍旧束缚着这个资本主义的嫩芽，使它不能长成为一般资本主义的独立的大树。"但实情是这样，封建并不是束缚中国资本主义的嫩芽，而是衰老的中国资本主义的拐杖。如果夺去了这根拐杖，中国资本主义便会颠覆，这老人将因此拼死与你斗争，而你却在幻想中国"资本主义的独立的大树"！

陶直夫、孙冶方动不动以阿比西尼亚及其他红人黑人的殖民地来证明在世界资本主义的体系下还能有完整地占有支配势力保持非资本主义的生产关系，但他们没有知道这些红人黑人的殖民地或半殖民地将永不会有什么资本主义革命，和俄国的西比利亚一般。而他们想以此来证实中国要有资本主义革命！

陶直夫主张中国需要资本主义革命的论证之一，即是土地问题。他讥笑王宜昌："他仿佛认为土地革命可以是资产阶级性的革命，也可以是社会主义性的革命。"于是他引了伊里奇的一句名言。我倒要请陶君再读一遍他最爱引用的俄国农民问题与土地政纲，而且也读一读伊里奇关于二月到十月的著作。在这里，我先解释一点点！资产阶级"性"的土地革命是没收地主与教会的土地，而社会主义"性"的土地革命则是一并没收富农的土地。土地革命也可以是非资产阶级"性"的，这不是"仿佛"，而是事实。

现在我的话就说到这里为止，请你们解答，在贵刊通讯讨论栏发表，也给大家看看。

胡兰成启于广西柳州

10 月 26 日

再论当前中国社会运动的性质

复 信

德成先生：

在答复先生所提出的第一个问题之前，让我们先来说一说资本主义（即布尔乔亚汜的经济制度）是怎样生长出来的。产生资本主义的最基本的条件是生产资料之为少数人（资本家）所独占和直接生产者（工人）之丧失生产资料以至于不得不出卖劳动力以维持生活。但是民族问题和土地问题的解决并没有损害到这两个基本条件的始末。

在落后的，封建的和半封建的殖民地或半殖民地国度中，资本主义的产生和发展遇到了两个死敌：第一就是帝国主义，第二就是封建势力。民族问题的彻底解决就是肃清了帝国主义的经济和政治上的种种压迫，也就是铲除了民族资本主义发展的外来的敌人；而土地问题的彻底解决只是铲除了封建势力的经济基础——土地私有制，也就是铲除了资本主义发展的国内的敌人。许多人把土地问题的彻底解决看作是社会主义性质的运动，其实这是错误的。土地私有制是封建贵族时代的遗物。土地私有制的存在使资本不能自由地流入农业中去，使资本家不得不把自己所榨取到的利润以地租形态分一部分给地主，使整个布尔乔亚汜社会

---

* 原载《中国农村》1937，3（4），第91—92页，署名通讯讨论组，经考证为孙冶方执笔。

的资本不得不消耗一大部分去购买土地。所以布尔乔亚汜的学者（如亨利·乔治）都曾提出过土地国有的主张；在法兰西大革命时，布尔乔亚汜的政府也曾局部地实行过没收贵族土地的尝试，土地私有制的推翻并不会动摇资本主义经济基础，而现代布尔乔亚汜国家所以没有一个曾经彻底解决土地问题完全是由于政治的动机：布尔乔亚汜害怕自己侵害了封建贵族的私有财产以后，劳动者也学了他们的样来侵害布尔乔亚汜的私有财产。此外布尔乔亚汜和封建地主的结合也是使他们不愿用激烈手段来解决土地问题的另一原因。

总之，民族问题和土地问题的彻底解决，并没有动摇布尔乔亚汜社会的经济基础，而只是为资本主义经济的发展铲除了两个障碍物，即是为这发展肃清了道路。民族问题和土地问题的解决既然是当前中国社会运动的两个主要任务，那么这运动当然是一种布尔乔亚汜民主性质的运动了。

劳动大众在这运动中所处的特殊重要的地位并不能改变这运动的性质，而只是给了这运动的彻底完成以最好的保证，同时使这运动得到了更光明的前途；即是不必再像历史上的典型的民主主义运动（如法兰西大革命）一样，在获得胜利之后，再经过了长期的资本主义的经济发展，而可以直接转向更高一级的运动去了。

通讯讨论组启
24 日

来　信

编者先生：

读贵刊三卷三期的通讯讨论引起了我的不少疑问。你们给胡兰成先生的复信大意是说，当前中国的社会运动是以解决民族问题和土地问题为主要任务的，所以当前这运动是一种布尔乔亚汜民主性质的运动。但是，为什么解决民族问题和土地问题的运动是布尔乔亚汜民主性质的运动呢？对于这问题，你们在那封信里没有加以详细解释（至少是解释得很不充分）。所以我希望你们对这问题再来一个详细的说明。

再者，你们在答复胡兰成先生的那封信里面说："中国的国家主权和民族生存受到绝大威胁的时候，也就是民族布尔乔亚汜的利益受到绝大威胁的时候，民族布尔乔亚汜也有参与抵抗侵略的共同战线的可能。"对于中国民族布尔乔亚汜能否来参与民族的抗敌运动，我不想说什么，好在事实迟早总会给我们明确的答复的，但是无论如何，你们总不会否认：这个民族抗敌运动的最后胜利是全靠劳动大众的努力，即是说民族存亡的千斤重担是全靠他们来担负，而决不能委之于民族布尔乔亚汜的。然而这事实——我想你们总不至于完全否认这事实吧——对于当前中国的社会运动的性质难道不发生任何影响的吗？

李德成启
3月18日

财政资本的统治——帝国主义[*]

现今一般读读新闻杂志的人，差不多都已经知道现今这个时代是帝国主义时代，也就是财政资本统治的时代。然而，这个时代的特点是什么呢？或者说，帝国主义这个时代跟过去的时代不同的地方——尤其是跟工业资本主义时代不同的地方——是什么呢？对于这个问题就不是每个人都能解答的，至于能够正确地完善地解答这个问题的人更是不多了。

要理解帝国主义的特征先应该知道："帝国主义是资本主义的最高阶段。"换句话说，帝国主义只是资本主义的整个发展过程中的一个阶段，而不是跟资本主义相对峙着并存的一个特殊的社会经济制度。帝国主义的一切特征只是资本主义制度的一切矛盾和冲突的进一步的发展，是这些矛盾和冲突的更尖锐的形态。所以，要想彻底理解帝国主义，先必须理解资本主义；要想彻底研究关于帝国

---

[*] 本文原载《中国农村》，1937，3（4）。原题为《财政资本底统治——帝国主义》。

大家知道对于帝国主义问题，伊里奇有一本权威的著作。这本书写得并不十分深奥，分量也不多。所以对于愿意进一步研究本问题的读者，仍旧愿以这本书相介绍。

伊里奇原著是在1916年写的。所用材料大半系1913年以前的。最近在瓦兰加等教授更以大战后以迄最近的材料补充伊里奇原著另刊增订本。这增订本已由吴清友先生等译就，最近即可出版。该书托新知书店发行。本文所用材料均自增订本转引来。

主义的理论,先必须研究关于资本主义的理论——理论的政治经济学(就是前期资本主义社会解剖中所研究的东西)。

然则资本主义发展到了帝国主义阶段,发生了哪些许多从前没有的特征呢?这种特征主要有以下五点。

1. 资本和生产的集中和垄断(或称独占)的形成。这垄断在帝国主义时代的经济生活中起有重大作用,它代替了工业资本主义时代的自由竞争。在工业资本主义时代,市场上是被自由竞争的法则所支配的,所谓自由竞争,实际上就是大企业自由地并吞了小企业(由于竞争中大企业的胜利和小企业的失败)。自由竞争的最后的结果,便是几个最大的企业并吞了或统治了同一产业部门中的大多数企业,这样便形成了垄断。在少数几个最大的企业之间,比较容易订立协定,也容易团结起来。它们之间的协定和团结便是形成了现代各种垄断团体——"卡特尔""辛迪加""托拉斯""康采恩"等。这种垄断团体或者是一种暂时的协定(关于购买原料划分市场,规定价格等),而加入协定的各企业仍旧保持着各自的独立性,或者是各企业合并组织成的一个大企业。这种垄断企业所包括的范围可以仅限于同一的生产部门,也可以包括相互间有密切联系的各个经济部门——如钢铁业同煤矿业、铁道运输业等。然而我们如果不谈到帝国主义时代银行的新作用,那就不能完全理解这些垄断企业的规模和气魄,所以我们应该进一步说到帝国主义的第二特征,就是银行资本的新作用。

2. 银行资本和工业资本的结合——财政资本和财政寡头政治的形成。银行的原来的职务是在于充当银钱支付的中间人,集中社会上闲放的资本,把它变为活动的资本;用商场上惯用的术语来表示便是所谓"调节金融"。然而在帝国主义时代,银行却从普通的中间人地位,一跃而变为支配工商业资本的势力强大的主人(而且是非常专横的主人)了。促成这种演变的原因,一方面由于银行跟工商企业的往来的繁密,使银行能够洞察各该工商企

财政资本的统治——帝国主义

业的内幕和它们的经济情况，遇到机会来的时候（例如工商业需要银行接济的时候）就可以进一步去操纵或者并吞这些工商企业。促成这种演变的另一个原因是银行资本的集中和扩大。银行成了社会上一切闲放资本（工商企业中暂时不用的资本和各级人民的积蓄）的汇合处（以存款或其他的形式）。但是促成银行的集中和财政寡头政治的主要原因还是在于股份公司制度和"参预"制度。大资本家利用股份公司制度汇集了许多小资本在一个企业之中，但是因为大多数小股东对于公司行政不会去过问，他们之中大多数人也不会去出席股东大会，所以普通大资本家只要有了某一公司的四五成的股票（甚至更少一些）便可以操纵这个公司的全体资本了。同时，可以利用发行公司债券等方式，使这个大资本家所操纵的资本超过该公司总资本额以上。而这个公司本身更可以用"参预"的方法去操纵另一公司。例如，一个握有400万元资金的大资本家操纵了1000万元资本的一家银行，而这银行本身又以发行股票的方法去"参预"——即操纵了——另一家银行或工商企业，这前一个银行称为"母亲公司"，而被"参预"的那个银行或工商企业便称为"女儿公司"。"女儿公司"的资本往往可以大过于"母亲公司"，而且"女儿公司"本身更可以去设立自己的"女儿公司"即第一个公司的"孙女公司"等。

这样，银行资本便跟工业资本结合了起来，形成了所谓财政资本，或金融资本。少数巨大的财政资本家利用了股份公司制和"参预"等方法操纵了更巨大的资本。例如美国的大资本家摩根自己拥有200亿美金的资本，但是他所直接间接地操纵的资本有740亿美金，占美国全体股份公司资本的26%。日本的三井、三菱等几个财阀也操纵了日本全国绝大多数的公司资本。每个这样的财政资本集团往往包括到了社会上各个生产部门——如银行，轻、重工业，商店，铁道，船舶，航空，矿山，农场（主要系原料种植场）。这种财政资本集团就称为"康采恩"（Concern）。

财政资本的势力深入于国民经济的各部门，操纵了全国的经济命脉，而且成了政治上的实际支配者，成了各该国政府的幕后的操纵者，形成了所谓财政寡头政治。

所以，在帝国主义时代，自由竞争已经被财政资本集团的垄断所代替。但这垄断并没有消灭竞争，资本主义社会的无政府状态的生产也并没有因为财政资本集团之存在而变为有组织的和有计划的生产。第一，一般的趋势虽然是表示出垄断企业之并吞独立企业，但是并不能完全消灭所有的独立企业；即是说垄断企业和非垄断企业之间还是存在竞争。第二，垄断企业相互之间也还存在竞争。不过这种竞争是更尖锐、更激烈了，因此这种竞争对于国民经济的破坏力也更大了。而且垄断企业对非垄断企业的竞争也往往采取了暴力的强制的手段，例如：（1）断绝原料来路；（2）断绝劳动力来路（对工人或工会订立合同，勿使工人往非垄断集团的企业去工作）；（3）断绝运输机关；（4）断绝销路；（5）与购买者订立合同专向垄断企业购货；（6）抛价出售（倾销）；（7）断绝信用；（8）同盟绝交。

3. 资本输出的意义增强。在工业资本主义时代，宗主国榨取殖民地的方式主要是商品输出，宗主国对殖民地的关系主要是卖主同买主的关系。随着资本主义的发展，在先进国（宗主国）中发生了资本过剩的现象，资本家在本国找不到投资场所，便不得不到国外去寻求，于是首先便找到了殖民地和半殖民地。于是殖民地和半殖民地除了做宗主国的工业生产品的顾主以外，更成了宗主国的债奴。宗主国对殖民地的投资一天复一天地增加起来，双方之间的债务关系也一天复一天地繁密起来。而商务关系的发展同债务关系的发展，意义并不相同。仅就商务关系而说，宗主国在每次把商品销售脱手，把商品变成了现款以后，资本家的目的就已经达到；殖民地丧失（如殖民地之独立或为其他帝国主义所侵夺等）对于他们主要的只是丧失了未来的销售市场而已。但是站在投资立场上说，那么殖民地的丧失不仅是失去了未来的投资市场，而且要危害到已经投入的（即宗主国所输出的）资本。所以，资本输出越发展，宗主国对殖民地半殖民地的"关心"也愈密切，愈不愿意殖民地独立或被别的帝国主义所侵占去。所以，宗主国和殖民地半殖民地国度之间的债务关系的扩展，是跟前者对后者的束缚关系的扩展成正比例的。

当然，所谓先进国中剩余资本之发生，本身也是资本主义制度下的一种病态现象。所谓投资场所缺乏是相对的，是由于以下两种原因造成的：（1）在资本主义社会中，因受土地私有制的限制，使资本不能自由投入农业，使农业成为国民经济中最落后的一部分；（2）人民大众的贫困和他们的购买力之受限制，使整个国民经济中的生产受限制，也就是使投资场所受到了限制。此外，宗主国资本之流入殖民地也是由于贪图殖民地投资的高额利润。

4. 国际间的资本主义垄断集团之形成。资本主义的垄断组织不仅限于资本主义国家的国境以内，而且越过了这个国境而成为国际间的组织了。电气业中的"General Electric Co"（美国）和"A. E. G"（德国），煤油业中的"Standard oil"美孚"Royal Dutch Shell"（亚细亚）和"Anglo-persian Burma oil"，钢铁业中的"International Railmakers Association"便是这种国际垄断组织中最著名的。这些组织相互间瓜分了世界的资源和市场。好些人把这种国际垄断组织看作是资本的国际化；看作是各民族间和各国间和平的预兆。其实这是一种幻想，一种带有毒素的幻想。

5. 世界瓜分之终结和殖民地重分配。在帝国主义时代，世界已经被帝国主义国家分割完了：地球上除了几个帝国主义的宗主国以外（十月革命以后，更除去地球 1/6 面积的苏联），其余的弱小国家或者是这些帝国主义国家的殖民地，或者是半殖民地国家。所谓半殖民地国家在表面上是独立自主的，而实际上也已经被各帝国主义国家划分为自己的势力范围了；帝国主义者所以没有把这些弱小国度正式升任为自己的殖民地，一半是由于半殖民地国度中的民族解放运动的抵抗力，另一半是因为各帝国主义国家相互间还在相持不下，不能决定谁个可以独个并吞这些半殖民地的缘故。所以新兴的帝国主义国家要想扩张殖民地领土，势必至于或者是把老大的帝国主义国家的殖民地抢过来；或者是把相持不下的半殖民地用武力占领过来。换句话说，地球已经被瓜分完了，而地球又只有一个；因此迟了一脚登台的帝国主义国家想取得殖民地，只好用再分割的办法了。不用说，殖民地的再分割必然要使得新兴的帝国主义国家跟老大的帝国主义国家发生武装冲突。1914年德国因为向英、法二帝国主义者提出了重分殖民地的要求，于是引起了1914年至1918年的一场大战。如今，德、日（还有意大利）又提出了重分殖民地的要求，于是第二次世界大战的危机又迫在眼前了。可怜的是成为半殖民地之一的中国，在这次竟成了帝国主义国家主要的宰割对象。

财政资本的统治——帝国主义

  以上已经把帝国主义的主要特征说过了，如今简略地再来谈一谈帝国主义时代的资本主义的寄生性和腐化之扩大。寄生性和腐化是资本主义的固有特点，可是到了帝国主义时代是空前地扩大而且表面化了。

  由于财政资本和股份公司制度的发展，使大多数资本家同生产事业完全脱离了。如果在以前资本家还可以用生产组织者或生产领导者等名义为自己的存在做辩护，可是在如今，他们这种借口完全没有了。以股份公司制度组织成的现代的各种大企业，其组织和领导的职务可以完全交托给各种技术专家去担负；而称为股东或债券持有者的资本家们可以安心坐在遥远的别墅里领取股息或利息，以过他们的奢侈的淫荡生活，这便是所谓食利生活者，或剪息票生活者。同时，成为资本输出者的帝国主义国家也逐渐减轻自然的生产的职能，而把这职能移交给资本输入国去，整个帝国主义国家成为寄生主义的食利国了。帝国主义者从自己在殖民地半殖民地榨取来的丰厚的利润提了一小部分出来，用以收买本国的一部分工人上层分子，这便是所谓贵族工人和社会改良主义的来源。

至于现代资本主义的腐化和阻碍生产力发展的事实是太多了，我们在这里只能简略地把它们"点一下名"：（1）不能利用社会的基本生产力——劳动力，如失业工人人数之增加，慢性的失业，在业人数增加之迟缓甚至低落，隐藏的失业——乡村人口过剩；（2）劳动力之直接或间接的毁灭，如战争中的死亡（仅第一次大战就死伤1000万人），劳动者疾病的死亡率之增加和出生率之减少；（3）非生产性劳动之增加，如官吏、军队、警察人数增加，商业人员和仆役人数之增加等；（4）生产量增加之迟缓；（5）技术进步之阻碍，如因垄断资本家不愿采取新发明的技术以致引起生产过剩和生产品跌价，生产规模之狭小使若干新机械（适宜大量生产的）之使用成为无益；（6）慢性地有一大部分生产机械未被利用，大多数工业部门中，工厂只开一班日工，而且就是在这一班中，整个生产机关也只被利用了45%～89%（而且是根据1929年经济景气最高年份）；（7）故意拆毁许多固定资本；（8）销毁存积商品，如美国把麦子生火炉，把牛奶倾倒沟里，法国把鲜鱼抛到海中放生，阿根廷就在牧场上把老羊屠杀（因为肉价抵不过运费），以便腾出地位给小羊，巴西在1933年烧毁2200袋咖啡，而且曾经预备把1934年丰收的3000袋再烧去2000袋，这些咖啡大概足够全世界数年消费；（9）商品流通费用增加，如美国每年用去的广告费有12.5亿美金，所用报纸有85%用在广告上；在4500元美金的汽车卖价中商业上的费用占2000美元；（10）军费和警察机关的预算之扩大，对于这一项是大家所熟知的事实，不用多说了。

请读者不要怀疑这是"谣言";这是千真万确的事实,是权威的学者所做的统计,是各国的绅士的报纸上记载的消息,每一事实、每一数字都有确实出处。同时也请读者不要怀疑你自己是处在疯人世界中,这是生理上十二分健康的人们所组成的现社会中发生的事实,这社会便是最高阶段的资本主义社会——帝国主义,或财政资本时代。

总之,资本主义到了帝国主义阶段已经不能允许生产力再有显著的发展了,而且它是时时刻刻在预备破坏原有的生产力。要使人类社会及其生产力能够向前发展,必须换上一个更高级的社会经济机构。在这意义上说,帝国主义也是资本主义的最后阶段,旧的社会经济机构的没落的原因(见前述各矛盾)和建立新的社会经济机构的条件(大规模的社会化的生产)也具备了。然而旧的仍然不会自趋没落,新的也不会自己跑上台来;这里还需要掘坟墓的送葬人,还需要催生的产婆。

以上是对于帝国主义的一个极简单的理论上的叙述,要彻底理解这问题还需要更进一步的研究。至于帝国主义侵略殖民地的各种方式——例如文化侵略、经济侵略、政治侵略和军事侵略等历史,这可以在中国近百年来的历史中完全看出,因不在本文的范围内,故从略。至于法西斯主义的政治是财政资本不能以民主的议会制度来统治的时候所采取的一种公然的独裁政治,是资本主义的回光返照。因为这也已经越出我们的研究范围牵涉到政治问题方面去了,所以也未曾加以详细说明。

财政资本的统治——帝国主义

西班牙人民阵线政府的农业设施[*]

西班牙的人民阵线政府在施行自己的土地政策的时候,首先是从下列的迫切需求出发的:必须以最大限度增高农业生产品以供应前线和后方,破毁法西主义者的经济基础以及保护广大的农民大众的利益。在以前历届政府下所设立的土地改革局当然是无力来实行新的任务了。

西班牙的先进政党在自己所发表的言论中,屡次主张必须迅速地根本改组土地改革局。

1936年5月5日的法令便实现了这一个改组。在如今,土地改革局在地方上的一切工作是同"土地委员会"的工作密切联系着的。土地改革局在各省都有自己的机关,因此除了一般的领导土地改革以外,而且对于新成立的农民经营给与组织上的和技术上的援助;以种子、农具、肥料、信用借款等接济他们。土地改革局是同地方上的市政机关直接有联络的,所以经过了这些机关的媒介给了农民以实际的援助。1936年5月8日的政府指令中规定:土地改革局"应该起草各种土地使用计划,以必要的经济资料:如牲口、农具、种子、肥料等供应那些获得土地的农民,努力使农业生产的强度化获得最大的效果"。

1936年9月15日的关于土地再分配的统计材料告诉我们,自从法西政变以后,土地改革的施行是非常迅速的。从1933年8

---

[*] 原载《中国农村》1937,3(5),第49—58页,孙冶方译自1937年2月号 World Economics and Politics,原著 A. Volkov。

月到 1936 年 2 月 16 日为止，一共只得到了 164 265 公顷土地（这些土地中间，有很大的一部分，在法西政变以后，在叛军所占领的区域中，又重新被地主收还去了）。从 2 月 16 日到法西政变为止，政府曾经分配掉了 712 070 公顷土地，而在法西政变后两个月以内，又有 719 000 公顷土地交给了农民。实际上在这两个月之内交给农民的土地比这数目还要多出很多；因为在这统计数字中，没有把伐伦西亚、阿尔巴雪脱、阿里康脱和其他省份中，由土地改革局交给农民的土地算进去，这样交给农民的土地一共有 200 个地主庄园。在交给农民的土地中间包括有台·泰马密司公爵、拉马诺纳司伯爵、台·奥里伐伯爵和其他等人的大领地。

土地改革局和农业信用银行经过土地委员会而确定了农民大众的具体需求，在财政上给农民经营以接济。政府因为顾及新的耕作者经营新领到的土地时发生的困难情形，采用了若干方法去迅速地牢固他们的经营，为了这目的发放了好些大规模的信用借款。从 1931 年 12 月 1 日到 1936 年 2 月 16 日，农民一共只得到了 2643.1 万比捷脱（西班牙货币单位），而且这些信用借款有极大一部分是借给富农的。从 1936 年 2 月 16 日到 1936 年 9 月 23 日，借给了农民们 6708.7 万比捷脱，这中间还没有把指定用在施行乡村中各种农业改良和公共工程的种种巨大款项计算进去。短期信用都以两年为期。政府发放了大批款项，用以奖励小麦生产；农业银行对于自力经营小麦生产的一切农家给予五千比捷脱以下的短期信用借款。政府同样也发放了大批的信用借款以奖励技术作物（糖萝卜、棉花和其他等）的生产。

政府农业部给了农民们巨大的信用借款；这样，同时也就是在农业生产的技术改良方面，做了很大的工作。政府对于在全国经济中起有最重大作用的出口农作物的发展极力加以奖励。为要保证前线和后方的需要，努力栽植以前在共和国政府统治领域内产额极少的那些作物。农业部在发给农民的布告中，坚持着要保留旧的果树，因为如今水果的消费将要扩大起来，但是培植新的果园却需要极长的期间，同时警告农民不要毁灭了旧的果园去栽植谷物。为要使得农学的帮助更接近于农业生产，而且能够普及于共和国领域内的一切农业区域起见，把农学帮助人民的办法根本加以改造过了。

政府把土地问题的解决看作是战胜敌人的重要条件之一。所以使农民所领到的土地，在生产上完全把它占有过来，是当前的基本任务。然而，农民所领到的土地中间，有一部分在从前是从未垦殖过的，这需要补充的灌溉设备；如今如果要在生产上占有这种土地，就有好些困难发生。

政府所创设的土地委员会是没收人民公敌的田产的一种准备手段，这土地委员会对于农民们经营新的土地也给了很大的帮助。

农业部所提出的口号——"不要有一小块土地不耕种到"——在乡间获得了热烈的申援。据农业部的消息，在共和国的各区域中，秋季的播种是顺利地过去了。新的耕地已被经营起来。1936年秋莳的耕地面积比较前几年增加了许多。虽则在乡村间，尤其是此连战线的区域中，存在有种种困难，如像劳动力之缺乏等等，可是1936年的收获是被收割掉了。根据农业部统计科的材料，在共和国政府占领的区域中，1936年的橄榄的收获有213.9万Quintal，比了这些区域中往年的中等收获差不多要高出25%，占到了西班牙全部橄榄出产的半数以上。橘子的收获在这地带中有895.2万Quintal，即是比上年高出了30万Quintal。这个产量的增加主要是从伐伦西亚省得来的。

在1936年，由于土地改革局的改组，地方上的土地委员会的努力和农业部对于农民们的农学援助和经济援助的加强，使农业技术大大地改善了。农业总管理处以每Quintal六比捷脱的价格把改良麦种散发给各农家。为了要使农民们得到良好的马铃薯种

(在列樊脱各地),政府预先就在英国购买了大批的马铃薯种,如今这些马铃薯种正在分给农民,预备在春季栽种。为要维持并且扩大从前的地主庄园(现在由过去的雇农在经营)的生产规模起见,花费了好大的心血。在这些庄园中,有好些最大的,组织极好的,而且技术上的设备很完善的农场。

有许多从前由地主们以原始的方法经营的农场,如今因从前的雇农们的一致的努力而变成了很新式的农场。乡村间对于肥料、农具和机器的需求大大地增加了。政府如今拥有大量的加锂肥料;但是窒素肥料和磷酸肥料却是很缺乏,后面这些肥料在过去都是从国外运来的。

西班牙人民阵线政府的农业设施

乡村中自动发起扩大某些农作物的耕地面积,这些农作物都是因于内战而在某些区域内感觉到缺乏的。例如在马尔泰立耳村,凡是可以栽种五谷的零细田块统统种了小麦;因为阿拉贡省的产麦区在从前是以小麦供应巴塞龙拿和卡泰龙尼亚的其他各城市的,但是如今这些产麦区域有一部分是被叛军占领去了。在政府帮助之下,农民改善了许多耕地的土壤,而且大规模地履行造林运动,这特别是在时时要遭受旱灾的这些区域。

因为从前以鱼肉供给玛得里、巴塞龙拿和其他都市的区域(加里西亚、加其克司、巴利阿利群岛)如今都在叛军手里,所以政府采取了许多办法以繁殖牲口并改善牲口的质量。对于农村中推行家禽和兔子的养畜,也特别加以注意。在从前的大地主的庄园中和畜牧实验场中,培养家畜的改良种。农业部把所有的牲口的改良种都列入统计,以便用最好的方法来分配这些改良种,为了这目的在农业部之下新添了一科,以便督察畜牧企业,处理肉类、牛奶和其他畜牧产品的供给事务。

在卡泰龙尼亚省,实行了许多办法以便改善捕鱼业的工作,尽可能地利用捕鱼船,并且把小的渔夫组织在合作社之中。

全国土地工作者协会的代表访问了农业部之后宣称全国土地

工作协会完全同意政府在经济上援助小农民的政策。

政府颁布了法律，没收那些直接或是间接地参与法西叛乱的地主们的土地并且把这些土地交与雇工和农民耕种，这法令对于叛军的经济基础给了有力的打击。关于没收叛党田产地法令中，对于大农场的经营曾经指出："这些大农场的经营或者是以集体经营的方式，或者是以个人经营的方式，这要依照领取这些田地的大多数人的意志，依照那个为了讨论这问题而召集的会议议决案来决定的。"

在好些区域中，在进行土地改革的时候，由于个别团体的错误和反革命分子的直接的阴谋挑拨，在乡村中对于农民间或者有采取强迫手段的事情。

西班牙的前进政党在自己发表的许多言论中，屡次说明了过早的集体化政策的错误，号召农民们对于乡村中的阶级做人时时要存有戒心。这些做人的基本目标就在于破坏工农联合，减弱前线的势力。

西班牙的前进政党的代表霍捷·其亚思在议会中指出"只有在全国表现出了自己的纪律化以后，现今的国民政府才能够取得胜利。乡村中不时发生的专断行为和滥用职权的现象必须立即停止，在乡村中有许多自称是代表政府团体或工会团体的匪徒们在实行"集体化"的借口下强夺了农民的田产。请大家要知道：共和国给了农民们土地，为的使他们能够依照自己的意志，或是用个别经营的方式，或是用集体经营的方式来耕种这些土地。如果法律不曾有所规定，那么谁也没有权力可以收租征税。劳动的农民们自己有权利可以支配自己的产品"。

西班牙的前进政党在检讨五个月来征讨叛乱的斗争，并且指示摆在政府面前的种种任务的那个宣言中，曾经坚决要求停止一切关于"社会主义"和"自由的共产主义"的实验，并且要求对于受法西叛军的准备来挑拨农民和产业无产者之间的情感的各种阴谋分子,做无情的斗争。

农业部长曾经在农民大会上向农民指出:他们的收获是神圣不可侵犯的,不论是任何私人或是任何团体,没有权利能够侵占农民的生产品。凡是政府为了前线或是后方的需求,要向农民购买农产品的时候,政府所支付的价格一定要使农民所消耗的劳动完全取得报偿。在提到农民对于他对所领得的土地是否需要支付租金的问题的时候,他说道:"没有一个农民对于自己所领到的土地需要支付租金,而且也没有一个人有权利可以向农民收取租金。"

如今由于农业部的坚决的政策(农业部部长是共产党员乌里倍),乡村中反革命势力的活动受了重大的打击。都市无产者和农人的联合一天复一天地巩固起来——这是西班牙人民战胜作乱的将军们、法西主义者们和外国干涉者们的最好的保证。

西班牙人民阵线政府的农业设施

冶方译自 1937 年 2 月号
World Economics and Politics

个别国度能否越过社会发展途径中的某一阶段问题、中国当前的社会运动的性质、"超经济"这一术语的说明[*]

答 复

青治先生:

对来信所问各节,逐一答复如下:

1. 关于个别的国度能否越过社会发展途径中的某个阶段(例如农奴制度阶段,或资本主义阶段)的问题。我们对于这个问题的答复是肯定的:即是说,个别的国度是可以越过社会发展途径中的某个阶段而直接走入更高一级的社会机构中去的。例如封建制度可以越过了农奴制度的阶段走入资本主义社会,甚至越过了资本主义而直接走入了社会主义的社会。遥远的历史上的实例,如像英国是否越过农奴制度阶段等问题,我们且不必去谈,我们可以把较近的现代的情形来作为证明。大家知道。在革命前的俄罗斯帝国内部,除了俄罗斯本国和若干先前的属地(如乌克兰,波兰等)已经走入资本主义的阶段以外,其他许多边僻属地(如像中亚细亚各民族)还是停滞在封建的农业社会中,或民族制度的游牧社会中,有的地方(如像西伯利亚北部的爱斯基摩

---

[*] 原载《中国农村》1937,3(5),第87—92页,署名通讯讨论组,经考证为孙冶方执笔。

人，——Eskimo），还过着原始时代的渔猎生活。1917年时先在俄国的布尔乔亚汜民主主义的二月革命的影响下，在这些落后的殖民地，也发生了反对沙俄帝国主义和反对土著的封建宗法统治的，民主主义的民族解放运动。可是大家都知道，在这些地方，紧随着这个民主主义的民族解放运动的胜利后，并没有建立起什么资本主义社会；而是相反地，随着俄国的社会主义革命的胜利和新政权之巩固，在这些地方是跳过了整个资本主义社会的阶段，甚至跳过了整个封建农奴制度的阶段而直接踏上了社会主义建设的大道。

我们再以苏联以外的世界各国情形来说。大家知道整个世界，在目前是处于帝国主义——资本主义的最高阶段——时代，所有的帝国主义强国都处在反资本主义的大动乱中，社会主义运动的怒潮是到处在汹涌着。可是大家也知道，在这些帝国主义统治下的许多殖民地半殖民地国度，如今还停滞在半封建的或纯封建的，甚至宗法的前资本主义的社会关系中。

我们可以相信在帝国主义统治未推翻之前，要使这些殖民地半殖民地国度的社会经济机构能够赶上各宗主国的水准——资本主义机构——那真同登天一样困难了。

不过我们相信，帝国主义在世界范围内被推倒的一天已经不是在遥远的将来。那时在先进的帝国主义国度中，不用说，资本主义的社会经济机构将被社会主义的社会经济机构所代替。可是，殖民地半殖民地的发展前途又怎样呢？是不是还要按步就班地把历史上的封建农奴社会的整个发展途径走完以后，再经过了长期的资本主义的发展，方始走入社会主义的社会呢？大众都知道，资本主义的社会经济机构就是无政府状态的生产经济危机，失业，倒闭，战争，革命……苦痛的经历。先进的资本主义国家发展到今日，已经经过了一二百年的这样的惨痛的历史；试问落后的殖民地半殖民地国度是不是还要一页一页地把这部惨痛的历

个别国度能否越过社会发展途径中的某一阶段问题、中国当前的社会运动的性质、「超经济」这一术语的说明

史重演过一番呢？谁都知道，历史的发展没有如此呆板。我们可以预测到，在世界主要各帝国主义国度中，资本主义的社会经济机构被更高一级的，合理的社会经济机构所取而代之以后，许多落后的殖民地半殖民地国度也将能在帝国主义各国的先进社会阶层的帮助下，越过了苦痛的资本主义的发展阶段，而直接走入那个更高一级的合理的社会中去了。

一般地说，人类社会的发展步骤是如此的：（1）原始共有社会；（2）奴隶社会；（3）封建农奴社会；（4）资本主义社会；（5）社会主义社会。这是一般的定律；然而如像宇宙问题每种定律都有例外一样，人类的社会发展，同样也有越过这个社会发展顺序中的某一环节的可能。造成这种例外的原因便是社会经济发展的不平衡性。在帝国主义时代，社会经济发展的不平衡性是更增强了，因此上述例外的社会发展也更可能了。

2. 中国当前的社会运动的性质。来信把你的第二个问题称做是"殖民地的前途"问题。但是从你所问的内容来说，显然不是指的这个，而是指殖民地半殖民地要摆脱殖民的前途而爆发的那个社会运动的性质问题。关于这个问题我们在本刊三卷三、四两期通讯讨论栏中已经有详细说明，希望你参考。简单地说：中国目前所汹涌着的那个社会运动不是社会主义性质的，而是布尔乔亚氾民主主义性质的，因为这运动所要铲除的目的物是帝国主义和国内封建残余势力的统治，而这运动之胜利（即帝国主义被打倒，封建势力被肃清）仅是为资本主义发展肃清了道路而已。这一个社会运动的阶段是不能越过的，谁个要越过这一阶段而提倡社会主义运动，那他正是放松了当前的最主要的敌人——帝国主义和封建势力；这样非但不能使你所过早地提出的社会主义运动取得胜利，使你所攻击的资本主义被打倒，而且连整个运动都要遭受惨败。但是这意思并不是说中国在当前的布尔亚氾民主主义的运动取得胜利之后，还要经过长期的资本主义发展。中国未来发展的可能的前途是非资本主义的前途，如前面我们在第一个问题的答复中所解释的一样。国际环境和国内形势不容中国在民主主义运动胜利之后再停滞在资本主义发展的道路上。这运动发展到某一阶段将能直接转生为更高一级的社会主义的运动。有两种条件可以保证中国当前的民主主义运动有上述这种光明的前途：（1）整个世界已经是处在社会主义运动时代；（2）中国的布尔乔亚汜民主主义运动中的主力军已经不是布尔乔亚汜而是劳动者大众。

总括以上所说：中国的发展前途是有可能越过资本主义发展的前途的，但是先生对于这前途似乎是表示出了怀疑；当前的布尔乔亚汜民主主义性质的运动是不能越过的，但是先生却认为这阶段是可以飞跃过去的。

先生说："现在许多人大喊国内各阶级一律团结起来以反对帝国主义，我们以为这般人是被那些民族资本家所利用了；"然则人家却要问：你们不愿强调反对帝国主义运动，不知是被谁利用了。最先进的人们应把握住社会上最大多数人民的要求，而不空喊不实际的"高超"的口号；目前中国绝对最大多数人民的要求是反抗日本帝国主义，然而你们却不愿顾及这要求而去强调反资本主义！

来信中对俄国历史也有误解的地方，在这里简单指出如下：（1）革命前的俄国是一个帝国主义国度；而目前的中国却是一个半殖民地国度。反对外国帝国主义侵略不能成为当时俄国社会革命的任务之一；而在中国反帝国主义却是当前社会运动中的主要课题。（2）即在俄国，布尔乔亚汜民主主义革命的阶段并没有被飞跃过。大家知道，1917年二月革命还是布尔乔亚汜民主主义性的，直到二月革命后才从布尔乔亚汜民主主义革命的阶段转生为社会主义的阶段。

3. "超经济"这一术语的解释。这术语并非是薛暮桥先生的

"发明",而是一般社会科学文献中惯用的字眼。在资本主义社会中,资本家和工人在法律面前是"平等"的;资本家照劳动力价值支付工资,在表面上看来这是"平等的"交易,如像这资本家购买原料、机器等其他商品时一样。但是资本家却因这"平等的"交易而能在生产过程中榨取工人的剩余价值,所以这种榨取完全以资本主义的经济法则为根据的。在奴隶社会中和封建农奴社会中,榨取者不能用这种法则去榨取奴隶和农民,他们一定用法律的、身份等级的不平等地位去束缚他们榨取他们,故称为超经济的榨取。这同奴隶社会和农奴社会是由各该社会的生产方法所决定这一事实毫不抵触。

通讯讨论组
4 月 22 日

来　信

通讯讨论组诸先生:

在中国农村的理论研究过程中,使我发生了好些困难的问题,现在把他提将出来,希望你们公开的或通信告诉我。

1. 经济法则问题:科学的经济学告诉我们:经济学主要的任务在于研究特定的生产关系的发生和发展法则,以及他的灭亡和转变到别的更高级形态去的法则。这种法则,完全是离开了人的意识作用而独立存在,所以他的正确性也正同自然科学中的定律一样,是不能轻易变更的。这一点,资本论的作者,卡尔也说过。法则是像铁一般有必然之作用的,要产生社会主义革命,建立社会主义的国家,非在资本主义的生产关系之下,是不可能的。因为社会主义这个东西,根本是从资本主义的孕育之中,即受了资本主义的经济法则之支配而产生的,他不能凭空而出现,这是谁也不会否认的。可是,问题就在这里发生了:冯和法的《中国农村经济论》中漆其生先生的农业理论的诸问题一文中,他将农业之发展分为三个时期:即(1)由初期封建制度过渡到农奴制度的时期;(2)由封建制度农奴制度过渡到资本主义制度时期;(3)由资本主义制度过渡到社会主义制度时期。当然,这样的发展阶段,是谁也不会否认的。可是冯先生的结论中却说:"不过此三大主要的阶段,并非绝对的继续相循而必须逐一经过,实际许多国家常经此而不经彼,由某一阶段飞跃某一阶段(即跳"阶段)而突进于第三阶段。例如二三国家由前期封建制度进展至资本主义制度,并非一定经循农奴制度而始渡过,英国即为此例之最显著者。又如在目前后期资本主义时代,无数停滞于前期资本主义制度的国家,或前期资本主义要素占主要部分的国家,此等国家的社会变革,在现在可说毫无通过资本主义阶段的必要,而有其他方式可以渡达于新的历史行程之内……。"这里就颇使人不了解社会的革变,明明是因果关系的作用,而是循着一定的经济法则的,现在怎么可"由某一阶段飞跃某一阶段而突进于第三阶段"呢?难道第一个某一阶段(假定是封建阶段)能够具备第二阶段(资本主义阶段)的生产条件么?我不知道这是哪里得来的理论根据?根据哪一条理论法则的?

2. 殖民地的前途问题:殖民地的前途也是一个很重要的问题。譬似我们中国虽不是殖民地,却是一个典型的半殖民地国内经济情形,谁也不能否认是在外国资本主义之支配下的。内地的农村,近年以来虽也侵入了资本主义的商品势力,但是残余的封建势力,也确是无可讳言地存在着的,而且,资本主义者又利用了这些残余的封建余孽,来实行他的殖民地政策。一方面,尚可用以摧残微细的民族资本势力。在这种情形之下,中国所需要的究竟是什么样的革命呢?资本主义革命么?现象上观察起来,似

个别国度能否越过社会发展途径中的某一阶段问题、中国当前的社会运动的性质、"超经济"这一术语的说明

乎的确需要这样，然则当此世界资本主义已在没落的今日，再来倡导资本主义革命，恐怕是不可能的吧？社会主义革命么？既然在残余封建与帝国主义势力结合之下，当然也不能产生社会主义革命了。可是实际上，殖民地与半殖民所需要的，的确是社会主义革命。这个理由，一般的人都抱着与上述漆其先生同样的见解，以为社会革命，是可以飞跃（不是辩证法上的突变）的。这个人以为不是很真确的理论。我为了这个问题，曾经著过一篇歪文，主张殖民地或半殖民地的社会主义革命，其对象应是外洋资本主义及本国新兴的资本主义（虽然二者也是冲突的，但在被压迫阶级的地位观之，则他与外洋资本主义者，同是一样的）榨取者。至于农村之中，只存在着所谓残余封建，但并不妨碍革命的进行，俄国的革命已经奠定了事实上的根据。谁也知道，十月革命时的苏俄农村，是同今日中国的农村差不多的（不过没有外势力侵入）十月革命成功后新经济政策之施行，大半的原因，即为此故；可见社会的"奥伏赫变"，虽然必须在铁一般的因果法则的支配之下，方能实现，但部分地落后的现象事实，是可以用有目的的正确的计划来诱导他飞速前进的；目前苏联的集体农场，正是这种计划下的成功的产品。所以在帝国主义铁蹄下的殖民地或半殖民地国家，我们认为是用不着先替自己的民族资本家来做反帝的工作，来培养自己国内的民族资本家发展的。目前有许多人大喊国内各阶级一律团结起来，以反对帝国主义，我们以为这般人是被那些民族资本家利用了。

3. 超经济问题：《中国农村》一卷二期薛暮桥先生的《封建社会的农业生产关系》一文中对于封建社会的特征一节中有云："地主把农民束缚在土地上面，并用超经济的强制权来剥削农民。"这里"超经济"一词我以为有解释的必要。在唯物论的社会学者，大概都是承认社会的变动，打定社会基础的，无疑的是经济。而封建社会和资本主义社会之所以不同者，在现象上很明了的是自由与否的问题。这里的自由与否当然是由经济事实即由生产方法来决定的。封建社会是自给自足的自然经济,农民要想生活,舍弃了土地,是不可能的。地主所以可把农民束缚在土地上面者,即由此故。农民既不能离开土地,地主当然可由此而奴役他,剥削他,而其此种势力,则完全由封建经济所特有的效能所赋予,完全是封建经济的一种特质,怎么可以说是超经济的呢?

以上三个问题,自己因知识不足,不能解决,望你们发表高见,以供参考为盼。

你们的会友孔青治启

个别国度能否越过社会发展途径中的某一阶段问题、中国当前的社会运动的性质、「超经济」这一术语的说明

国民大会和宪法草案[*]

一、历史的叙述

自从国难发生以后，全国各界人民都热望政府召集真正的代表民意的机关，由人民代表共同来讨论并解决国家大事；在政府方面也早已有"延揽英才使其参政"❶以及"团结人心集中力量……提早召集国民大会，俾民意有所宣达"❷等声明。自从1932年11月第四次全国代表大会规定设立国民会议以后，1933年4月政府在洛阳召集国难会议。在这次会议的政治改革草案中有下面两条决议：（1）切实办理地方自治，如期结束训政；（2）宪政未实施前，提前设民意机关，定名为国民代表会，限期在1933年10月10日以前成立。后来这问题又提交同年12月的中央执行委员会第三次全体会议讨论。这次会议又决定先在1934年以内召集国民参政会，在1936年3月召集国民大会。到1934年3月30日，第六十四届中央常务会议决定在7月1日召集国民党临时全国代表大会讨论国民大会提前召集的问题。可是后来这个临时全国代

---

[*] 本文原载《自修大学》，第1卷，第1辑，第9号，1937年5月25日。

❶ 见第四次全国代表大会决议案（即"中华民国第四次全国代表大会决议案"）。

❷ 见第五次全国代表大会决议案（即"中华民国第五次全国代表大会决议案"）。

表大会未曾能够召集成功；7月1日中常会议决临时代表大会改开第五次全国代表大会。结果国民参政会的召集是因为国民大会已经预备提前召集而决定停止举行了；而国民大会也因于五全代会屡次展期而未曾召集成功。到1936年年底五全代会是开幕了，而且郑重决议在1937年以内召集国民大会。可是到了期限，又因为各地代表未能选出，不得已决定把国民大会再次延期。今年2月间举行的三中全会决定国民大会在同年11月12日举行。于是屡次展期的国民大会又决定了召集的日期。前月22日的中常会又通过了国民大会组织法和代表选举法的修正案。这是最近政府决定召集国民大会的经过情形。

但是创设民意机关，制定宪法，建立真正的民治国家并不是国难发生以后人民新提出的要求。远在清朝未被推翻之前，就成了革命大众的中心要求之一，也就是孙中山先生40余年致力于国民革命的主要目的之一。

孙中山先生的伟大就是在于他的一生从未忽视过民众的最迫切的要求。他永远是和民众站在一起的，所以民众也永远追随着他。在满清和北洋军阀统治的时候，人民的最迫切的要求就是推翻这统治，给人民以民主自由的权利，使中华民国成为各民族自由联合的民主共和国；所以创设民意机关和制定宪法成了中山先生在中国革命的每个阶段——辛亥革命、讨袁运动、护法运动、北伐和北上召集国民会议运动等——中的具体的行动纲领。因此我们在目前检讨国民大会和宪法草案的时候，中山先生对于这两个问题所发表过的言论应该是最值得我们宝贵的遗训。

二、孙中山先生关于国民会议的遗训

1925年孙中山先生北上号召国民会议，路过上海的时候，曾经在莫利爱路自己的住宅中招待新闻记者，发表了一篇关于国民会议的演讲。中间有一段说:"现在中国号称民国,要名副其实,必要这个国家真是以人民为主,要人民都能够讲话,的确是有发言权。这个情形才是真民国;如果不然,才是假民国。"同样,1925年对全国青年联合会的演讲中也说:"我现在相信建设民国,不是完全从上面可以做得到的,以后建设民国,还是要从下面做起来。"在北上宣言中,重视民众力量的主张更加明显。他说:"军阀所挟持之武力,得帝国主义之援助而增其数量,此自袁世凯以来已然。然当其盛时,虽有帝国主义为之羽翼;及其败也,帝国主义亦无以救之。此其故安在?二年东南之役,袁世凯用兵,无往不利。三四年间,叛迹渐著,人心渐去及反对帝制之兵起,终至众叛亲离,一蹶不振。七年以来,吴佩孚用兵也无往不利。骄气所中,以为可以力征经营天下,至不恤与民众为敌,屠杀工人、学生,以摧残革命之进行。及人心已去,终至一败涂地而后已。犹于败亡之余,致电北京公使团,请求加以援助;其始终甘为帝国主义之傀儡,而不能了解历史的教训如此。由斯以言,帝国主义之援助,终不敌国民之觉悟。"

孙中山先生认为脱离了民众而与民众为敌的军阀统治,虽有武力为依靠,有帝国主义之援助,但是终不免于"一败涂地而后已"。袁世凯和吴佩孚的统治,在方法上虽巧妙不同,帝国主义所给予的援助也有大小之别,其结果终不免失败,所不同的仅是三四年和7年的差别而已;然则7年的时间在历史上是如何短暂的一个时期呀。

因此中山先生主张召集国民会议"与国民结合以速国民革命之进行"。"使时局之发展能适应于国民之需要;盖必如是,然后时局发展之利益归于国民,一扫从前各派势力瓜分利益及垄断权利之罪恶……使国民能自选择其需要;盖必如是,然后国民之需

要乃得充分表现，一扫从前各派包揽把持，隔绝群众之罪恶。"❶

当时，中山先生对这国民会议的希望颇大。他在绕道北上，路过日本的时候，在上海丸中对长崎中国学生会又发表了一篇《学生当赞成国民会议》的演说。中山先生说："我这次的行动，就是为求达到这个目的（指解决民生问题和打破列强侵略）去开国民会议。国民会议开得成，中国便可和平统一。国民会议开不成，中国便要大乱不已。所以中国前途一线希望就在这个国民会议能不能够开得成。要国民会议开得成，根本上还是要全体国民一致去力争。"

国民大会和宪法草案

中山先生如此重视国民会议，既然把中华民国的前途完全系在国民会议上面，他对于国民会议召集法和选举法当然也有明确的适合人民要求的规定。首先，中山先生所召集的不是过去军阀用贿选办法举出，用武力来支配的国会。中山先生在上面所说过的招待新闻记者的演讲中曾经说："从前国会之所以没用处，是由于根本上选举议员的方法太草率……从前国会因为议员的本体不好，复受外界武力的压迫，所以在当时总是不能行使职权……前年曹、吴也赞成护法，召集议员到北京开会，但是那些议员总是不顾民利，只顾私利；到北京后不做别事，只要有钱，便去卖身，造成曹锟的贿选。现在全国国民对于那般议员完全失望。要解决国事，便不能靠那些议员，要靠我们国民自己。所以我才发起这个会议，要人民明白国家现在的地位，知道政治和人民利害的关系，用正派分子来维持中华民国。"

中山先生在当时曾经竭力反对段祺瑞用政府指定的善后会议和国民代表会议来代替中山先生和全国人民所要求的国民会议。中山先生在北上途中为肝病所困，病倒在天津客寓中，可是听到了段祺瑞的这个阴谋以后，便扶病写了一封极长的信给段祺瑞，

---

❶ 孙中山：《北上宣言》。

信中有一段说："善后会议于诞生国民代表会议之外，尚兼及于财政军事之整理，其权限自较预备会议（中山先生主张在国民会议之前，先召集一个国民会议预备会议。这两个会议的组织法相同，不过国民会议的代表由各团体团员直接选举，人数较预备会议少。其目的在于使民意机关早日成立，以解决当时最迫切的国事。）为宽，而构成分子，则预备会议所列人民团体无一得与。夫14年来，会议之开屡矣，其最大者，有6年之督军会议，8年之南北会议，而皆无良果。揆其原因，实由于会议构成分子皆为政府所指派，而国民对于会议无顾问之权。既不能选举代表参列议席，甚至求会议公开而不可得。但是会议与人民漠无关系，人民不得不仍守其漠视国事之故习；而人民利害绝不能于会议中求其表现。"

人民选举国民会议的最好的办法就是按照各地人口比例选举。但是当时中山先生因为"真正户口册总没有调查清楚，如果用的确人数做基础，不是短时间办得到的事"，所以主张由已成立的社会团体的代表来组织国民会议。中山先生认为这样的社会团体有9种：（1）现代实业团体；（2）商会；（3）教育会；（4）大学；（5）各省学生联合会；（6）工会；（7）农会；（8）共同反对曹、吴各军；（9）政党。各团体代表须由各团体之团员直接选举。中山先生所举出的9种团体是已经有了的大团体，他对于这9种团体以外的团体也并不一定要拒绝于国民会议之外，如果其余的团体内容组织都很完全，而且有会员大众做基础，那么仍旧可以要求参加国民会议。在上述9种团体中，中山先生对学生团体是很重视的，他在对日本留学生的演讲中，曾经要学生积极起来参与组织、宣传等工作。

中山先生认为在国民会议召集之前，还有两件很重要的准备工作：这第一便是"在会议以前，所有各省政治犯完全赦免，并保障各地方之团体及人民有选举之自由，有提出议案及宣传讨论之自由"。❶ 因为只有人民在取得真正的政治上的自由之后，才能够得到真正民意的反映，使各阶层人民都能积极来参与国民会议选举，成为这会议的基础。第二就是"为要使民众赞成国民会议，首先便要民众明白国民会议的性质和国民会议的力量"，所以除了要全体党员及各团体人员在民众中扩大铲除军阀政客专政召集国民会议的宣传以外，更要求新闻记者"在新闻界……竭力鼓吹这会议"。❷ 因为报纸上的公开讨论，是反映民意引起一般人民注意的最好工具。

国民大会和宪法草案

最后便应该说到中山先生对于国民会议任务的解释。我在本文开首说过，制定宪法建立真正的民治国家是数十年来中国革命运动的中心任务之一，也是中山先生一生致力革命事业的主要目的之一。然而中山先生并不是崇拜任何宪法而不闻其内容的人。在中山先生亲自署名发表的国民党第一次全国代表大会的宣言上，对于立宪派的政治主张曾经有过以下的一段批评：

"此派（立宪派）之拟议，以为今日中国之大患在于无法；苟能藉宪法以谋统一，则分崩离析之局庶可收拾，曾不思宪法之所以能有效力，全恃民众之拥护。假使只有白纸黑字之宪法，绝不能保证民权，俾不受军阀之摧残。元年以来，尝有约法矣；然专制余孽，军阀官僚，僭窃擅权，无恶不作。此辈一日不去，宪法即一日不生效力，无异废纸，何补民权。迩者曹锟以非法行贿，尸位北京，亦尝藉所谓宪法以为文饰之具矣；而其所为，乃与宪法若风马牛不相及。故知推行宪法之先决问题，首在民众之能拥护宪法与否。舍本逐末，无有是处。不特此也，民众果无组织，虽有宪法，即民众自身亦不能运用之；纵无军阀之摧残，其为具文自若也。故立宪派只知要求宪法，而绝不顾及将何以拥护宪法，何以运用宪法；即可知其无组织，无方法，无勇气，以真

---

❶ 孙中山：《北上宣言》。
❷ 见前引中山先生对新闻记者讲演。

为宪法而奋斗。宪法成立，惟在列强及军阀之势力颠覆之后耳。"

所以，在列强及军阀之势力未颠覆之前，中山先生对于国民会议所课的任务却不是制定宪法，而是解决当时人民所渴望解决的两个问题。中山先生在对于留日学生的演讲中说："我们组织国民会议的目的，是要解决两个大问题。这两个大问题，一个就是解决国内民生问题，一个是打破列强的侵略。"

以上是中山先生对于国民会议所发表的意见中最重要的几点。我们今日要检讨政府所公布的国民大会组织法、选举法以及宪法草案，在法在理都应该以中山先生的遗训做出发点才对。

三、人民的希望

自从宪法草案和国民大会组织法、选举法公布以后，虽则在报纸和杂志上未曾发动什么广泛的讨论，但是各方面发表的意见仍是不少。综合大多数人的意见，无非是希望政府要依照"延揽英才使其参政"和"团结人心集中力量"的精神，遵守中山先生的"以人民为主，要人民都能够讲话，的确是有发言权"的遗训，来召集国民大会，制定民国宪法。

4月22日中常会对于去年所通过的国民大会选举法和组织法做了几点修正。最重要的是：原来规定国民大会的当然代表只有国民党中央执行委员和监察委员；如今则规定候补执行、监察委员也列为当然代表。所以国民大会的当然代表已经由170人而增加到260人了。除了当然代表以外，更在原来规定的依区域选举、职业选举和特种选举等选出的1200名代表以外，又加上了国民政府指定的240名代表。所以在未来的国民会议之中，当然代表和政府指定的代表是占去了500个名额。不过原来选举法中所规定的对区域选举和职业选举的圈定办法已被取消。可是现在大多数地方的区域选举和职业选举的初选已经办理完毕。这些选举是在当地行政机关和党部的指导之下进行的，这对于当选代表成分自然有绝大影响。

所以为了国民大会真能达到宣达民意的任务，很多人希望"政府对人民的政治信仰不加限制"，❶ 希望"学生团体应有代表权，公民宣誓应即废除，竞选时任何国民皆得用个人或政治团体名义，自由发表其主张"。❷ 从前中山先生主张在户口册未办理好之前，由9种社会团体代表来组成国民大会。我们如今虽然不一定要反对地区选举的办法，但至少希望在地区选举之处，多加一些团体代表名额。在中山先生所举9种团体中对军队有"共同反对曹、吴各军"的限制，如今这种限制当然已不存在，除附逆的汉奸军队以外，都应该有选举权。至于此次选举法中，未曾有中山先生所非常重视的学生团体名额，是非常可惜的，因为我们不能不承认学生是中国人民中最有觉悟最关心国事的分子之一。

如果现在不能再来修改选举法，重新举行选举，那么至少希望政府能够在240名指定代表和155名特种选举的圈定名额中，多让政府圈子外的人才来参加，同时希望政府能够保证人民对于已当选的初选人有自由的检举权。如果他们平日的行动有违反人民利益的地方，或者在选举时有舞弊的情节，要奖励人民自由告发。如果所告发的是事实，那么被告发者应剥夺其代表权，并且交司法机关严办。为达到这个目的，必须实行中山先生所主张的在"会议以前，所有各省政治犯完全赦免，并保障各地方之团体及人民有选举之自由，有提出议案宣传讨论之自由。"

至于说到国民大会的任务，那么由于现在的环境同中山先生北上时不相同，如果国民大会果能给人民以真正民主的宪法，人民当然欢迎之至。但是当时中山先生对于国民会议所提出的两个主要任务（即解决民生问题，打破列强的侵略）仍旧应该是未来

---

❶ 《立报》，1937年4月16日。
❷ 《北平晨报》，1937年4月8日。

的国民大会应该解决的主要问题。不过，如今以全力抵抗某一帝国主义的任务暂时已经代替打倒一切帝国主义列强的口号；同时解决民生问题也应该看作是改善大多数人民的经济生活，以提高民族抗战能力的问题而提出来讨论。换句话说，民族抗战问题应该是成为未来的国民大会所应讨论的主要问题。若是丢开这问题不谈，那么未来的国民大会即使制定了一个完全合于民意的宪法，是不够满足人民的希望的。

此外，各方面对宪法本身的批评，如《自由评论》、《大公报》、梁实秋、程经远、广州大学社会科学研究会等，不主张把"三民主义"字样冠在中华共和国之上，如罗隆基、王赣愚先生等认为大总统权限不应如此大，《时事新报》认为宪法上对人民最低限度民主自由未有明确规定，《国闻周报》认为国民大会会期规定每三年一次未免太长等，❶都希望政府当局加以详细考虑，尤其关于大总统权力问题是非常重要的。

---

❶《对于国民大会舆论的集锦》，载《新学识》，1（7）。

撤销领事裁判权和救亡运动[*]

撤销领事裁判权的运动差不多同中国存在领事裁判权具有同样长久的历史。当每次提出撤销领事裁判权的问题的时候——不论这问题是由政府提出的，抑或是人民团体提出的——总获得全国响应。可见撤销领事裁判权已经不仅是多数工商业者的要求，而且成了全国人民的一致希望了。但是问题虽是屡次提出，总因为我们没有充分的决心和魄力，以至终于没有达到撤销的目的。本年二月间，三中全会又决定"对于领事裁判权，国民政府仍须与各国交涉"。三中全会以后，新任外交部部长王龙惠博士又重新申述了撤销领事裁判权的外交方针。不到一月，就有上海律师公会、上海市商会和全国其他各地一二百个公私团体的赞助。于是撤销领事裁判权的问题又重新成了全国报纸、杂志的中心论题之一。因为在这一次，撤销领事裁判权的问题，是在国内外的新的政治条件下提出的；直言之，就是在国难严重的抗日救亡运动积极开展的条件下提出的；所以在这次讨论的时候，大家必然会把撤销领事裁判权同救亡御侮的任务连在一起讲了。但是在讲到这个问题本身之前，我们先得简略地说一说形成领事裁判权的经过。

最早在我国取得领事裁判权的国家是英国。鸦片战争失败以后，中国同英国签订的《南京条约》就规定英国人民在中国如有

---

[*] 原载《自修大学》2 卷 1 辑，1937，6。

诉讼案件，应该归英国领事审理。以后各帝国主义国家就援引英国的先例，陆续取得了这种领事裁判权。到19世纪末为止，取得这样的领事裁判权的国家总共有19个之多。后来苏联因革命成功自动放弃了帝俄政府在中国所取得的领事裁判权。德、奥两国的领事裁判权在我国参加世界大战时，被我国政府宣布取消了；大战后，又得到了德、奥两国政府的正式承认。1929年，墨西哥政府也放弃了在中国的领事裁判权。此外在中国享受领事裁判权的国家，有的已经同中国政府签订有正式条约，愿意放弃领事裁判权，但是事实上，还是享受着领事裁判权（比、意、丹、葡、荷兰、挪威、瑞士等），有的是原来的条约已经期满，但是仍旧不愿意放弃这不合理的特权（英、美、日、秘、瑞典），有的是旧条约尚未满期，更不愿表示放弃它（法、巴西）。

从领事裁判权的发生历史看来，列强在中国享受这种特权完全是以不平等条约为根据的；而且这些条约中间，有好些的期限早已满了。然而列强非但不肯放弃这领事裁判权，反要设词曲解，用种种方法来扩大这种特权。通常帝国主义为这种不合理的特权做辩护的主要借口，就是中国司法制度的腐败。在过去每当中国政府要求撤销领事裁判权的时候，帝国主义的喉舌就针对中国的司法制度来一次攻击和指责，或者是派一个调查团到中国来调查一次司法制度和监狱设备等，调查的结果便是起草一个带有教训式的司法改革计划交给我们的政府。这样，帝国主义列强在原则上已经承认领事裁判权可以撤销，但是事实上是把这撤销在调查和计划等黑幕下延宕到不可知的将来去了。我们中国的外交界、司法界和舆论界往往不严厉地驳斥这种阴谋，反倒欢迎这种调查和计划，或者是宣扬我们的司法制度和监狱设备已经在如何如何地改良，或者是已经改良到如何如何的尽善尽美等。表面上这是灭人家借口的好办法，而事实上是无关乎承认列强在中国享受的领事裁判权，至少在过去是合法的，即我们的司法主权的被破坏是应该的。

在过去和现今,中国的司法制度和监狱设备到底是好是坏,我们中国人自己固然很清楚,就是外国人也不是用宣传就可以左右他们的主见的。但是司法制度和监狱设备的改革是我们中国人自己的事,不用外国政府过问;中国当局的改善司法监狱制度是民主政治下政府对人民应尽的义务,而不是为的讨好外国侨民,奉承外国政府。外国侨民到我们中国来,就应该受中国政府和中国法律的保护,犯了法应该受中国法庭的裁判,这是一个独立国家应有的主权,不容人家侵犯的。我们不用引什么高深的国际法原理,只以日常生活中人情来往做个比喻。例如我们要到邻舍去做客,邻舍主人如何款待我们,是他的事情;我们觉得人家款待不好,或者饭菜不合我的胃口,那么下次不去或是少去好了。如果我们稍知礼节,或者邻舍不是一个农奴,而我们也不是一个封建时代的地主,那么就绝不能(也不会)老着脸要人家如何如何地款待我们。而如今列强对待我们也恰正就如封建地主对待自己的农奴主的邻舍一样。他们跑到我们中国来做客(他们当初是硬打进来的),不愿受我们主人的节制,反倒自己做起主人来,这样那样地来指挥我们,欺侮我们。

撤销领事裁判权和救亡运动

老实说,中国的司法制度和监狱设备,就是在我们中国人也并不觉得是如何的完善。然而试问在国社党统治下的德国和黑衫党统治下的意大利,司法制度就真的合乎"现代的"民主的要求了吗?在那里不是不经过法庭审判,也可以把无辜人民枪毙或是杀了头?许多政治犯岂不也是坐了几年监狱,还没有见到法官的面?他们在监狱里岂不也是受尽了种种"文明的"残酷刑罚,等到跑出监狱门时已经成了终身的残废?此外,因为稍稍触怒了黑衫同志或褐衫同志而被关进了集中营,充当惨无人道的苦工的人们又何止千万?试问帝国主义列强曾经有哪一个敢于以司法不良为借口向罗马政府或柏林政府要求取得领事裁判权吗?又如在几个星期之前，在"文明的"（当然是"司法制度完备的"）美国南部，在许多"文明的"白种人却从监狱中劫了几个黑人罪犯出来，把他们吊在树上处以"凌迟"私刑，用火活活烧死了。但是伦敦、东京等政府是否敢放个屁，派一个调查团到那里去呢？

总之，帝国主义在中国所享受的领事裁判权，除了束缚中国人民的不平等条约外就没有别的法理可以作为自己的根据，也没有任何正当理由可以为它辩护，我们除了无条件地要求撤废以外，不能给予任何让步。

所以，撤销领事裁判权在原则上本是无用争论的了；目前大家所研究的，以至于大家所争论的是在目前的国际环境下，向列强提出撤销领事裁判权是否适当的问题；说明白一点，就是当我们需要集中力量对付我们主要的民族敌人的时候，我们向一切列强普遍地提出撤销领事裁判权的要求，是否会增加我们对外的摩擦，中了敌人的离间计，减弱了我们的救亡实力等问题。

当然，不愿放弃领事裁判权的不止日本一国，列强中间，英、美、法等对于这非法的特权也还坚持着。它们甚至想曲解领事裁判权，破坏我们的行政主权和税务制度。领事裁判权本来只规定外国侨民相互间或是同中国人有什么诉讼事件不受中国法庭裁判而受各该国领事审理。但是如今各国侨民在中国所设立的工商企业（尤其是日本的）想以领事裁判权为借口，拒绝受中国工厂管理法节制，拒绝支付中国政府所规定的税捐（如所得税），而取得中国本国企业所没有的种种便利。然而即使在这一点上，英、美、法等国对于领事裁判的利害关系，也至多是像日本一样关切罢了，绝不能如像张志让先生所说的目前对于领事裁判权不肯放松的只有英、美、法等国，而日本反倒是满不在乎似的（见张志让先生：国难中撤废领事裁判权的缓急问题，申报周刊二卷十六期，但最近张先生的意见已有若干修正）。若是从其他各方面来说，那么我们可以说，恰是在目前，领事裁判权的保持是军事侵略者的日本所最不肯放松的，而在某种意义上说倒是跟其他各列强的利益相违背。

我们知道，日本在目前对付中国的主要政策是军事侵略政策，然而当它的军事占领还不能达到全国各地的时候尤其是快要侵入某一地点之前，它就先从事种种准备工作，如情报谍探机关（特务机关）的设立，麻醉和杀害人民的毒化政策，破坏我们中国的经济财政体系和货币制度的走私运动。敌人消灭我们国家民族的这种种恶毒政策能够在我国公然进行，莫不以领事裁判权做护身符。远的不论，最近的事件如郑州破获的特务机关中附逆的汉奸是被正法了。但是日本籍的人员却不能不引渡给日本领事馆，他们一进入日本领事馆就立刻获得自由，马上又跑到天津去开特务人员会议，以便继续再来进行他们的特务工作（在独立国家，抓到了别国的谍探是可以处以徒刑或死刑的）。敌人的走私货可以大模大样地用轮船、汽车往我国运输，我们却奈何他们不得。偶尔因为缉私人员的勇敢和机警截住了他们，他们也会用武力来抵抗。甚至已经被没收的私货都会被他们用武装套了回去，或是被他们的领事馆要了回去。上海海关同仁在不久以前发表的宣言也说："近一年来在上海的日本码头，关员为走私事件与日本浪人冲突不下十余次，在这十余次的场合，我们有的被打得头破血流，有的被打断手指，现在竟闹得一天比一天厉害，差不多海关人员已不能在日本码头执行职务了……"又说："有两三次已经被海关缉得的走私铜元竟为日本领事馆的人员在码头上强行领去。"

要日本肯答应放弃领事裁判权只有一种情形下是可能的，那就是日本军人觉得他们的准备工作已经做够，他们可以直接用军队占领全中国，把法官都换成日本人，即是使全中国都"满洲国"化了以后。日本人在"满洲国"不是已经放弃了领事裁判权，而且已经"代表""满洲国"人民向各列强提出了同等的要

撤销领事裁判权和救亡运动

求吗？然而当日本军队还没有占领全中国之前，他们还要加紧做上述各种准备工作，换句话说，他们在这时候，还绝不愿意放弃领事裁判权，而且要强化这个非法的特权。

英、美、法等国的对华政策是建立在一种矛盾上面的；它们一方面固然不愿见到独立强盛的中国，另一方面也不愿让日本独吞中国。如果整个中国成了第二"满洲国"，它们的经济"利权"将受打击，门户开放将成为对日本一国的开放，而且它们所享受的领事裁判权也会由日本来宣布取消（如现在的"满洲国"）。至于在目前呢，各国在中国的工商业也大受走私运动的打击；而领事裁判权恰是中国缉私运动的一大障碍。

在目前，使英、美、法等帝国主义列强在远东的利益受到最大威胁的不是中国的民族解放运动，而是日本帝国主义的势力扩张；同时，英、美、法因于种种关系，在目前也还不能以武力来维持自己在这一方面的利益。现在它们的政策是尽力维持现状，保持中国人民对它们的好感，以取得工商业方面的经济利益。中国如果坚决提出撤销领事裁判权的要求，它们绝不至于同我们产生正面的冲突。不过如果日本不放弃这一特权，它们也会把这特权多保持一段时间。

至于说到日本呢，从我们上面所举的事实看来，它正要借着这领事裁判权为它的军事侵略打头阵，绝不肯轻易放弃的。

所以，总结起来，撤销领事裁判权在目前主要也不是对英对美或对法的问题，而是对日的问题。而且正因为领事裁判权已经成了敌人侵略我们的一种工具，所以领事裁判权的撤废，实际上已经成了我们抗敌救亡工作的一部分了。因为如此，所以在目前提出撤废领事裁判权问题是最迫切的要求，而我们从敌人方面所遇到的阻力也必然比过去任何时间更大（日本外交官口中所说的"很同情中国撤废领事裁判权运动"仅是空洞的外交辞令而已，或者更确切些说，这同情是要以整个中国的"满洲国"化为交换条件的）。

最后，在今天我们提出撤销领事裁判权的要求应该具有下列两点基本认识：①不要像过去一样把这问题当作空喊的口号提出；②撤销领事裁判权运动是整个抗敌救亡工作的一部分，我们把这局部的要求同整个工作分裂开来固然不对，但是把这局部的要求来代替整个救亡工作，提出了撤销领事裁判权的要求而忘记了东北四省之收复，忘记了冀东伪组织之撤销，忘记了缉私和铲除敌人汉奸的工作，那更是民族国家的大罪人，而且是敌人所求之不得的事情。

撤销领事裁判权和救亡运动

资本主义工业在中国*

在没有讲到本题之先，请允许我说几句题外话。不久前，很多人争论着中国经济的出路问题：重工乎？重农乎？……

主张重工的人，固然要多些，理由也比较充分一些；但是主张重农的人也还不少。主张重农的人往往搁出"我国自古以来，以农立国"的话做理由。或者动不动就以我国人口80%是农民为借口，好像拯救这80%的农民除了"重农"以外就没有别条路可以走了。

其实我们的祖先并不以农立国的，他们是以渔猎立"国"的。现今世界先进的工业国度也没有一个不从渔猎出身，然后又经过了长久的"以农立国"时期，再转为现今的工业资本主义时代。就是"以农立国"这句话的本身，也是很成问题的一句话。美国是世界上工业最发达的国度，然而若以农业生产品的绝对量而言，美国远胜于中国。前两年，我们这"以农立国"的国家反而要借了美棉、美麦来救济。农产品在整个美国的国民生产品总量所占比重也很高，在美国出口总额中占到近半数（在1925年时，美国产品连半制食物在内占到出口总额的47.9%）。

显然，重农论者所说的"以农立国"是指人口中绝大多数的农民以原始的落后的技术所生产的农产物占了全国生产量的主要部分。说得明白些，所谓以农立国就是指欧洲各国在中世纪时代

---

* 原载《认识月刊》第1卷第2号。

所存在的那种经济状况；也就是我国在帝国主义未侵入以前所存在的，而且直到现今还没有完全脱离的那种落后的农业经济社会。所以在今天高唱"以农立国"无异是要拉着历史的车轮向后倒退，是抓住了我国社会经济构造中最落后、最孱弱的一点做阿Q式的自夸。

然而，要特别声明的是反对重农主义论，并不就是抛弃全国人口中所占80%以上的农民，不顾他们的生活，而空谈经济发展。我所讲的正是如何发展整个国民经济也就是如何使占人口80%以上的农民脱离落后的经济情况，而赶上世界发展的列车。这并不是反对现在的热心的乡村运动者（他们在启发农民、教育农民以及组织农民共同负担改造中国国民经济等工作中都有不可磨灭的意义）；而只是指出了整个国民经济的发展前途，使乡村运动者不至于同时代的前进背道而驰。

毫无疑义，发达的国民经济完全是建立在现代的工业经济上的。工业的发展决定了整个国民经济的发展，也就是决定了农业生产的发展。所以分析现代工业——资本主义工业——的现状和前途，实际上也就足以了解整个国民经济的发展现状。

资本主义工业在中国

一、一般现状

大家都知道，中国的工业是非常落后的。然而落后到什么程度呢？对此，还不是每个人都清楚的。所以现在先举几个具体的数字说明。

制造生产资料的工业部门是工业中最基本的部门。一个国度的工业是否发达，它的前途如何等，都可以从这工业部门的状况来断定。

制造生产资料的工业部门，一般称重工业部门，这部门中重要的是钢、铁生产，机器制造，燃料（煤和煤油）开采等。然则中国的重工业发展现状如何呢？笼统地说，中国的重工业不仅落后而已，简直是十二分地幼稚。

下面是1930年世界重要各国钢铁生产额统计（引自李紫翔：《中国基本工业之概况与其前途》，《东方杂志》，30卷12号）

	生铁（单位：百万吨）	钢（单位：百万吨）
美	31.60	41.20
法	10.00	9.15
德	9.50	11.40
英	6.25	7.55
苏	4.95	5.25
日	1.40	1.75
印	1.43	0.60
中	0.43（1928年）	0.03

中国的铁的产额只有美国的1%，日本和印度的1/3；钢的产量只有美国的1/1300，日本的1/60，印度的1/20。中国由于一般的工业不很发达，钢铁的消费本来也不很多，但是由于生产的落后，大半消费量还要靠进口外货来满足。据实业部《中国经济年鉴》（1934年第1回，上册K327页）的材料，1929—1931年三年之间，中国进口的钢铁量如下：

	1929年	1930年	1931年
数量	10 119 090 担	8 817 904 担	9 384 771 担
价值	53 128 674 两	57 092 892 两	68 988 062 两

其次说到煤的采掘量。根据实业部《中国经济年鉴》的材料，世界各主要国的煤的采掘量和消费量如下表（见《中国经济年鉴》，第1篇，上册，J230页—J232页）（单位：千吨）

		1913年	1928年	1929年	1930年
美	产额	519 060	522 820	552 306	482 105
	消费 总额	492 784	501 354	529 754	462 572
	每人	5.1	5.2	4.3	4.0
德	消费 总额	305 714	316 448	338 614	288 611
		275 728	291 873	309 596	263 229
	每人	3.7	4.8	4.8	4.1
英	产额	287 511	241 284	262 046	247 682
	消费 总额	210 744	191 260	202 000	192 785
	每人	4.2	4.0	4.1	4.5
法	产额	40 050	51 366	53 736	53 884
	消费 总额	62 119	68 490	77 305	78 518
	每人	1.6	1.8	1.9	2.1
日	产额	21 315	33 860	34 257	31 504
	消费 总额	18 021	34 444	35 447	32 058
	每人	0.4	0.5	0.5	0.5
中	产额	12 800	25 092	25 437	26 037
	消费 总额	13 002	23 346	23 224	24 688
	每人	0.03	0.054	0.054	0.054

中国的煤产额也只有欧美各主要国的产额的二三十分之一。

日本的储煤量是非常贫乏的，然而中国的煤产额还只有日本的2/3强。若是以每一人的消费量而论，那么中国只有日本的1/10左右，美国的1%。这些不仅显示出中国煤业的落后，而且显示出整个工业生产的落后（用煤少）。

煤油是更新式一些的燃料，而中国的煤油的生产也更落后。下面是1929年（危机前一年）中美日三国的原油产额统计表（《中国经济年鉴》第1篇上册J234—J235页）

　　　　　美　　　　　　1 007 323千桶

　　　　　日　　　　　　5023千桶

　　　　　中　　　　　　2千桶

日本的煤油储藏量原是很贫弱的，然而中国的产额还只有日本的1/2500。至于同美国更不好比了。

一方面国内的煤油开采的工业几乎等于没有，而另一方面由于汽车、飞机和一切内燃引擎的使用普遍化，各种煤油的消费逐年增加，因此煤油便成了中国入口贸易中的重要商品之一。据《中国经济年鉴》的材料（第1编上册J234页），1931年时全国入口煤油共值97291000海关两，这真是国民经济的一个重大负担。

此外，如机器制造业，除了兵工厂以外，只有制造零件和简单机械的小工厂。电气事业对于一国工业化起着重大作用，但我国电气事业也非常落后，据《中国经济年鉴》第3编材料（L142页），中国的发电力只有美国的1/48，德国的1/14，日本、苏联和英国的1/10。

中国重工业的落后情形，在上面所举的事实中，已经可以见到一个大概情形了。不过在中国工业中，比较发达的还是轻工业；所以轻工业的情形如何，是更应该知道的。

我们且先从轻工业中的主要部门——棉纱纺织工业——谈起吧。下列统计表中可以看出中国纺织工业的现状和它在世界纺织业中所占地位：

	纱锭 （单位：千锭）	织机 （单位：台）	人口 （单位：千人）	每百人所 有纱锭数	每千人所 有织机数
英	42 307	5 87 964	46 887	90	12.5
德	10 109	2 22 500	66 616	15	3.3
法	10 109	198 200	41 940	24	4.7
苏	98 00	250 000	168 000	6	1.5
美	29 040	613 633	127 521	23	4.8
日	10 595	277 343	68 540	15	4.0
印	9686	189 678	363 644	3	0.5
中	4952	44 000	450 000	1	0.1

（引自《棉业月刊》1卷3期，1937年3月）

在工业落后的半殖民地，纺织业是新式工业的中心，是"具有相当基础的唯一的民族工业"。(《申报月刊》3卷9期，李紫翔《恐慌深化的中国棉纱业》）然而从纱锭总数计只有英国的1/10强，日本的4.7/10；而且只有殖民地印度的5/10；以布机总数论只有英国的7%、日本的15%和印度的1/3；以每千人所有织机数而论只有英国的1/125、日本的1/40和印度的1/5。"具有相当基础的唯一的民族工业"的发展尚且如此远远地落后在世界主要各国之后，那么整个民族工业的现状也就可想而知了。

资本主义工业在中国

在轻工业中，还有面粉业也是具有相当基础的。但是全国新式的机器面粉厂每年只能生产7200万包，而全国的销售量却有12.2亿包；即是说，机器面粉厂的产品只能满足全国需要的6%。"不足之数，除由外洋输入年约一千四五百万包稍资调节外，余则殆皆仰给于旧法制造之面粉。"（以上均见《中国经济年鉴》第1编，下册K39页。）换句话说，全国的面粉消费量约有93%是靠"旧法制造的面粉"来供给的（外洋输入的面粉供给1%的消费）。把机制面粉的产量同全国的总销量比较一下，就不难知道新式的面粉制造业还是如何的落后呀！

中国轻工业中，第三个重要部门便是缫丝业。全国丝厂最盛时有350家（根据《中国经济年鉴》第1回下册第11章缫丝业项目下所载）。以工厂数计算，多过于纺织厂一倍以上；但是以生产品总值和资本总额而言，则缫丝业还不如纺织业的规模宏大。例如纱厂资本平均每家是2 402 735元（内华商纱厂平均是1 714 976元，日商纱厂平均是2 402 735元）（见《中国经济年鉴》，第1编下册K190页），但是丝厂资本最多不过数十万元，普通不过数万元而已。据《中国经济年鉴》调查，上海100家丝厂的资本有89家在3万两以下，其中61家在2万两以下。不过这里所说资本仅指流动资本而言。但是普通经营丝厂的都是只有流通资本，厂基及一切机器设备都是向人租来的。租价以丝车计,每部车租价每月3两5钱至4两之间。普通每厂有车300部左右。故丝厂固定资本普遍也不过一二十万两而已。较纺织厂资本相差几为1∶10。

生丝是我国大宗出口货物之一,自东北沦亡,大豆出产被敌人占有以后,生丝已成为出口货物中的最大宗了。但是正因为生丝出产主要是向国外市场推销的,所以缫丝业的命运也完全操控在外国生丝市场手中。前几年世界经济危机时,丝价大跌特跌,使各缫丝厂相继停闭。最不景气时,上海百余家丝厂,开业只有数家而已。近年世界经济稍稍恢复,因此停业丝厂也陆续复工,然而仍旧不能回到往昔全盛时代的状况。

但是我国缫丝工业到底发展到什么程度呢?它比先进国的缫丝工业又落后到什么程度呢?关于这一点,我们找不到各国精确的生产指数可供参考。不过我们已经知道中国的生丝出口主要是运销到外国市场去的,所以从中国的生丝出口量同丝业先进国——日本——的生丝出口量的对比中也可以看出中国缫丝工业的发展状况来:

中日两国生丝出口比较

	中	日
1931年	136 186担	553 600担
1932年	78 219担	540 820担
1933年	77 103担	479 125担
1934年	54 544担	502 225担
1935年	76 322担	530 060担

(《中国经济论文集》,113页,米楚章《中国的丝茧业》)

从上面这个统计数中可以看出,在1931—1935年5年之间,随着世界经济的不景气,生丝的出口量,在中日双方都是减少了,不过跌落得较厉害的是中国,中国的生丝出口量在1931年时仅有日本的25%,到1934年只有11%,到1935只有14%。这数字不仅表示出中国的缫丝远远地落在日本的后面,而且它的地位还在一天又一天地低落下去。至于中国生丝远不如日本丝的价廉物美那是更不用说了。

纺织、缫丝、面粉工业可以说是中国近代工业的三大台柱，其落后情形如此，至于其他工业部门更不用说了。

二、这幼稚的工业还不全是民族资本的

从上面简略的叙述中，我们可以看出中国近代的新式工业还是非常幼稚和落后的；然而更可怜的是，连这一点幼稚而落后的新式工业也不完全是中国民族资本自己所有的；外资在中国工业中占有极重要的地位。

我们在上面已经说过，在中国的整个工业界，对国民经济发展前途起最大作用的重工业最幼稚而落后。可是就在这重工业中，外资的势力却占居重大的甚至是独占的地位。

据李紫翔先生估计，全国铁生产的95%，煤矿生产的65%，电力生产的70%，煤生产的99%以上都已经握在帝国主义者手里（《新中华》，1卷20期，李紫翔；《中国基本工业与帝国主义》）。上面的数字，或者还不足以表示外资在中国重工业中的实际地位，因为有许多煤铁，或者有许多煤铁矿，因为资本小而受邻近外资设立的大公司所控制或者因债务关系在事实上早已受债权人的外国公司完全支配。

纱布纺织业是中国轻工业中的第一大台柱，在半殖民地的中国的确"不能不被视为新式产业的中心"；是"具有相当基础的唯一的民族工业"。可是在这棉纱纺织工业中，外国资本——主要是日货——却支配了半个天下；而且外资支配下的半个天下大有压倒另外半个天下的态势。下面的一张统计表明显地表示出了这一点：

		全国统计		华商		日商		英商	
		数量	所占比重(%)	数量	所占比重(%)	数量	所占比重(%)	数量	%
纱绽	1933年	4 131 148	100	2 742 754	57.97	1 103 484	38.12	184 908	3.91
	1934年	4 931 831	100	2 601 291	58.78	1 946 532	39.41	184 908	3.75
	1935年	5 022 297	100	2 850 745	56.78	1 941 504	38.72	227 148	4.52
	1936年	9 053 317	100	2 682 538	53.08	2 143 633	42.43	227 148	4.49
棉绽	1933年	441 454	100	141 042	32.48	19 017	44.40	2891	6.75
	1934年	441 657	100	144 045	32.53	296 092	66.88	2720	0.61
	1935年	501 450	100	157 734	31.27	340 356	67.47	6280	1.26
	1936年	523 710	100	153 118	29.26	364 232	69.60	6380	1.14
布机	1933年	42 234	100	21 926	48.85	19 017	44.40	2891	6.75
	1934年	47 024	100	21 567	47.95	21 606	45.91	2891	6.14
	1935年	51 009	100	24 881	47.80	22 127	44.47	4021	7.73
	1936年	53 221	100	23 921	44.95	25 279	47.50	4021	7.56
工人人数	1933年	232 781	100	156 244	67.12	63 537	27.29	13 000	5.59
	1934年	223 736	100	143 144	63.98	67 292	30.21	13 000	5.81
	1935年	207 899	100	129 216	62.15	68 693	33.14	10.000	4.81
纱棉生产(公担)	1933年	3923180	100	2 742 234	69.90	1 124 839	28.51	62 307	1.59
	1934年	4 092 274	100	2 775 320	67.82	1 152 280	30.75	58 694	1.43
	1935年	3 868 237	100	2 612 481	67.54	1 219 295	3152	36 461	0.94
布生产(公担)	1933年	1 237 194	100	510 244	41.24	626 579	50.65	100 271	8.11
	1934年	1 345 266	100	534 131	39.70	716 054	53.45	92 081	6.85
	1935年	1 272 059	100	364 094	28.62	839 175	65.97	69 790	5.41

(1936年根据朱楚辛先生材料,见《中华日报·经济情报周刊》1、9;其余各年根据《棉业月刊》1卷1期)

从上面的统计表中可以看出,在中国近代工业的第一大台柱——纺织业界,外国资本(主要的就是日本资本)也是占着极重要的地位。在全国纱绽总数中外资占46.93%;在线绽总数中占70.7%;在布机总数中占65.05%;(以上1936年的数字);在工人总数中占37.85%；在纱线总产额中占32.46%；在布匹总产额中占71.38%。换句话说，中国的纺织生产品差不多有半数左右的产品是外商（日商）纺织厂的出品，尤其在布匹一项中，外商纱厂差不多占有绝对的统治地位（71.38%）。

此外还有一点值得我们注意的，这就是外商的资本比中国厂要大许多。所以虽则在全国141家纱厂中（1936年数字）中国厂有89家而外商纱厂只有52家（日商48家，英商4家），但是以总生产量而言，外商纱厂却有胜过中国厂的态势。

（注）从上面的统计表看来，1935年时华商纺织厂共产纱线布匹2976575公担，外商纺织厂2163721公担。以重量计，外商纺织厂还不及华商纱厂。但是其实价值较高的线和布匹绝大多数都是外商生产的（外商占线绽的70.74%，占布匹生产的71.38%）。所以以价值计，外商纺织厂生产额绝不会比中国厂低。

据《中国经济年鉴》的统计，中国境内的中日商所办的纱厂的大小比较如下：

	华商纱厂	日商纱厂
每厂平均资本额（元）	1 714 976	3 463 254
每厂平均工人数（个）	2218	1793
每厂平均原动力（千瓦）	1206	1484
每厂绽子数（个）	29 947	39 877
每厂棉花消费额（担）	74 939	70 857
每厂纱产额（包）	21 130	19 653
每厂织机数（台）	500	758
每厂布产额（疋）	236 627	758

（《中国经济年鉴》，第一编下册，K190页）

从上表数字看来，日本厂的资本平均是中国厂的资本的两倍。资本大则设备完善，技术进步；所以日本厂的工人平均数虽然比中国厂少，但是平均所用原动力以及平均锭子数和平均织机却要比中国厂多出许多。至于日本厂平均所消费的棉花数量以及平均纱产额所以比中国要稍为少一些，则大概是日厂集中于布匹生产的缘故；所以日厂平均布匹产额却是中国厂的两倍多。

最后，还有一点需要注意的就是纺织业中的集合的趋势。据《中国经济年鉴》的材料："全国127家（1930年的数字——本文作者）纺织厂中，有61家集中于14个公司之手，每个公司平均有2家或2家以上的纱厂，或集中于一处，或分散于国内各处。7家公司系华商经营，6家系日商所有，一家则系英商——其中日商纱厂的集合程度，尤在华商纱厂之上。80家华商纱厂，仅有25家互相集合，而在43家日商纱厂中，则有33家互相集合。"（《中国经济年鉴》，第1编下册，K191页。）换句话说，日本的纱厂有大半是集中在少数垄断公司手中的。这种情形也同资本之雄厚一样，成了日本纱厂重要的优越条件之一。

在轻工业的另外两个部门——缫丝业和面粉业中，外资的势力或者完全没有侵入，或者只有很小的势力。这原因或者是因为原料（小麦茧子）关系。而同时这两个部门在整个国民经济中所占地位也没有纺织业那么重要。

外资占有重要地位的重要轻工业部门，除纺织而外，就要算卷烟业了。"我国每年卷烟数达150万箱（每箱5万枝），平均每人每年约消费200枝。此150万箱中，华商烟厂所供给者仅占25%，洋商在华烟厂所供给者占50%，其他25%则为舶来品。此种舶来品卷烟多为上等货品，故尤足增我国之漏卮。"外商烟厂资本雄厚，英美烟草公司在实际上就是中国烟草业中的霸主。以英美为首的几家外商公司的资本"仅上海一部分，已达4216.6万元。此仅以资本额计，若以其全部资产额计则在4亿元以上，至于华商烟厂，如上海号称规模较大之60家，法定资本总额仅1546.1万元，全部资产亦仅7730万元而已"（《中国经济年鉴》，

第 1 编下册，第 K578—579 页）。

从以上所举事实，我们对于外资在中国现代工业中所占地位已经可以得到一个大概的印象了。总括起来说，在中国的重工业方面外资处于垄断的地位，在轻工业方面，外资也起着左右大局的作用。

三、外资工业和民族工业的不同意义

但是说了半天，我们只不过说明了一个事实而已，这事实就是：中国的现代工业有许多是外资建立的。然则这事实代表什么意义呢？

有人觉得重要的是：在中国的国民经济中已经存在有这样的一个现代工厂，或者这样的一个新式工业部门，至于这工厂或工业部门的老板是谁，那是无关紧要的。例如从前有人以为，在外国资本所设立的工业和民族资本所创办的工业之间，至多"仅仅存在数量的差别，而不存在质量的差别——两者之间的排挤倾轧很类似于大企业和小企业的关系"。本文作者在《中国农村》月刊 1 卷 12 期《财政资本的统治与前资本主义的生产关系》那篇文章中对于这种错误的见解曾经批评过。如今再把这意见说明如下：第一，伊里奇认为，一般地说，在帝国主义时代，大小企业间的竞争已经不是简单的"大小企业间的竞争，或技术落后的企业与技术进步的企业之间的竞争了。现在已经是垄断者窒息那些不受垄断组织的指挥的企业，窒息那些不被它的压迫和专横所屈服的企业了"。（见伊里奇著《帝国主义论》增订本，49 页，新知书店总经销）伊里奇在《帝国主义论》中曾具体指出垄断企业窒息死那些非垄断企业的种种经济上的"恐怖手段"。然而显然地，帝国主义在殖民地所建立的企业所用以窒息殖民地民族工业的手段，除了一般垄断企业对非垄断企业所用的手段以外，更利

用各种军事的、政治的特权作为武器（武力占领，政治压力，租界，不平等条约，领事裁判权等）。所以，我们如果承认帝国主义在中国的企业同中国企业的关系"很类似于大企业和小企业的关系"，那岂不是为帝国主义做辩护？

第二，我们如果承认封建残余势力和帝国主义束缚是殖民地半殖民地的资本主义工业发展的两大障碍，那么一般地说，殖民地半殖民地的现代工业的发展，也就是反封建和反帝国主义的势力的发展。然而，如果发展的是外资开办的工厂，那么这当然就不能成为反帝国主义的势力了。同时，它的反封建的意义也大为减弱。这不仅因为站在政治的利益上，帝国主义是需要同封建势力相勾结的缘故；而且因为封建关系的存在对于外资工厂的障碍是没有对于本国工业那样厉害的。例如地方割据、苛捐杂税是民族工业发展的大障碍，但外资工厂却往往可以回避掉这种障碍。在内战时，外商的轮船可以不怕扣留而成了独占的交通工业，外商的工厂打毁了可以要求赔偿，外商的生产品可以在作战双方通行无阻。所以外国工厂对于这些封建残余之存在即使不加以积极支持，也无论如何不会积极起来反对它的。换句话说，中国的现代工业中外资势力强大在某一点上，正表示反帝反封建的势力软弱。

第三，帝国主义对于殖民地半殖民地的经济政策就是要把后者作为自己的食粮和原料的来源，看作是自己的工业经济的附属物。日本帝国主义就是在这原则之下喊出了"工业日本，农业中国"的口号，使华北成为帝国纺织业的原料供给者。所以帝国主义在中国所发展的工业主要是矿业和一部分的轻工业。而帝国主义在中国开办矿业的目的仅在于为本国重工业攫取原料；所以这非但不足以成为发展中国重工业的开端，而且成了发展的障碍（原料已被夺去），换句话说，帝国主义工业之存在，往往非但不足以成为殖民地半殖民地的民族工业发展的开端，往往成了发展的障碍。

第四，帝国主义在殖民地半殖民地国度创办工业，一方面固然投入了好些资本到那里去，而另一方面从那里所吸收去的利润总数还要更多。所以帝国主义在殖民地半殖民地的工业投资，与其说是殖民地半殖民地的国民经济的营养者，毋宁说是这经济的吸血鬼。帝国主义的工业投资所赚得的利润养成了宗主国的大批食利阶级。

四、发展民族工业的障碍

我们举出几个具体的实例，借以说明帝国主义工业压迫和摧残民族工业的情况。

李紫翔先生在《中国基本工业之概况与其前途》那篇文章中，论及我国铁矿的时候要我们注意下面三点。

（1）铁矿砂储量的80%以上，都握在几个中日合办的公司手中，除弓长公司尚未开采，鲁大公司陷于停顿，所谓中日合办的振兴公司和本溪湖公司实际完全是日帝国主义的垄断物。

（2）无论官办、商办或官商合办的铁矿公司，现在都陷在衰落停顿之中。其中尚能继续开采的，大都借有日债，须供日本铁矿砂，如最大的汉冶萍公司，资本额共有2000万圆；自1903年至1926年已借日债5000万日金；借款合同，非常苛刻。1913年售铁合同规定该公司于40年内供给日本生铁800万吨，矿砂1500万吨。因砂价原定每吨仅日金3圆，亏本甚巨。即在欧战机会，铁价大涨之时，亦不能有大发展。后虽然几经交涉，每吨砂价始增为3圆8角，再增为4圆5角而也远在市价之下。矿砂的成色，规定必须含铁65%，每增加1%，加价1角；反之，每少1%，亦减1角。含铁在50%以下者不要。因此，该矿出产最好的矿砂，必须输往日本。并且公司最高顾问、工程顾问，一律都为日本

资本主义工业在中国

人。一切开支,不得日顾问的许可,不得支付;一切工程又须受日方工务所的支配。二十一条中,关于汉冶萍公司改为中日合办的形式虽尚未实行,然实际上汉冶萍早已是日帝国主义者的掌中物了。裕繁、宝兴、益华、振冶、利民等公司,规模虽小,亦与日有售砂合同。硕果仅存的国人自营的湖北官矿局,产品的一部分,亦为供给日本国内钢铁厂矿砂之需要。

(3) 宏豫、泾铜、秣陵、龙烟、永平等公司在筹备中即已流产。如龙烟公司,规模亦甚宏大,其费于机器及厂屋者有数百万元,现已根本放弃开采计划了。同时,既采各矿,除因欧战机会,稍有发展和盈余外,无不陷于难维现状,亏蚀日甚,日益直接或间接隶属于日帝国主义之下的状况之中!(见《东方杂志》,30卷,12号)

伊里奇曾经指出"褫夺原料"是垄断企业压迫非垄断企业最毒辣的手段之一。帝国主义对付中国民族工业当然更不会不采取这种毒辣手段,不过帝国主义除了用一般经济的方法达到此种目的以外,更可以利用种种政治的和军事的力量。日帝国主义早在"九一八"以后,便把煤铁储藏最富的东北四省老实不客气地占了去,而在目前华北的富藏实际上也早已成为日帝国主义的独占品了。可是帝国主义不仅掠夺重工业的原料,更想掠夺中国的轻工业原料。最明显的实例便是烟叶、棉花、盐。

英美烟草公司是外国资本在卷烟工业内的最大垄断者。中国的烟叶种植也就是在这公司的提倡下发展起来的。因此,在烟叶原料的购买上英美烟草公司比中国卷烟公司抢了先,同时,因为英美烟草公司的资本大,在产烟叶的区域都设有自己收买烟叶的机关和烤烟叶的设备。而且,更以预借农本肥料的方法去束缚农民,使后者只好把烟叶卖给该公司。因此,中国的卷烟公司不仅无力自己到产烟区收买烟叶,而且也无法插足。关于这我们引证两段记载:

"洋商因资本巨大，所有烟叶市场尽受其操纵，使华商不能于价格低落时多多购备（烟叶愈陈愈佳），而在烟叶价高时，又不得不忍痛购进，以备制造之用。种种压制，遂使我华商因厂日就式微，卷烟业乃为洋商所垄断矣。"（《中国经济年鉴》第1编下册，K578页）

"华资烟厂直接向产烟区域收购烟叶之举，差不多已完全停止。本年除南洋，华成尚派人少量收购外，鲁豫皖的烟产差不多全归英美公司独家收买，英商颐中公司在胶济路一带，本年无敢为敌。因为能够独家垄断市场，任意杀作，所以本年烟叶价格就非常低廉，每担仅值十七八元。这种情形在河南许昌的烟叶市场上，显得特别露骨。而华资烟厂的原料需求就不得不仰人鼻息。"（1935年《中国经济情报》，生活书店发行）

英美烟草公司对于卷烟原料的垄断在最后一两年内是费过一番苦心的，如今可以说在棉花方面已经达到了完全成功的境地，日本帝国主义正在开始实现它的独占计划。进行得很为热烈，成绩也很可观。最近两年来日本公私机关派往华北考察棉业的种种考察团和调查团不下数十次。除了临时的调查考察团以外，更有种种经常性的研究统制机关：

天津有华北农工研究所，事业费每年200万元，研究改良棉种，设立信用组合、贩卖组合等会社。华北棉花协会系由日本纺织业所组织，目的在统制棉产并与日本纺织业联合会、棉花联合会互相联络。东亚棉花羊毛协会系日本外务省所主动脉，目的在开发棉产、改良羊毛事业。最近与中公司又拟联合日满棉花协会和山东棉花协会合组一东亚棉花协会。9月1日又成立中日合办的棉业公司，由兴中公司予以技术上的援助。

这一切活动都是与日本政府息息相关的。有许多简直是政府出面来经营的。例如拓务省关于棉花协会提出之华北棉花栽培之二次5年计划，由明年度（即今年）起每年补助50万元。又据8

月22日同盟社消息，兴中公司与中国当局协力栽培棉花……在天津、青岛设立农事试验所，在各县分设合作社，由外务省文化事业部和拓务省出经费……

……在8月间日本外务省东亚局长桑岛在大阪建议，主张在天津设立大规模之棉花堆栈公司，资本日金1000万元，以为统制棉花购买之中心。（《中国农村》，2卷11期，1936年11月）

近数年来，日本对于统制华北棉花的工作进行得如此热烈，其成绩之佳是在意料中的。1936年7月中国纺织界巨子荣宗敬说过：

"日商纱厂制纱之原料不敷应用，特在山西、河北、山东等省扩充植棉区，以大量经费及棉种贷予当地农民，将来收获之棉花日商可得尽先收买权利……"（1936年7月6日《时事新报》）

去年9月7日《中华日报》载道："本年冀察等省棉花产量甚丰，惜乎遭受日商控制，以致华商无法前往购办……"

化学工业是现代工业中最新式的一种，它在国防上和国民经济的发展上都具有重大意义。食盐是化学工业的重要原料。自从日帝国主义者在华北强占盐滩、强买卢盐的事情发生后，天津的几家以食盐为原料的化学工厂便发生了缺乏原料的恐慌，以致被迫停工，或改造别种化学生产品。并且听说规模最大的永利化学厂且有南迁营业的消息。但是在帝国主义侵略者未曾从全中国被驱逐出去前，南方又何尝是什么安全场所呢？

不自主的或是不完全自主的关税是民族工业发展的重大障碍，这是大家知道的。但是国内的税则也阻碍了民族工业的发展，便宜了外商工厂，那恐怕是很少有人知道吧。为省事起，也引证人家的一段话来做说明：

"中国卷烟业资本家不断诉苦的是现在偏颇的统税制度。从前卷烟统税分为七级。1934年3月废除七级税改为二级税。凡每箱售价300元以上者课税160元，售价在300元以下者课80元统税。但是外商卷烟厂多制上等烟,华厂多制下级烟。上等烟每箱800～1000元以上者,课以160元,税率不过15%～20%,而下等烟每箱价格60元,课以80元税,税率则达120%。英美烟草公司不但在偏颇的税制上占到许多便宜,且因为政府预借税款,还可以得到一个八扣或七折的优待。"(1934年《中国经济年报》,1250页)

以上是卷烟业的情形,在织纺业中的情形也是如此:

"照现行统税制度,分棉纱为二级。23支以下者(粗纱)为第一级。23支以上者(细纱)为第二级。第一级每包抽税8元5角8分。二级每包抽税11元6角2分5厘。……但外商出品多在42支以上,华商出品多在23支以下。凡支数愈高,价格愈贵。支数愈低,价格愈贱。但在同一级中,须纳同样之税。所以支数愈高之纱愈占便宜。例如第一级,一律纳8元5角8分。而实在税率10支纱为从价5.2%;12支为5.1%;16支为4.8%;17支为4.7%;20支为4.6%;在第二级中纳11元6角2分5厘,而实在税率32支纱之负担为从价4.94%;42支为4.1%;60支为2.7%。日商多为42支以上细纱。华商纱厂所出者,普通多为20支以下之粗纱。结果,实在税率平均日商仅纳从价的3%左右,华商则纳5%以上,显然日商占优势地位。是以在实行之时,华商纱厂曾加反对,然终未邀政府之注意。"(郭斌佳,《申新事件与救济我国纱业之方针》,《东方杂志》32卷,7号)

荣宗敬对往访记者说:"救济纱业,徒谈空言。征收税款,且复变本加厉。为本人计,不如将各厂一齐关闭,金钱精神,反少损失。"(同上)

然而,贪得无厌的侵略者还不知足,还以税率太高为借口,放纵走私运货。企图把中国民族工业最后洞开的门户都去除掉,企图把幼稚的中国民族工业完全窒息死。

最后,对于民族工业发展前途有重大意义的便是国内市场问题。中国的国内市场在形式上是统一了；但是在事实上变相的割据和地方上的苛捐杂税还未能完全消除。不过我们所要讲的还不是这些，而是这个国内市场的购买力问题。说到国内市场，我们就不能不联想到占人口80%的农民。因为他们是都市工业生产品的主要购买者。然而这80%的农民，近年来经常几千万在那里啃树皮草根，连蕃芋都买不起，何论工业生产品。就是再除掉这些灾民不算以外，其余大多数的农民也在帝国主义侵略和苛重的封建剥削下，没有多少钱可以来购买工业品。

有人曾经取笑过苛重的半封建剥削这说法。他们认为苛重也只是量的问题，而不是质的问题，不能因苛重就称之为半封建的。这样想的人们忘记了一点，如果乡村中租税利息等剥削侵压了农民的大部分劳动生产品，使农民求一温饱都不可能，那么试问哪里有什么盈余（即资本主义社会中所谓利润）来培植农村中的资本主义经营？另一方面，全国80%的人口如果都处在这种境况下，那么全国市场即使统一，而它的购买力也如何有限，怎样可以做民族工业的发展基础？

五、结论

说到这里本可以结束了。因为读过上面的文章以后，对于中国民族工业的发展现状以及它的障碍已经有了一个大概的观念。结论是很明显的，不说出来，明眼读者也会理解。说了出来对于他们是多余的，对于不同意作者以上分析的，又不免害他们说一声："总是那一套。"

但是，世界上每一问题的正确的结论固然只有一个，所以未免说来说去"总是那一套"，然而歪曲的说法似乎也并不多。所以也不免"总是那一套"。

不久前吴景超教授在《独立评论》上发表了一篇文章，叫

《中国工业化问题的检讨》，连载了好几期（231期起）。吴先生认为中国工业不发达的原因主要是缺乏资本、技术落后、管理不科学等，吴先生虽然把外货竞争也作为中国工业不发达的原因之一，但极不重视，至于对帝国主义的政治军事侵略等则大有不屑一顾的样子。总之，吴先生的见解"总是那一套"。

吴先生认为解决资本来源的途径有四个：①由现有的工业来供给发展工业的资本；②取缔投机事业，使资金流入生产范围；③鼓励华侨投资；④利用外资。

吴先生引证了好几个工厂的实例，说只要经营得好，由工业本身滋生出的新资金来扩大营业是可能的。吴先生只看见常州大成纱厂和无锡的丽新纺织印染公司怎样在最近三四年内由数十万元的资本而扩大成了二三百万；但是他没有看到在整个纺织界中中国民族资本的势力是如何在一天一天地萎缩下去。吴先生只看见两个厂在四五年内发了横财，可是没有看到在同时期内"全国著名纱厂倒闭者，计上海8家，天津4家，无锡南通共4家，济南1家，青岛1家，汉口1家，一起有19家之多"！（郑森禹，《中国棉纺织业的危机》，《东方杂志》，33卷20号）轰动全国的申新七厂拍卖事件，天津四华厂被日资强迫收买事件，吴先生好像都没有听见。照吴先生的办法，正可以抓住了一两个事实否认了1929年以后的世界经济危机。

吴先生只见投机事业繁盛和华侨不投资开发工业，不知道这正是生产事业已陷绝途、游资无处安放的反映。

吴先生以美国做实例，劝我们不要怕利用外资，他说欧战前，美国还是一个债务国，而现今已成为头等富国了。但是吴先生忘记美国早就是一个帝国主义国家，而中国是一个半殖民地的国家。吴先生也忘记了，美国曾经经过8年的独立战争，为的是脱离英国的羁绊；曾经经过6年的南北战争，为的是解放奴隶制残余和统一国内市场。吴先生忘记了美国是这两次解放战争中的胜利者。

所以我们不以美国为例倒也罢了，如果要以美国为例，那么历史正告诉我们：中国要有自己的"独立战争"和自己的"解放战争"。而在目前，抗敌救亡的"独立战争"的要求更应高过其他一切的要求。

中国的民族工业如果有了上面政治上的前提，那么资本是不愁没有的，技术管理的改良更不成问题。这里俄国是更迫近的实例：帝国主义大战和国内战争时的俄国人民连肚子都吃不饱，哪里有什么资本，又哪里有什么外资可利用？可是政治上的障碍去除之后，俄国人民几乎赤手空拳全不依赖别国的帮助，在短短十数年间就建立了一个新的工业国！

中国当前的民族问题

造成今日中国的民族危机——或者称作国难——的基本原因是一个世纪以来的帝国主义侵略，但是直接的起因是"九一八事变"。这似乎是敌人故意同我们开玩笑似的：他们在事后对于自己一手造成的傀儡国的解释是要替我们解决一个民族问题：解放满洲民族。此后敌人在我们边疆上造成的纠纷也莫不以民族问题为借口（如内蒙古问题，如最近新疆的维、回变乱）。

"满洲国"的形成不能以"解放"满洲民族做借口是明显的事实。因为第一，这不是一般满洲人的要求，而只是卖国贼郑孝胥之流的阴谋；第二，在东北四省中，真正的满洲人只是极少数。以上两点理由是比较明显的，但是还有一层理由可以驳斥敌人的，这就是满洲人已经不能单独成为一种民族，而只是一种种族了。为说明这一点，我们在讲到我国当前的民族问题之前，先来说一说民族的定义。

一、什么是民族？

民族是在历史的过程中形成起来的人类的一种安定的共同体；它有共同的语言文字、共同的领土、共同的经济生活、共同的文化生活——这是民族问题的权威者约瑟夫对于民族所下的

---

* 原载《自修大学》第 2 卷第 2 辑第 14 号，1937，7。

定义。

民族不是人种或种族。同一人种或种族可以是不同的民族，而同一民族也可以是好几个种族结合而成的。汉人、高丽人、日本人同是黄种，然而是三个不同的民族。现在的意大利民族是罗马人、日耳曼人、希腊人、阿拉伯人、爱脱罗斯克人和其他许多种族结合成的，法兰西民族是罗马人、日耳曼人，实际上也混杂了许多种族的血结合而成的。

民族不是偶然地暂时结合成的共同体，而是较安定的一种共同体。不过也不是每个安定的共同体都可以算作民族。奥地利和俄罗斯是一个较安定的共同体，然而奥地利和俄罗斯都只是一个国家而不是民族。在从前的俄罗斯帝国和现在的苏联包括有好几十个民族。

然则怎样的一个历史的安定的共同体才可以算作民族呢？

第一，一个民族必定具有共同的语言文字。同一个民族，必然是使用同一种语言文字；绝没有一个民族说几种话，用几种文字的。汉人——或中华民族——虽有不同的方言，然而文字是统一的，就是语言的构造也是一致的。然而并不是使用一种语言文字的人必然是同一民族的，英吉利人、爱尔兰人、北美合众国人都是用英语和英文；然而这是三个民族。所以，除了共同的语言文字以外，必定还要具备其他几种特征才能算作是民族。

第二种重要的特征就是共同的领土。即使是同一种族，如果散居在地球的不同地点，就不能成为一个民族了。自从一部分英国人离开了祖国到美洲去以后，就形成了一个新的民族——北美合众国，这便是最好的实例。

第三种特征便是统一不可分离的经济生活。只有统一的领土，本身还不足以形成一个民族，更要有统一不可分离的经济联系。在封建时代，一国内部分裂为无数小的诸侯王国，在这些王国之间，除了打仗以外，在平时，人民之间没有来往，更说不上密切的联系。因此这些王国绝不能说是一个统一的民族。所以，现代的民族，都是在封建制度发生崩溃以后，随着资本主义经济的产生而逐渐形成的。中国各地的——正确些说是汉族内部的——方言的不统一，除了象形文字的关系以外，国内缺乏密切的经济联系是主要原因。近数十年来，这也足以证明统一的经济生活对于民族统一的重要性。

第四，民族的最后一种特征便是同一的精神生活——或称为民族性。精神生活或民族性，是不可捉摸的一种东西，然而每一民族都有它的一种特殊的民族性是不可不论的事。不用说，精神生活或民族性的本身不是不变的永久的东西；它是由各民族在每一时代的物质生活条件所形成的。

以上所说的各点都是每一民族所不可缺少的特征。如果缺乏了这些特征中的某一个就不能成为一个民族；反过来也就是说，仅仅具有这些特征中的某一个或数个还不能算是民族。

二、帝国主义和民族问题

以上说明了民族的定义，如今我们再来说民族问题本身。民族问题就是一民族受另一民族的压迫而引起的反抗运动。在帝国主义时代，民族压迫主要是从帝国主义国家方面来的（当然是帝国主义国家中的统治者，而不是全体人民）。所以因反抗民族压迫而起的民族解放运动，实际上也就是反帝国主义运动。

目前整个世界还是在帝国主义统治下，全世界一切最前进的力量都集中在反帝国主义、反法西斯主义——帝国主义的最凶恶的支持者——的斗争；人类正在完成历史上最光荣伟大的任务：把资本帝国主义世界改造成为世界大同的社会主义社会。所以按照民族解放运动的性质而言，虽然并非是社会主义的，而是布尔乔亚民主主义的（民族解放运动的成功，在国内一切社会机构不变的条件下，其本身并不能建立社会主义社会）；但是这运动是全世界反帝国主义革命运动的一个支流，是拆除旧的资本帝国主义社会机构，建立社会主义新世界的整个人类的巨大工程的一部分。所以一般说来，现代的民族解放运动是具有非常前进的意义的。

然而，我们并不能够说，一切民族运动都有先进的意义，都值得人类的先进势力的支持。大多数的民族运动是反帝国主义的，然而有的民族运动反是帝国主义所策动的。在大战前的德帝国主义，常到近东去策动各种民族运动以反抗英帝国主义。不过这已经是历史上的故绩，而且距离我们还很远。近年来内蒙古一部分王公所领导的"独立"运动和上月间报纸上所传闻的新疆变乱，是更迫近的事实。这些运动和事变显然是日帝国主义者所策动的；它不能具有反帝国主义性是当然的事，而且它是日帝国主义侵略工作中的不可分离的一部分。我们反对内蒙古和新疆的这种"解放"运动，并非只是为了汉族自身的利益，而且也是为了蒙古民族和回族自身的利益。中国内部各民族之间的关系虽然还没有完全建立在健全的基础上，而且为了我们大家的抗敌斗争的胜利起见，这关系有马上放到健全的基础上去的必要；然而大家应该明白：我们的主要的民族压迫者不在国内而在国外，这就是日本帝国主义者。所以，国内各民族在目前应该密切团结起来打击这主要的敌人。任何民族（其实只是某些民族上层分子）如果要同这万恶的敌人妥协，甚至去勾结着来对付国内其他民族，那么吃亏的不仅是其他民族，而第一个倒是这民族自身。高丽的亡国史就是前例。当日本消灭高丽的时候，最初也是以援助高丽民族的独立为钓饵的。但被援助的结果，是使高丽民族成了亡国奴中的老前辈。如今日本帝国主义者又在内蒙古和新疆等地方施行它的灭亡高丽的老方法了，我们希望边疆各民族——尤其是各该民族的上层分子——看一看高丽的前例，不要再上日本帝国主义者的当。

总之，为了全人类的幸福，为了各民族自身的利益，各民族的解放运动应该同全世界的反帝国主义巨潮汇合成一起，成为推动历史进步的一种力量；反之，与帝国主义勾结的一切"独立"运动，必然要促成民族自身灭亡，成为历史上最反动的潮流中的一条支流。

至于我们国内的民族问题的解决原则，留到末了再讲。

三、民族解放和"世界大同"

由此看来，现代大多数的民族解放运动都具有反帝国主义的革命意义。同时，也由于时代的不同，现代大多数的民族运动者都是革命的民族主义者——都是国际主义者——而不是纳粹式的民族主义者——即我们所谓国家主义者。国际主义或"世界大同"的主张，已经成为世界上一切先进分子的共同信仰了。因此就有两种人从两种似乎对立而实际是一致的立场来曲解民族解放运动和国际主义的关系。

有一种人是根本反对国际主义的。他们对一般前进的民族解放运动者说：你们既然是信仰国际主义的，那么你们那里还有什么国家和民族的观念呢，可见你们所说的民族解放运动完全是一种虚伪的号召工具。这些人忘记了孙中山先生是一个伟大的革命的民族主义者，然而他同时也是以世界大同为最后宗旨的。

另外有一种人是赞成国际主义的。他们攻击民族解放运动或爱国运动的理由便是社会主义学说中的一句格言："工人无祖国"。这种人不了解国际主义跟日本帝国主义的"大亚细亚主义"是不能混作一谈的。我们固然希望达到世界大同的国际主义；然而这不是要让自己的民族灭亡，让自己的国家失掉了独立，去做帝国主义国家的殖民地。日本帝国主义同高丽和我国台湾的关系绝不是国际主义的平等关系，而是宗主国对殖民地的统治关系。要实现真正的国际主义，先必须实现殖民地半殖民地的民族解放；只有在真正独立平等的各民族之间才谈得上真正的国际主义。

至于说到"工人无祖国"的口号，这是同帝国主义的侵略政策相对立的一个口号，然而不同殖民地半殖民地的民族解放运动是对立的。

在世界大战的时候，帝国主义者以"保卫祖国"为号召，驱使劳动大众去做帝国主义侵略战争的炮灰。当时革命的社会主义者提出了"工人无祖国"的口号。在当时的帝国主义国家中，这口号是正确的，是革命的。因为当时的帝国主义国家并无侵略和防御的分别，所谓"保卫祖国"全是无的放矢，是侵略战争的掩护。当时一切前进分子的任务是怎样推翻财政寡头统治，把帝国主义侵略战变为革命的内战；因此喊出了"工人无祖国"口号。在当时帝国主义国度内，"工人无祖国"是真正的国际主义的口号。

然而殖民地半殖民地的情形完全不同了。在这里，民族的独立的确受了威胁，帝国主义者在行使着它的侵略并吞政策。所以在这里，一切先进分子的任务，是策动民族解放运动，反对帝国主义侵略。换句话说，正应该提出"保卫祖国"的口号才对。在殖民地半殖民地的国际主义应该拥护"保卫祖国"的口号。这和帝国主义国家中的"工人无祖国"的口号非但不相矛盾，而且是收得殊途同归的功效的。

以国际主义来反对殖民地半殖民地的革命的民族主义和爱国主义只是证实了这反对者本人是一个反国际主义者，是帝国主义侵略政策的辩护人而已。不过，无论如何这种反对的方法都是很恶劣的。因为从下面来反对民族解放运动或是爱国运动，必然要遭受人民的唾弃；被视作汉奸。例如，中山先生在清政府时代就提倡反对帝国主义侵略和推翻清朝统治的民族主义。当时的清政府就把中山先生这种主张称为犯上作乱的大逆不道。清政府的这种反宣传只能是对官僚地主等反动分子的宣传,但是反要激起国内人民的忿慨,反要促醒人民的民族自觉。现在一般人民的政治认识当然已经不是二三十年前的情形所可比拟;因此清政府时代所用的反民族运动的理由已经不适用于今日。于是聪明的反对者便比人民站得更"左",他们便从"国际主义"的立场来反对"民族主义"和爱国主义——即反对民族解放运动和爱国运动。这种反宣传比正面攻击民族运动会产生更大的效果。

四、民族问题和社会问题

对于民族问题的另一种曲解,便是关于民族问题和社会问题的关系问题。有人以为目前既然应该集中一切力量来解决民族问题,那么就不应该再谈社会问题;因为社会问题的解决是不免要引起种种社会纠纷,减少了民族解放的力量,但是这种反对议论只是知道了事实的半面。

不错,在目前我们应该集中一切力量于民族问题的解决。谁要在抗敌以外,再耗损一部分民族实力,谁便是民族的敌人。在目前,民族的利益——即争取民族的胜利——应该高于一切。然而这句话并不能作为禁谈社会问题的解释。反之,虽其是为了全民族的利益,我们应该尽最大努力解决社会问题,改善劳动大众的经济政治地位。

帝国主义对于殖民地半殖民地的民族压迫,主要也就是对于那里的劳动大众的压迫;非劳动者所受到的种种剥削,在最后仍旧是转移到劳动大众的肩膀上去的。所以,所谓民族解放,主要也就是劳动大众脱离帝国主义压迫的解放。劳动大众是民族解放运动中的主力军。这个主力军的力量如果没有完全发挥起来,那么解放运动难有成功的希望。关于这一点是大家所明白的。

然而大家也知道，劳动大众的经济是早已陷于绝境了，他们的社会地位是低微的，他们在政治上是受种种束缚的。不把他们身上的经济的、政治的、社会的种种桎梏稍稍松动一下，就绝不能发扬他们抗敌的积极性。所以，就站在民族立场上说，社会问题的解决也是必要的。不过这解决仍旧应该在"民族利益高于一切"的总原则之下进行。所谓解决的限度也就是以此为标准：如果这解决足以发扬劳动大众的抗敌力量，而并不妨害其他阶层大众的积极性；或者虽然要减低其他阶层的积极性，但是劳动大众所新发挥的抗敌实力仍旧能够补充这损失的——那么这解决便是应该的。

所以，在国难时代下，在抗敌的时期社会问题的解决是同民族问题的彻底解决相辅而行的。

五、对外的民族问题和国内的民族问题

中山先生解释自己的民族主义有两方面的意义："一则中华民族自求解放；二则中国境内各民族一律平等。"可见中山先生对国内各民族的解放看得很重要。然而中山先生的"中国境内各民族一律平等"的主张虽则早已昭示于我们，但是国内各民族之间的相互关系却还没有完全健全化。

上面我们说过，日本帝国主义者在侵略我们的时候，曾经在我们国内制造了许多"民族运动"。满洲民族的"独立"固然全是日本帝国主义一手创办的，因为满洲民族是早已和汉人同化了的。但是其他如蒙古族、回族却仍独立存在着。蒙古族和回族对汉族的关系未完全健全化，以至被敌人所利用——那是不可不论的事情。所以，国内民族问题的圆满解决也是抵抗敌人侵略的一种重要方法。

在过去，中国政府对边境少数民族常用高压屠杀政策。地方官吏常由不通当地民族语言的人充当；总是把公事糊糊涂涂地敷衍了事，把贿赂敲诈当作是发财之道。商人们也常以种种欺骗敲诈方法掠夺当地人民。当地人民因为仇恨汉人的官吏商贾，因此便敌视到一般的汉人。他们这种仇恨往往是会被敌人所利用去的。

自己要压迫其他弱小民族的国家，就没有理由可以反对帝国主义对于自己的束缚。在另一方面，国内各民族的关系不健全化、不平等化，那么也就不能有统一的实力对外。所以，国内民族问题的解决对于抗敌前途是有重大意义的。

对于苏联革命的成功，民族问题的解决起重大作用，当时，苏联解决民族问题的原则就是：各民族有自己决定自己命运的权利（所谓民族自决权），甚至可以互相分离。每一民族一定要享受这权利，但并不一定要实行分离。分离对各民族并不一定有利，但是某一民族如果已经决定如此干了，那么谁也无权禁止它。所谓民族自决权的解释便是"为了联合而分离"。一个民族只有完全有了民族自决权以后，才能在平等立场上，在国际主义旗帜之下联合起来。所以"民族自决"的原则，同中山先生的"各民族一律平等"的昭示完全吻合。

民族问题[*]

谁也不能否认，目前中华民族是遭遇了空前的危机。民族问题的讨论，在现阶段是有其特殊意义的。

首先，当检讨这重大问题之前，我们得把"民族"的定义弄清楚。一般来说，"民族"是人类的一种集团体，但它和"种族""民族"并不能混为一谈的，并且，它是从历史的发展中逐渐地形成的。至于形成"民族"的条件，有下面几种：第一是共同的文字和语言；第二是共同的领土以营共同的生活；第三是共同的经济生活；第四是共同的文化生活。所以要这般学究式的先讲定义。我是有相当理由的，就是每当敌人来吞并我们的国土的时候，总是故意用歪曲的理论来分解中华民族的团结，把一般人蒙起眼来，今天特地以正确的民族定义介绍给诸位，同时对敌人的歪曲来一次打击。

其次，我们对民族问题的发生要有一个明正的了解。俗话说："一只碗弗响，二只碗叮当！"同样，一个自给自足的民族，决不会发生任何民族问题的，只有在某一民族与另一民族起了纠葛之时，民族问题就成长了起来。地球上自产生了帝国主义这种怪物以后，世界上民族的问题就一天天严重起来。这原因当然在于帝国主义要疯狂地掠夺殖民地，便不得不向弱小民族开屠刀，

---

[*] 原载无锡《人报》1937年7月31日"读书界"栏目。

而弱小民族则不甘忍受侵略者的压迫,要反抗!要争独立!于是,形成了目前弱小民族如何取得自由解放和独立平等的问题。

在弱小民族进展解放运动的历程中,往往有帝国主义的走狗们故意用过分的言论来毁坏运动的前进。第一种走狗是主张"国际主义"者不应加入民族解放的斗争中的,其实,头脑略为清醒的人一听就会觉到这是一种可笑的立论。"国际主义"与"民族主义"是并不相互矛盾的。试想:民族不得解放与独立,也就是说,多数民族握在少数民族的群中,何从实现世界大同呢?世界大同必须首先让各民族独立自决。然后方可自动地密切联系在一起。第二种毒说是主张"社会问题"与"民族问题"是对立的。这显然又是侵略者利用走狗来分散弱小民族争取光明的力量的一种手段。因为"社会问题"是对内的,"民族问题"则为对外的,对外的"民族问题"自应民族的每个成员共同一致的来解决才对,民族的内部显露了裂痕,这民族就始终不能求得独立解放。但也不是说全部放弃了对大众生活的改善,大众生活的不安定,也足以影响民族解放的胜利。因此,我们要在民族解放的最大前提下来作最低限度的民生解决。

民族问题

最后,再回顾到我们自身来。谈一谈中国的对外和对内的民族问题。

中山先生早已指出:"对外排除一切外来的压迫,求得中华民族真正的独立解放,对内应站在平等的立场上谋团结一致。"

毫无疑义的,目前我们早已打定了民族解放的主意,在中央政府领导下一起跑上抗敌的道途了。对外民族的问题可以说在最短期间便可解决。对内呢?自后当然也会在平等的原则下去求解决的。

如何"维护民族工业"*

6月19日上海市商会举行第八届会员代表大会。市商会主席王晓籁先生在大会开会词中对于一年来国内工商业发展情形及其前途有一个概括的叙述。他在阻碍中国民族工业发展的各种因素中,对于敌人的经济侵略和关税的不能完全自主这两点相当重视。例如在他的演词中有一段说:"……又况走私风气,日益蔓延。华北之纺织业,外商已有喧宾夺主之势;而其他之轻工业,亦正在逐渐为(外商)大规模之经营所一手垄断。凡此情形,国内市场已有日缩日小之虞。吾国关税,本来还够不上并世各国之所谓保护程度;但近来则并此基础,亦日在动摇之中,始而大规模走私,继且公然要求减税,正恐粗具规模之国货工厂,将有被迫至不能自存之势……"

在市党部代表的训词中也说:"……目前走私的风气,仍是继续不绝。我国工商业随时随地有受其打击之虞,这使我们不得不认为一种隐忧……"

这种见解自然是完全正确的。中国民族工业之所以不发达,中华民族之所以至今仍旧列于半殖民地的地位,帝国主义的经济侵略自然是重要原因之一。而且在近年以来,敌人所发动的走私运动,竟可以说是除了武装占领而外,敌人亡我国家民族的主要武器。所以在今天如果要谈到发展民族工业,那么首先就得粉碎

---

* 本文原载《中国农村》,1937,3(7)。

敌人的这个恶毒政策。不料就在这次市商会代表大会所发表的《维护民族工业宣言》中，却把这个民族敌人忘记了，而且把枪口换了一个方向。在这宣言中有一段说："……近期以来，工潮起伏。见诸各报之记载，各业之声诉者，已使甫经萌芽之工业，深感不安之影响。而其余波复延及无锡、长沙各处，窥其普遍之动向，似有摧毁民族工业之可能……"

所以在这宣言中，"摧毁民族工业"的已经不是民族敌人而是国内的工潮，即劳工阶级了。

当然，在这国家民族生存陷于十分危急的时候，全国各阶级最主要的任务，应该是如何同心协力抵抗外来的民族强敌。劳动者固然不应该在这时机来"摧毁民族工业"；但是在资本家方面，也应该在协力对外的共同基础上，稍稍顾到劳动者的生活。

一年以来，随着工商业景气的稍稍恢复，工潮的确也比往年增加了。但是我们如果把这些工潮的经过情形稍稍注意一下，我们不难看到：劳动者大体上从没有提过资本家所不能接受的过高要求。大多数罢工工人所提出的要求，而且还说不上是改善待遇，而只是维持他们向来的饥饿的生活水准而已。

因为自从世界经济危机波及中国以后，国内工商业大受影响，各工商企业主便趁机减低职员雇工的薪金工资，增加劳动强度，延长工作时间，劳动者在当时因为市商的不景气，更受着失业的威胁不得不忍痛接受。

然而去年一年以来不是"以长江各省农产之丰收，法币之稳定，筹码之充足，因此使消费者之购买力增加，而货价亦逐渐上腾，致若干部分商业，颇呈剥极而复之象，值得吾人称庆……"了吗？❶ 然而劳动者的工资却未增加，工作也未减轻。而且因于"筹码之充足"和景气的恢复，生活程度却增高了。据国定税则

---

❶ 见上述商会会长开会词。

委员会的统计:"上海生活费总指数,如以1927年为标准,作为100%,中间曾经随上海市面衰颓,指数跌至100%以下,唯比及去年5月,则已回升至111.1%,今年4月,再升至117.4%,而上月份之指数,则涨至118.7%,实为自1932年以来之最高纪录。"

所以在今年4月间,如果在劳工方面提出了增加两成工资的要求,实际上也不过是恢复经济危机前原有的饥饿生活而已。而我们的工商家却就要以"摧毁民族工业"的大罪加诸劳动者身上,这不仅是颠倒是非,而且是放松了民族工商业的真正敌人。

末了,我们仅以6月20日《立报》社评中的一段话,告我们的工商界领袖:"……中国民族工业的敌人是'外货倾销,走私汹涌',一切爱护民族工业的人们应该合力制止走私,建立关税壁垒。如其仅仅着眼于劳动力的低廉,则徒然为外厂造机会,对民族工业并没有什么利益的。"

全民抗战的理论基础[*]

一、前言

日本帝国主义者的侵略目标是整个中华民族。日本帝国主义者的胜利是我们整个中华民族的灭亡。做了亡国奴以后的工农大众将陷于万劫不复的地位；做了亡国奴以后的地主资本家的财产也将受到威胁。今日朝鲜、我国台湾的工农大众，要谋自身解放，自然更比未亡国时要艰苦百倍；今日朝鲜、我国台湾的资本家想谋事业的发展，也要比未亡国时更要困难万倍。然而在今日，朝鲜人民和我国台湾人民的命运，却很快就要降临到我们头上来了。所以，在今日，我们除了用抗日的民族统一战线来对付日本帝国主义的侵略阵线，以全民抗战来对付日本帝国主义的侵略战争以外，没有别的出路了。日本帝国主义者要消灭我们全民族，我们也只有以全民族去跟它拼命。这本来是最明显的事情，别无高深的道理可讲。然而却偏有人说，主张统一战线，即是别有企图的过激之谈，提倡全民抗战，即断送民族前途的误国政策。更有人以革命家自居，站在"社会主义者"的立场来反对统一战线，他们说社会上有阶级分化，阶级利益是不可调和的，国家是阶级的统治机构，所以全民抗战只是一个幻想，或是欺骗大

---

[*] 黎明书局出版，单行本，1937年8月。

众的烟幕弹,主张爱国便是背叛了被压迫阶级的利益,强调抗日是中了英美帝国主义的奸计……因此,我们倒不得不对某一些人——头脑清醒,未曾钻入牛角尖的人们——所认为是最明显不过的事情,来一个比较详细的解释。

二、全面抗战的条件

我们当然承认社会上存在利害不同的许多阶级,因为这是客观地存在着的事实。然而有时在一个共同的目标之下,仍旧可以把这些利害不同的(甚至于是利害冲突的)阶级联合起来,采取一致的行动。如今我们的对日抗战也就是使中国国内各阶级联合起来的一个共同目标。然而我们又要进一步问了:为什么对日抗战能够成为全民的抗战,即全民族的统一战线呢?在这里,至少可以举出四点理由。确切些说,即是促成全民抗战(或抗日民族统一战线)的四个主要的条件。

第一个条件就是这次抗战的反帝国主义性。

我们这次抗战是中国近百年来的民主主义运动的直接继续,是这运动的一个新的阶段。产生这运动的背景是帝国主义侵略和封建社会关系的压迫。所以反帝反封建便成了这运动所提出的中心任务。但是这一个运动的完全胜利,即反帝反封建任务的完成,在其他社会经济条件不变的条件之下(如私有财产,如商品经济之存在等),只是为中国的资本主义经济发展肃清了道路,只是使中国变成了一个独立的资本主义民主国家。所以,这种反帝反封建的民主主义革命运动,也叫作资产阶级的民主主义革命运动。然而这意思并不是说,民主主义革命只是资产阶级一个阶级的单独要求。反之,这正是说明了这革命是多阶级的联合抗战。因为既然是资产阶级的民主主义革命,那么资产阶级本身至少就有参加这革命的可能性(可是并不一定参加);此外其他的社会阶级，如工人、农民和都市中的小资产者，为了自身的解放却是必然要来参加这革命运动的。所以资产阶级的民主主义革命应该是一个包括一切民主主义势力的，即是多阶级的革命运动。前面说过，现在我们的反抗日本帝国主义侵略的民族解放运动和民族解放战争，是近百年来中国的反帝反封建的民主主义运动的继续，是它的一个新的阶段；因为我们的抗战的主要任务也不过是在求得民族解放，是对帝国主义的侵略，不过在目前我们是偏重于反对帝国主义者中的某一个——即日本帝国主义者。所以，我们的抗战的民主主义性质也就是使它能够成为全民抗战，或抗日民族统一战线的第一个原因。

全民抗战的理论基础

但是有人就说：这是一百多年以前，法兰西资产阶级革命时代的真理。现在是帝国主义时代，世界上已经没有革命的资产阶级了。说这样话的人往往以俄国革命时代的事实作为证。

不错，在俄国的资产阶级民主主义革命运动中，资产阶级非但始终是不革命的，而且是反革命的。然而在这里我们不能忘记一件事情，这就是：当时的俄国是一个帝国主义的国度；而现在的中国却是一个半殖民地的国度。俄国的资产阶级自己就是一个帝国主义侵略者，是殖民地弱小民族的压迫者，他们当然是反革命的。然而中国的资产阶级是被侵略者，是被压迫者；所以他们是反帝国主义的，就是说，在某种条件下，它是有可能参加革命的（尤其是反帝运动）。

中国的革命运动史足以证明上面的分析是正确的。因为中国近百年来的几次重要的反帝反封建的民主主义的革命运动，除了太平天国运动以外都是发生在帝国主义的强盛时代（帝国主义时代开始于19世纪末），例如1911年的辛亥革命、1919年的五四运动和1925—1927年的大革命等。在这几次主要的革命运动中，都曾经有过资产阶级参加；虽则他们在革命过程中所表现的坚决性和坚拼性，不如一百多年以前的法兰西资产阶级了。

说到这里，抗日民族统一阵线的反对者又可以拿 1927 年中国民族资产阶级退出革命的这一个事实来做他们的论据了。然而这论据也是无用的。不错，民族资产阶级在 1927 年退出了革命，然而这并不妨碍他们在今日又重新回来参加革命的民族解放运动，成为参与抗日民族统一战线的一分子。反之，在 1927 年使资产阶级退出革命的原因，却真是今日重新回来参加革命的理由。在这里，我们不能不重新回过头来，讲一讲历史上的故事。

我们在前面说过，近百年来中国的民主主义革命运动有两个中心任务：一个是反对帝国主义的侵略，另一个是解除封建势力的束缚。然而，在中国革命的每个具体的历史阶段，这两个任务并不是完全不分轻重地同时提出的。例如太平天国革命运动的发生是在鸦片战争失败之后，辛亥革命发生在八国联军之役、中日之战等重要的外交和军事的惨败之后。换句话说，这两次革命运动都是帝国主义经济的、政治的和军事的侵略所直接引起的。所以反帝国主义的任务当然已经直接摆在这两次革命运动之前了。然而这两次革命的主要锋芒却是对准清政府的，换句话说，这两次革命运动，直接地都是以反封建势力的形态出现的。发生五四运动的直接导火线是外交问题，然而这运动的主要锋芒仍是对准北洋军阀政府的，而且这运动的继续发展更变成了反抗旧礼教和封建思想的运动。换句话说，五四运动也仍旧以反封建势力的形态出现。1925—1927 年的革命是以五卅运动和省港大罢工开始的，即是说，这次革命运动在发展的初期已经是直接以反帝国主义（主要是反英）的形态出现的，虽则反封建势力的任务仍旧存在着——因为前三次革命并没有真正地解决这任务（辛亥革命革除了封建势力的一个最腐败的躯壳——清政府，而换上了一个新的躯壳——北洋军阀政府）。然而革命运动的发展，使革命的锋芒又逐渐从反帝而转向于反封建。北伐开始以后，这个反封建势力的革命运动（因为革命自身的需求，也即是由于革命发展的必然结果）更扩大而且深入成为广大农民群众的土地革命。于是在这次革命中建立起来的民主主义的统一战线就开始发生了裂痕，民族资产阶级由动摇而终于退出了革命。更因于留在革命营垒中的其他社会力量的主观上的错误（由领导者负责），不能在联合战线分裂之后，独立支持局面，致使这次大革命中途夭折了（因为革命的两个主要任务之中，在本质上都不曾成功）。于是便造成了此后十年间国内的残酷的内战。

全民抗战的理论基础

如今为什么又有可能使这个革命的联合战线重新团圆了呢？在这里，我们不能不谢谢我们万恶的敌人——日本帝国主义者。

"九一八"以来，日本帝国主义者的侵略使资产阶级，甚至地主、军阀官僚都面临着存亡问题。日本帝国主义者同整个中华民族之间的矛盾随着日本军阀足迹深入而逐渐成了中国社会的主要矛盾；而中国内部的社会矛盾——主要是封建制度同全国人民大众之间的矛盾——便缩小了，而逐渐成了中国社会的次要矛盾。这样便改变了国内的社会关系和政治局面，使中国国内各阶级又重新有了建立民族统一战线的可能性。"中国土地属于日本帝国主义，还是属于中国人，这是首先待解决的问题"——毛泽东对于共产党放弃以暴力没收土地政策的解释，也就是中国民族统一战线重新恢复的一个极好的说明。所以促成这次抗日民族统一战线——或全面抗战——的第二个客观条件就是日本帝国主义的加紧侵略和中日矛盾之尖锐化。

以上两个客观条件都是属于国内的。但是近年来国际间的情势也是有利于中国抗日民族统一战线的成立的。

这个有利的国际情势就是和平阵线和侵略阵线的形成。不管人们怎样否认，客观的事实告诉我们：如今世界上有一部分国家愿意在目前维持国际现状更不愿以战争来改变现状；属于这类的国家即英、法、美、苏等国。不论这四个国家的政治机构是如何不同——例如英、法、美三国是资本主义的民主国家，而苏联是社会主义国家；不论他们反对战争的出发点是如何不同——例如苏联反对战争因为战争是根本同它的立国原则不相容的；而英、法、美等资本主义国家的社会政治机构却本来是产生帝国主义战争的最好土壤，不过因为他们是帝国主义国家中的前辈"富豪"，又是前次帝国主义大战中的胜利者，如今整个世界已经有一大半操纵在它们手里，它们在目前的主要打算是在怎样保持现状，防备别的帝国主义者来分赃（这宛如有了身价的白相人不像普通的瘪三一样穷凶极恶了）；总之，这些国家——英、美、法、苏等——在目前都愿意和平、反对战争却是一个事实。所以这些国家便形成了国际间的和平阵线。但是除了这一部分国家以外，另外还有一部分国家却愿意掀起战争，破坏和平，以满足它们的侵略欲望。属于这一类的国家主要为德、意、日三个法西斯国家。这三个国家在帝国主义侵略者营垒中，都是后进的"暴发户"。其中德国是前一次帝国主义世界大战中的战败者，大战结果负担了惊人的赔款不算，还损失了所有的殖民地领土。意国在前一次大战的结果，虽不曾担负赔款也不曾丧失殖民地（因于它能够看风转舵，在中途出卖了它的同盟者，投降了协约国），然而也没有分到一些赃物。至于日本帝国主义者，它在第一次世界大战中是交了鸿运的，然而它的独霸远东的优利地位，它的富饶而孱弱的邻邦都增进了它的侵略胃口。不过，对于这三个国家所以成为侵略国家起最主要作用的是这三个国家中的军事法西斯主义的政治机构。在资本主义世界最脆弱的这几环中，统治者不得不以暴烈的手段来维持这垂危的社会制度，更不得不以对外的侵略战争来做它的强心针。这些国家正在掀起人类史上第二次的大屠杀，正在到处放火以便引起第二次世界大战。这些国家便在国际上结成了所谓侵略阵线。

在和平阵线中的苏联不用说可以成为我们抗日民族统一阵线的最忠实的友人；可以在我们的全民抗战中给我们精神和物质的

援助。其他如英、美、法等国，至少也可以对我们的全民抗战维持友谊的中立；在我们灵活而正确的外交运用下甚至也可以给我们以积极的支持。当然，我们也不要忘记了这些国家的帝国主义的本性，在某种场合之下，它们是可以出卖我们的，可以使我们的抗战中途妥协（即投降），然而这主要是在我们自己了。只要我们自己立得稳脚，不受别人的怂恿，坚持抗战到底，它们也是无可奈何的。因为我们在目前至少有把握可以说英、美、法等国积极援助日本帝国主义者同我们正面作对是不至于的。此外，全世界各国的（尤其是日本国内的）无产阶级革命势力和殖民地半殖民地的（尤其是朝鲜、我国台湾的）民族解放运动的势力，是可以作为我们的反日帝国主义的全民抗战有力的声援。

最后，就是国际侵略阵线的本身，除日本帝国主义以外，德意两国在目前也没有可能同我们的敌人联合，向我们做军事上的进攻，它们至多就是暗中帮助我们的敌人而已（至少在中日战事未扩大为世界大战之前，这估计是可靠的）。所以，在目前，能够直接在军事上同我们作战的仅仅日本帝国主义者而已。这也可以说是促成我们的抗日民族统一战线的全民抗战的第三个客观条件。

我们的任务正在于看清了上面所说的国内外的情势，在国内巩固我们的抗日民族统一战线，联合世界上以平等待我的民族及阶级，孤立我们主要的民族敌人，进行持久的民族抗战，粉碎日本军阀"使支那屈膝"的幻想。"我们要以千万个子弹向着一个枪靶瞄准"——这便是根据客观的条件所产生的全民抗战的主要战略。

在上面我们分析了促成民族统一战线的全民抗战的三个客观条件。但是在这里我们必然会产生这样的一个疑问：上面所说的这三个条件都是早已存在了的。例如：对日抗战的反帝国主义性是自从中国有了反帝国主义运动以来就存在着的。日本帝国主义的加紧侵略和灭亡我整个中国民族的野心至少在"九一八"以后是已经明白地向我们宣示了。此外，国际间侵略阵线和和平阵线之形成也是四五年以前的事情了。然而为什么直到1926年2月的西安事变和平解决之后，才在大体上停止了国内的政治和军事的敌对局面呢？为什么"九一八"东北的沦亡，"一二·八"淞沪抗战，长城各口之役，以至于去岁绥远的抗战都还不曾扩大成为全国性的抗战，直到今年"七七卢沟桥事变"和"八一三"日本军舰的大炮又第二次在黄浦江畔响了起来以后，才形成了全国性的抗战呢（而且主要的还只限于军事方面）？这些事实就是告诉我们仅仅客观条件的存在并不足以马上促成抗日民族统一战线和全民抗战的实现。这还需要我们主观上的努力。历史上任何革命运动的发生都有它的客观的必然性，然而如果没有革命阶级的努力就绝不会成功，而且徒然增加了后来读史的人发生"坐失机会"的感叹。

自从"九一八"事变发生以后，"对内和平，对外抵抗"的呼声就被喊出。此后随着日本帝国主义侵略的加紧，这呼声便逐渐传布开来。经过了"一二·九"和"一二·一二"的壮烈的大示威以后，抗日民族统一战线的运动弥漫到了全国各地救国会的组织，深入了社会各阶层。然而直到西安事变以前，统一战线运动始终还没有打动政府当局的心。西安事变是中国抗日民族统一战线运动发展史上的一个划时代的事件。这事件的意义当然并不在于它本身，而在于它所起的客观作用，在于它提醒了最高当局一件事，即："对内和平，对外抵抗"的要求已经不仅是一般民众的要求，而且已经被一部分军队所接受；抗日民族统一战线的运动已经动摇了政权的重要基础。因此就不得不对过去对内对外的政策重新加以通盘考虑。因为要是不这样的话，政权基础的动摇是不免要更扩大起来的。于是在西安事变和平解决以后，国内政局便逐渐地，虽然很慢，然而继续不断地向着民族统一战线的路上跑去。西安事变对于全国抗日民族统一战线的形成起有这样重要的意义当然不能说是事变发动者的什么功绩，因为这事变的本身就不过是"九一八"以来全国抗日民族统一战线运动——或救亡运动——普遍发展的一种反映而已。但是如果要论"功"那么主要应该归功于那些为这运动而奋斗、牺牲的千百万的大众。那些拥护或提倡抗日民族统一战线的团体及其领导者的努力，以及他们的坦白诚挚的态度等对于这运动的成功，当然也有很大的帮助。

所以，促成抗日民族统一战线的第四个条件是主观上的条件，即"九一八"以来，全国民众和团体政党等对于救亡运动的努力。

三、全民抗战的意义

我们全民抗战本身的意义是不用在这里详细说了。因为全民抗战完全胜利的结果，首先可以使我们免于亡国灭种的惨祸，使我们的子孙不致沦为日本帝国主义者的殖民地奴隶。仅就这一点来说这个伟大的解放战争的历史意义，就已经是不可抹煞的了。然而我们的全民抗战的全部意义却还不止于此。

在前面已经说过，我们的全民抗战是近百年来一脉不绝的反帝国主义反封建的民主主义革命运动的一个新阶段。我们的全民抗战的胜利对于中国整个反帝反封建的民主主义革命的发展前途具有非常重大的意义，关于这一层我们可以分成以下三点来说明：

第一，我们先来说中国此次全民抗战对于我们整个反帝国主义的民族解放运动的前途有何种影响。我们知道，我们现在的全民抗战是专门反对日本帝国主义的；我们的抗战非但不是一般的反帝国主义的抗战（即反对一切帝国主义的抗战），而且我们在这抗战过程中极同意其他帝国主义建立友谊的外交关系。然而我们仍旧可以说,反日的全民抗战的胜利也就是整个反帝国主义民族解放运动的胜利,或者至少可以说是整个反帝国主义民族解放中的最主要的一部分工作之完成。对于这一层,我们可以以日本帝国主义者在统治中国的帝国主义营垒中所处的经济的和政治的地位来说明。

日本同帝国主义各国发生往来还是在中国以后。在它初被美国人的炮舰打开大门的时候,也同中国一样是帝国主义列强所侵略的对象,是一个半殖民地国度。可是它经过了明治维新的政变,改革了国内的封建社会关系;便踏上了现代资本主义发展的道路,更经过了中日之战,摆脱了帝国主义列强的束缚,而且自己也进入了帝国主义队伍,并开始向它的邻邦(即它的殖民地时代的老大哥)——中国侵略。不过在最初的时候,它在中国经济的、政治的以及军事的势力,都赶不上其他帝国主义列强。后来又经过了日俄之战的胜利,经过了世界大战的机会,没用多少时间,它在中国的统治势力已经占有非常重要的地位。

我们先来看日本在中国的经济势力的发展。据堪督洛维契的材料,在1931年(即"九一八"事变的一年),对外贸易中占主要地位的英、美、日三国在中国进出口中所占比重如下(把经过香港的转口贸易估计在内)❶

	美国(连菲律宾)	日本(连高丽)	不列颠帝国
出口	16.0%	34.0%	15.6%
入口	24.0%	22.3%	25.4%

由这表里的数字看来,日本在中国的出口贸易中远胜英美两国而占了第一位,在入口贸易方面也只比英美稍稍逊色一些,日本在中国对外贸易中所占的优势主要是在世界大战以后取得的。

---

❶ 堪督洛维契:《美国争取中国》,1935年莫斯科出版,第4860页。

但是，日本帝国主义在中国的经济利益还不止这一点。我们还没有把它在中国的投资估计到。根据雷谟的材料，1931年英、美、日三国在中国的投资额如下❶

	总额（百万美元）	在外人投资总额中所占百分比	对各国在1914年投资额的百分比
大不列颠	1189.2	36.7%	199.8%
日本	1136.9	35.1%	517.7%
美国	19.68	6.1%	399.0%

日本帝国主义者在中国的外人投资总额中，所占比重，由大战初年到1931年为止的这16年之间，增加了5倍多，几乎赶上了英国而超过了美国约5倍。1931年"九一八"事变以后，日本帝国主义者占领了东北四省，更在事实上控制了华北各省。几年来，它在那里的经济膨胀，自然更是意料中的事。在目前，日本帝国主义在中国的经济势力，毫无疑义已经超过英美两国。随着日本帝国主义在中国经济势力的膨胀，它在中国的政治势力，当然也随着增加了。而且因为中日间的特殊的历史上的关系和地理上的接近，日本在中国的政治势力更比它的经济势力要强大。更重要的是：在上面已经说过的国际关系下只有日本帝国主义者才能以军事实力直接来镇压中国的民族解放运动。

在目前，日渐衰老的不列颠帝国主义在西欧和地中海正被德意两国侵略者弄得头痛，绝没有可能像日本帝国主义者那样用100多艘军舰、四五十万陆军来镇压中国的民族解放运动，至于美国，它虽然不像英国那样有许多后顾之忧，然而它想要企图并吞中国，必然要引起英日的联合反抗。它的军事实力能够调遣太平洋方面来得绝没有日本那么强大而且便利。所以，在目前企图并吞中国，而且能够以那么多的兵力来对付中国人民的只有一个

---

❶ Remer: Foreign lavestments in China, New York 1993。

日本帝国主义者,如果我们这次对日的全民抗战能够胜利,这一个最凶横最野蛮的侵略者能够被我们打倒,那么要解除其他帝国主义者对我们的束缚是比较容易的事情了。当然我们也不能过分乐观,以为抗战胜利之后,即可完全以和平手段来解决这些束缚。但是,我们至少可以说:在此次抗战胜利之后,我们已经完成了反帝国主义的民族解放运动中最艰难的一段工程。

第二,我们来说此次全民抗战对于反封建的民主主义运动的意义。资本帝国主义在殖民地半殖民地的统治同当地的封建势力是利害一致的。在经济关系上,帝国主义者不愿意殖民地半殖民地的国度走上工业发展的道路,它希望后者永远成为宗主国的原料供给者,即希望后者永远停滞在落后的农业社会的现状下。因此帝国主义者总是以全力去支持殖民地半殖民地的封建政权,并阻挠一切进步的运动。

中国反封建的民主主义革命运动开始于太平天国革命,而太平天国在英帝国主义的直接帮助下失败了(英国戈登将军所领导的常胜军对于清政府镇压太平天国革命曾经起了很大作用)。辛亥革命后,继续着清政府而起的北洋军阀的封建政权,主要是英日两个帝国主义者所支持的。后来国民党在广东建立革命政权的时候,英帝国主义便挑拨陈炯明等小军阀起来反抗这革命政权,以军械接济买办陈廉伯阴谋反革命的商团暴动,甚至几次以军舰开入广州作为直接的威吓。同时,日本帝国主义者在北方支持奉系军阀反对广东政府的友军——国民军(冯玉祥的军队),甚至直接出兵满洲镇压郭松龄的暴动。广东政府出师北伐后,各帝国主义者更用尽方法支持军阀政府的统治。就是后来北伐军到了长江流域,民族革命的统一战线之破裂,也脱不了帝国主义的阴谋。甚至最近十年来的内战,一半也是帝国主义者暗中策动的。

如果在过去,在摧残中国反封建的民主主义革命运动中,起主要作用的是英帝国主义者,那么随着日本帝国主义者在中国的经济政治等势力之增长,在今后担任这个革命镇压者责任的主要将是日本帝国主义者了。所以,全民抗战的胜利也就是铲除了国内封建反革命势力的一个最主要的支持者,也就是中国的反封建的民主主义革命减少了一个最凶恶的敌人。

第三,就是全民抗战对于发展群众运动和群众组织的意义。反帝国主义的民族解放的抗战绝不能是单纯的军事上的行动。我们必须争取全民的动员才能保障这抗战的最后胜利。抗战如果继续下去,那么不管政府当局的主观意志如何,民众运动的相当开放是不可避免的事情。任何政治集团如果在这伟大的时代中不愿被人民所遗弃,那么它就得站在最前线,为争取民众运动的彻底开放而奋斗,争取抗战的胜利和抑止民众运动是两相抵触的政策。同时,这一次抗战亦是锻炼我们民族的一个最好机会。抗战将影响到国民生活的每一部分,将牵涉到我们的每一个集团和每一个个人。凡是经受不了这一次艰苦锻炼的集团和个人,都要在这一次抗战中被淘汰;凡是能够经过了这一次锻炼而存在的个人和集团都已经成了钢铁一般的队伍,它将能克服前面的任何困难。这次抗战更能增进全国人民的政治水准和组织能力。而最重要的是全国各阶级和各政治集团,经过了这一次抗日民族统一战线的共同奋斗,更能促进相互间的了解和认识,使全国人民能够比以往更清楚地认识谁是他们的领袖和同盟者,谁能够引导他们走上彻底解放的道路,当然这一切对于中国整个反帝反封建的民主主义革命的发展前途是具有非常重要的意义的。

但是,我们的全民抗战的意义还不止于此,我们的敌人,是毁灭人类文化,破坏世界和平,以发起反苏联十字军和镇压世界革命相号召的国际侵略阵线的主要的一员。所以我们的抗战具有更重大的国际使命。我们是为自己的民族独立而斗争;然而同时也是为了维护世界和平,保持人类文化而奋斗,为世界革命运动铲除一个最凶恶的敌人,为全人类的解放去除一个大障碍。也正

是因为这缘故，我们的抗战可以获得全世界的援助；而且全世界也有给我们以此种援助的义务。

四、结论

在上面我们说明了成立抗日民族统一战线和实现全民抗战的理论基础，更举出了全面抗战对于我们的整个反帝反封建的民主主义革命运动和世界革命运动的意义。但是，到今天为止，仍旧有许多人在反对抗日民族统一战线的建立。在这里，限于篇幅我们没有机会来把这些观点详细批评，只是把这中间最重要的几种做一个概略的检讨。

反对抗日民族统一战线的理论，大概发自两种人。一种人以为抗日民族统一战线的口号是左翼集团的口号。但是他们觉得左翼集团所信奉的阶级斗争和社会革命的学说，是跟统一战线不相调和的；而他们所主张的国际主义更是跟爱国主义相矛盾的。所以他们说左翼团体所提出的统一战线的口号是没有诚意的，这是一种"阴谋"，是一种"手段"。他们的结论便是安内攘外，主张剿灭了这些"阴谋家"，再来对付外来的敌人。

其实，这种反对的理由是不成其为理由的。因为在今天，除了少数空谈的"革命家"以外，没有人在把社会主义革命当作行动口号，而这些空谈的（即鲁迅先生所说的"高超的"）"革命家"是根本反对统一战线的。凡是真正革命的社会主义者都认为当前的中国革命并不是社会主义的革命，而是反帝反封建的民主主义革命，认为不经过这一个民主主义革命的阶段便不能实现社会主义的革命。列宁曾经说过："凡是要想达到社会主义而不想经过民主政治的人……都必然要走到反动的结论上去。"当前的反对日本帝国主义侵略的斗争是中国民主主义革命现阶段最迫切的一个任务。一个社会主义者如果不想走到反动的结论上去，不想做日本帝国主义者所雇佣的汉奸，那么都会把反对日本帝国主义的工作看作自己当前的主要工作。同时，每一个实践的社会主义革命者都可以看到，在日本帝国主义同整个中华民族之间的矛盾极度尖锐化的今日，能够参加这个反对日本帝国主义的斗争的也决不止社会主义者一种人，绝不止无产阶级一个阶级。所以，凡是真正愿意为社会主义而斗争的人，必然要以全力来完成反对日本帝国主义的斗争，更愿意同一切反日的势力缔结同盟——即抗日民族统一战线。对社会主义者和无产阶级自己来说，反对日本帝国主义的斗争，是自己革命行程中的一个阶段——而且是最初步的一个阶段，他们必须忠实地而且彻底地走完它。这是他们的整个任务的一部分，而不是他们完成自己任务的一种手段。这好像一个须要跑完一百里路的旅人一样，他不能不忠实地而且彻底地跑完最初的一半路程；同时，也绝不能把这最初的一半路程看作是自己跑完后半个路程的一种"手段"。至于在反对社会主义的人们说来，如果不愿把自己看作是抗日斗争的敌人，不愿把民族解放的工作看作是旁人的任务，那么就绝不能把参加抗日民族统一阵线说是被人"利用"；如果说人家提倡统一阵线是不忠实的，那么自己就只有更忠实来实行抗日斗争，以便揭露人家的不忠实；如果恐怕人家利用抗日统一战线得了"人心"，造成了他们的势力，那么自己就应该更勇敢地站在抗日统一战线的队伍中来努力工作，以取得一切抗日民众的拥护。自己不参加抗日工作，甚至来反对工作，那只是失去了人民对自己的信仰，促成了民众对别人的信仰而已。

全民抗战的理论基础

至于国际主义和爱国主义更不是矛盾的。因为我们现在的爱国主义绝不是排他的爱国主义，而是反帝国主义的、民族解放的爱国主义。如果一个社会主义者不因"高超的"空谈而把国际主义误解成了日本帝国主义的"大亚细亚主义"，那么他就绝不能反对爱国主义，即反对民族解放运动。因为国际主义绝不是帝国主义的并吞政策和我们的亡国政策；而是独立平等的各民族的自由的大同盟。孙中山先生的民族主义是以世界大同（即国际主义）为最高理想的；所以孙中山先生的信徒，就不应该说信奉国际主义就是不爱国。

自从"八一三"起，中央政府开始发动了全国性的（在地域上）抗战，国共两党重新携手以来，上面这种反对统一战线的议论便逐渐消失了。但是除此以外，更存在有从另一方面来的反对论调，这便是上面所说的那些空谈的"高超的"革命家。这些人自称是社会主义者，而且是无产阶级革命家。他们常常捆起这块革命的招牌来反对民族统一战线。他们所反对的理由归纳起来有以下几点：反日不应忘记了土地革命，反日更不应忘记了反英反美；以至于反对一切帝国主义者；反日不应同资产阶级订立同盟——即统一战线。

在这里，也限于篇幅只能做一简单答复。第一，我们要知道提出这种反对理论的人（主要是托洛茨基主义者）本来认为中国革命已经进入了社会主义革命阶段，所以他们向来是不把反帝的民族解放运动看作是当前中国革命运动中的中心任务的。他们如今忽然如此卖力地提出了这两个任务，主要也是为了攻击别人的一种战略的动机。

如今我们要问主张抗日民族统一战线是否就是轻视了反帝和反封建（土地革命）的任务呢？当然，这绝不是的。

不错，加入抗日民族统一战线的各党派都暂时已经放弃了土地革命，即放弃了以暴力没收土地的政策。在中日间的民族矛盾，即反日帝国主义的斗争极度尖锐化的现状下，这是必要的。然而这并不是否认了依照合法的途径解决土地问题的必要。土地问题的严重性及其解决之必要连阎锡山先生在前两年间都注意到了。再者，反封建和反帝民族解放运动虽为中国民主主义革命的两大中心任务，然而我们在上面就已经说过，这两个任务并不是永远在革命中并重的。有时往往把反封建或土地革命变成了革命的直接课题，有时却因环境的变化，又把反帝——而且往往是反对某一个帝国主义者——做了革命的中心任务。在目前，我们集中力量于反对日本帝国主义者，也是客观环境需要我们做的。这是第一。

第二，一般的反帝同军事上的反帝国主义斗争是两件事。一般地说，我们应反对一切帝国主义压迫者，然而我们却不能同一切帝国主义者作战。我们为减少我们的敌人，孤立我们的主要敌人起见，必须使其他帝国主义者保持中立，甚至帮助我们。"把千百万颗子弹，向着一个枪靶上射击"——这是最好的革命战略。

第三，为了同一目的，我们应同国内一切反日力量（不论其坚决心如何，不论其时间久暂）结合统一战线。反对统一战线者常常以社会主义者和工人阶级同其他阶级订立同盟之后要被其他阶级出卖为理由，而反对加入统一战线，或是为了争取所谓领导权而反对加入统一战线。其实他们的理论正是表示了对于自己以至于对于工人阶级的坚定性和革命性失去了自信。即以争取领导权而言，试问自己站在这个伟大的群众运动之外来反对这运动（谁也不能否认抗日已成了全国人民的一致要求），还能取得群众的信任吗？还能取得什么"领导权"吗？

对于自己都失去了自信，空喊无产阶级革命和土地革命，空喊反对一切的帝国主义者——但实际上是放松了当前的最凶恶的一个帝国主义者，放松了革命的主要敌人。对于这样的革命家，怪不得鲁迅先生要问道："倘若有人造一个攻击你们的谣，说日本人出钱叫你们办报，你们能够洗刷得很清楚吗？"（《现实文学》卷一《答托洛斯基派的信》）。其实，即使日本帝国主义者并未出钱叫这些"革命家"办报，但这些"革命家"偏能为日本帝国主义者义务效劳，在日本军阀说来不是更合算了吗？同时关东军特

务机关长的报告书中,不是早已把这些"革命家"当作自己的意中人了吗?(见《申报周刊》)

但是除了上面两种主要的反对统一战线的议论以外,更有很多曲解统一战线的议论。这种曲解对于抗日民族统一战线的前途,也是很有危险的。例如近来有些原来站在抗日民族统一战线中的战士,为了担心这统一战线的破裂,害怕各党派各阶级的冲突影响到了抗日斗争的前途,便讳言斗争,甚至讳言党派和阶级,有人说统一战线是超阶级的、超党派的或超经济的。

这种统一战线的定义,是同"统一战线"这个概念的本身相矛盾的。什么叫超阶级的、超党派的?用浅近的话来说,就是非阶级的、非党派的。然而所谓统一战线的本意,却就是"各党各派各阶级的大联合";这就是说,统一战线不仅不是超阶级的、超党派的,而且是多阶级多党派的。"超阶级超党派"论者所解释下的"统一"不是辩证论中的"统一",而是形而上学(玄学)的"同一"。

但是稍稍研究过一些哲学的人都知道形而上学的这一个范畴——"同一"是多么肤浅,多么跟现实相矛盾呀!形而上学者只知道"同一"而不知道"差异"(矛盾),只知道 A 等于 A,却不知道 A 同时又是不等于 A 的。"植物、动物和每一个细胞,在自己生命的每一瞬间是跟自己相同一的,然而同时又跟自己相差异的;这由于物体的吸收和排泄,由于细胞的呼吸、形成和死亡,由于循环过程——总之,是由于不断的分子变化的总和(这些分子变化形成了生命,而且这些分子变化的总和在生命的各个阶段中——胎儿生命,幼年期,性的成熟,繁殖过程,衰老,死亡——都一目了然地表现了出来)"。

"统一的本身就包含有差异的,这事实表现在每一个文句中。在每一文句中,谓语(The Predicete)是不可避免地同主语(The Subject)有差异的。莲是植物,玫瑰是美丽的:在这里,或者是在谓语中，或者是在主语中，总有一些东西不是主语或谓语所能包括的。"

因为把形而上学的"同一"代替了辩证的"统一"，所以便说是"超经济的"，意思是说不能有经济的斗争存在的；或者正确些说，正是因为反对经济的斗争（在事实上，只是反对现今在经济上处于被剥削地位的阶级做斗争），所以才说是"超经济的""超党派的"和"超阶级的"。

然而，阶级和党派的存在是客观的事实。阶级的发生，本身就是由于经济利益的不同，各阶级的经济利益既然不同，那么便不免要发生斗争。

地主和农民，资本家和工人——这不是不同的阶级吗？资本家对工人说：现在是国难时期，你们应该多做些工，少拿些钱；地主说：救国是大家的责任，救国公债应由大家均摊；然而工人和农民却说：我们只有气力，没有金钱；为了救国，我们可以贡献气力，可以牺牲性命，但是请你们牺牲些经济的利益，让我们的一家老小可以有一个温饱，免得我们在前线还有"后顾之忧"，至于救国公债只好请你们多负担一些了。

总之，不论是地主资本家的地租利润也好，是劳动者的劳动报酬也好，抑是抗日救国的军费也好……都出之于工农所生产的物质财富。资本家地主多拿或少拿出了一些，那么工农便不免少拿进或多拿出一些。地主资本家既不愿多拿出少拿进，那么难道工农倒肯多拿出少拿进——关于这拿进和拿出的"争论"，岂不就是所谓经济斗争？

明达事理的人不在于闭着眼睛否认事实，而在于解释事实。在于说明：这些利害不同的阶级，在今天是否有可能找到一个共同的立场作为建立统一战线的基础。在日本帝国主义加紧侵略和亡国灭种的惨祸之前，这样的共同立场是存在的，因为不仅"中国土地属于日本帝国主义还是属于中国人"的问题需要先解决，连中国的工业是否要被日本帝国主义者的"农业中国"的政策窒息死的问题,也是亟待我们全国人民解决的问题。在这共同的立场上便产生了"抗日第一"(在目前是"抗战第一")的原则,便产生了各党各派各阶级的抗日民族统一战线的基础。

但是"抗日第一"的原则并不就是消灭了各阶级之间的(也即是各党派之间的)经济的斗争;更不是消灭了它们之间的政治斗争(如民主问题)。因为这是不可能的。"抗日第一"的原则,只是迫着使这种斗争要服从于它("抗日第一"的原则),只是给了这斗争一个限度。

如果这斗争的结果(如政治民生化和改善民生之实现)是帮助抗战的全民动员,扩大并且坚固了抗日民族统一战争的势力,那么即是站在民族的立场上,这斗争非但不应反对,而且应该赞成,反之如果这斗争要削弱抗战的实力,那么就是从任何一个阶级的利益观点出发,我们也应反对这斗争。

参加抗日统一战线的各阶级和各党派,只有这样坦白地表示出自己独特的立场,更各自从立场来为民族解放的共同目标而奋斗,那才能得到开诚布公共同合作的最大效果;反之,如果各把自己的本来面目遮掩起来,空喊"宽容",那真是充分表示了自己的虚伪而已。政治家不是三家村的和事佬,用不着满口"宽容"的"慈悲脸"。只以"宽容"来做政治的基础,那么这基础太软弱无能,太可怜了。

在这里,顺便讲一讲"超经济"这一名词的本身。不错,奴隶制度下的剥削和帝国主义的剥削,可以说是超经济的剥削,然而这倒不是因为奴隶主义和帝国主义者"不但要剥削他们的剩余劳动,而且还要剥夺他们的身体自由和生命保障",也不是因为帝国主义的"恐怖的刀光要掩盖了一切'人权','人道'……的招贴",而是因为这种剥削,往往不是依赖经济的力量和依照资本主义经济中的剩余价值法则来取得的;而是依赖政治的力量，或法律上的身份等级关系来取得的。同时反对奴隶制的斗争和反对帝国主义的斗争，也用不着罩上一件"超经济"的外衣。把我们的抗日民族统一战线称作是"超经济的"，在字面上或许可以减少些"铜臭"，使得我们自己可以"高尚些"；然而却抹煞了我们反抗日本帝国主义斗争的真实意义。因为我们反抗日本帝国主义，主要不是为了空洞的民族"光荣"，也不仅是为了政治上的独立，而真是为了我们自己，更为了我们儿孙的"生存"，即是为了经济。

最后胜利的把握在哪里?*

自从上海战事发生以后,全国性的抗战局势已经逐渐形成。但是中日大战一旦正式开始之后,就"再不容许我们中途妥协,须知中途妥协的条件便是整个投降、整个灭亡的条件。全国国民最要认清所谓最后关头的意义,最后关头一到,我们只有牺牲到底,抗战到底。唯有'牺牲到底'的决心才能博得最后的胜利;若是彷徨不定,妄想苟安,便会陷民族于万劫不复之地"(蒋介石在庐山谈话会报告)。所谓"牺牲到底"当然不是以民族国家的命运跟敌人作孤注一掷的赌博。我们是有了"最后胜利"的把握才抱牺牲到底的决心的。

然则我们的把握在哪里呢?我们凭什么来取得这胜利呢?

决定战争胜负的因素有两个:第一是物的因素,即国家的财力和军备的发展程度;第二是人的因素,即全国最大多数人民对战争的态度。在这两个因素中,人的因素起有决定的作用。在一般的战争中如此,在以弱国抵抗强国的民族解放战争中尤其是如此。这不仅因为物的因素是人所创造的,而且因为物的因素是要人来使用的。没有作战决心与觉悟的士兵(不知道为什么而牺牲),那么有了新式的武器也是为别人预备的,而这种军队也只好做敌人的"运输队"(以自己的武器运给敌方——被缴械)。而许多人对于抗战前途所以悲观,也就是因为太重视了物的因素,而忽视了——以至无视了——人的因素。

---

* 本文原载《中国农村战时特刊》,第 1 号,1937 年 9 月 20 日。本文同时以《抗战胜利的把握在哪里》为题刊于《文化战线》,1937(1)。

我们的飞机大炮或许没有敌人的多，我们的钢铁生产或许不能同敌人相比；然而我们有一致希望抗敌作战的四万万五千万人民；而日本国内六千六百万人民是一致厌恶战争的（不用说，二千八百万的殖民地人民更加厌恶战争了）。我们的战士抱着为民族生存而牺牲的决心上前线去作战；而敌人士兵的胸怀中所裹着的却是符咒、千人针之类的东西；"文明国"的军队要依靠封神榜式的"法宝"来维持军心，就已经预先注定了敌人的必然灭亡的前途。我们在物质因素上的弱点只有用人的因素的优点来抵补。我们所能够凭借着以制胜敌人的主要点也就在这里；换句话说，就在民众的力量上（当然，这并不是轻视物质的因素）。

最后胜利的把握在哪里？

然而民众的力量好像是天然的富藏。天然的富藏一定要待人工加以开发之后方能被人享用；民众的力量一定要加以组织训练之后才能表现出来。而且没有训练的无组织的民众容易发生惊慌，引起纷扰，在战时有这种情形可以妨碍军队动作，扰乱后方治安，成为抗战期间的一种反方面的力量。只有热情的民众加以训练和组织之后，才能成为永远不会枯涸的抗敌力量的源泉，成为前线军队的一种后援。然而直到目前为止，对于民众的一般的训练组织工作，做得还是太少。

在我国四万万五千万人民之中，农民至少要占三万万五千万。而对这三万万五千万农民的训练组织工作是做得更少了。所以在目前，农民大众的训练和组织工作应该是全国抗战总动员中的一件最重要的工作。

当然，以斗争的坚决心和组织生活的习惯而论，农民不如产业工人；以知识程度而论，农民又不如都市的小资产者；然而农民占中国人口中的最大多数。并且战争爆发之后，许多都市中的工商业陷于停顿，大批工人、小市民都回乡去了，尤以沿海的战区为然。这更增加了乡村救亡工作的重要性。如果全国的农民未动员，那么前线的军队和都市中的民众（即使都市中的民众已有组织已受训练的话）还是陷于孤军作战的局面中。这种作战即使在最后还是胜利了，然而所获得的胜利一定小于应得的胜利，所付的代价一定大于应付的代价。

在目前，农民听到征募兵役还要逃避；军队需要人夫、牲口、车辆、船只的时候，还要通过地方当局用行政力量去征取。所以，得到的结果往往是事倍功半。但是如果农民有了组织和训练之后，那么军队所到的地方，随处有现成的运输交通队为它服务，军队需要补充的时候，随时可以吸收到受过训练的（政治的，军事的）自觉的战士。此外，如防止汉奸活动谍报向导等工作，以至组织游击队扰乱敌军后方，辅助国军作战等事，都可以交托给可信赖的农民队伍来执行。

再则，农民是我国的主要生产者，是粮食和原料的供应者。提高农民的生产力，也就是增强全国作战的物质因素。又如在作战过程中，我国弹药枪械的补充（尤其是新式武器的添置），大半要仰给于国外。如果我们不能输出现金去购买这些东西，那就只好增加我们的出口以换取外汇。在我国出口货中，主要的是农产物。如茶、丝、桐油等物的出口量在近年来虽因外货竞争，已经一落千丈，然而仍旧有数千万元的数目。如果我们在抗战期内能够以非常手段来把这些出口农产品的数量增加一千万元，那就是多为前线的战士取得一千万元的枪械弹药。这是不是乌托邦的空想计划呢？当然不是。一切全靠乡村工作者的努力。

所以，我们希望都市中热心的爱国分子能够有一部分回到乡村中去工作，而原来在乡村中工作的人员，希望他们能够急速改变自己的工作内容，使之适应战时的需要。

现在中国农村经济研究会已经拟了个战时乡村服务工作大纲，对农民的组织和训练以及农业生产及粮食贮藏都有相当具体的建议。同时听说其他许多团体也有同样的运动发起。我们希望各方面的力量能够汇合起来，成为一个全国性的运动！